우리 몸이 세계라면

우리
몸이
세계라면

분투하고 경합하며 전복되는
우리 몸을 둘러싼 지식의 사회사

우리
몸이
세계라면

김승섭 지음

동아시아

우리 몸이 세계라면

스무 살 때 친구들과 함께 전북 부안에 있는 작은 산을 찾아간 적이 있습니다. 동학농민전쟁에 참여한 이들이 처음 봉기한 산이었습니다. 부조리한 세상을 바꿔보겠다며 죽창을 들고 모인 동학도와 농민군은 흰옷을 입고 있었다고 합니다. 멀리서 바라보면 다 함께 일어선 그 모습이 하얀 산처럼 보였다고 해서 그 이름이 백산白山이 된 산이었습니다.

직접 찾아간 백산은 산이라고 부르기 민망한 작은 언덕이었습니다. 1894년 3월 하순 봉기의 날 이전까지 누구도 높이가 채 50미터가 되지 않는 그곳을 산이라고 부르지 않았을 것 같았습니다. 아이들이 뛰노는, 일하다 지친 이들이 한 번씩 숨을 돌리는 언덕이었겠지요. 그 모습이 참 좋아서, 처음으로 다음^Daum 이메일을 만들며 아이디를 white-mount라고 붙였습니다.

이후 백산을 떠올릴 때마다 묻곤 했습니다. 어떻게 그 자그마한 언덕이 존엄하게 살고 존엄하게 죽고자 하는 사람들의 꿈을 감당해낼 수 있었는지에 대해서요. 고통받는 사람들과 가까이 있었던 그 일상성 때문이었을까, 아니면 언제든 오를 수 있었던 그 낮음 때문이었을까. 제 공부가 어떤 자리에서 세상을 바라봐야 하는지 백산으로부터 배우고 싶었습니다.

사회 속에서 살아가는 인간의 몸은 다양한 관점이 각축하는 전장입니다. 저는 그 관점들이 모두 동등한 수준의 합리성을 지니고 있다고 생각하지 않습니다. 권력에서 소외된 사람들에게 더 많은 눈길을 주고, 권위에 굴하지 않고 비판적 질문을 던지는, 여러 가설과 경쟁하며 검증을 통해 살아남은 관점들이 그렇지 못한 관점들보다 우리에게 더 많은 의미를 준다고 믿습니다. 그리고 당장은 사소해 보일지도 모르는 그 차이를 분별해내는 것이 중요한 일이라고 생각합니다. 그 차이가 먼 훗날 돌이킬 수 없는 거대한 간격이 되는 경우를 종종 목격했기 때문입니다.

이 책은 역사와 과학을 줄기 삼아, 인간의 몸과 질병에 대해 논하고 있습니다. 가장 많은 시간을 들인 주제는 생산되지 않는 지식과 측정되지 않는 고통에 대한 것이었습니다. 인간을 병들게 하는 가난과 인종차별에 대해서, 표준화된 몸이 되지 못해 아파야 했던 여성의 몸과 가장 절실히 필요한 의약품이 가장 천천히 개발되는 세계의 논리에 대해서 나누려 했습니다. 그 과정에서 타인의 고통을 함부로 판단하지 않으면서도 이해를 포기하지 않는 길을 함께 찾을 수 있길 바랐습니다.

모든 지식은 특정한 사회적 과정을 거쳐 만들어집니다. 그래서 지식이 생산된 역사적 맥락을 아는 일은 그 결과를 이해하는 일만큼이나 중요합니다. 조선의 민중이 실제로 사용할 수 있는 의학서적을 만들고자 했던 세종의 고민과 인종주의 과학으로 조선을 통치하려던 일본 제국주의에 대해 논하며, 겹겹이 쌓여 현재를 구성하는 역사를 당대의 눈으로 바라보는 일의 가치에 대해 이야기하고 싶었습니다.

그리고 질문하고 검증하는 과학의 힘에 대해서도 말하고 싶었습니다. 세계의 본질을 묻고 그 위에서 인간의 몸을 이해하고자 했던 그리스인에 대한 경탄과 1,000년이 넘는 시간 동안 불가침의 권위로 존재하던 히포크라테스 의학에 맞서 새로운 시대를 열었던 과학자들의 도전, 직관이나 경험이 아닌 데이터를 근거로 치료의 효과를 판정하는 현대 역학 연구의 힘에 대해 이야기했습니다. 그 어떤 명제도 당연하게 받아들이지 않고 더 나은 설명을 찾아가는 과학적 사유는 인류가 세계를 보다 합리적으로 이해하기 위한 가장 든든한 도구라 생각하기 때문입니다.

글을 쓰는 시간보다 준비하는 시간이 더 길었던 책입니다. 그 과정에서 수많은 논문과 책을 읽으며 여러 학자들의 글을 만났습니다. 직접 뵌 적 없는 분들이지만, 공부하면서 줄곧 그들과 대화를 나누고 있다고 생각했습니다. 글을 쓰다 막다른 벽에 막혀 답답해할 때면, 어김없이 누군가가 오래전부터 그 자리에서 길을 만들고 있었습니다. 이 책은 묵묵히 자신의 자리를 지켜온 학자들의 그 보이지 않는 노력에 빚지고 있습니다.

책을 쓰는 과정은 제 공부의 가치를 확인하는 과정이기도 했습니다. 어떤 주제를 다루더라도 그 논의가 왜, 지금, 여기 필요한지에 대해 스스로 납득할 수 있는 글을 쓰고자 했습니다. 그 과정에서 담배회사 내부문건에서 드러난 마케팅 전략이나 일제강점기 식민지 근대화론과 같이 정치적으로 예민한 주제를 만나기도 했습니다. 그 민감한 주제들을 에둘러 가지 않고, 제가 연구자로서 두 발을 디딜 수 있는 단단한 땅을 찾고 그 위에서 가능한 것들을 말하고자 했습니다. 책을 쓰며 그렇게 세상이 던지는 질문을 두고서 제 공부로 부딪쳐보는 일을 반복했습니다.

연구실에서 함께 공부하는 대학원생들에게 감사하다는 말 전합니다. 세월호 참사부터 성소수자 차별까지, 쌍용자동차 해고노동자부터 천안함 생존장병 연구까지 먹먹하고 아픈 주제의 연구를 계속하면서도 전력을 다해 공부하는 학생들이 있어,

우리 몸이 세계라면

저도 긴장을 놓지 않고 공부할 수 있었습니다. 매일같이 만나는 그들에게 더 나은 모습을 보이고 싶다는 욕심이 제게는 계속 공부할 수 있는 큰 원동력이었습니다.

이 책은 조유나 편집자님과 함께 작업했습니다. 제가 고려대 학부생들을 상대로 하는 강의인 〈공중보건의 역사〉 수업의 녹취를 풀어 정리하자는 소박한 목표로 시작했던 책입니다. 그러나 그 내용을 검토하고 수정하는 과정에서 다루는 주제의 범위와 그 깊이가 수업과 전혀 다른 책이 되었습니다. 그 모든 과정을 편집자님과 함께 상의하며 진행했습니다. 한 번도 가본 적 없는 산을 오르는 과정에서, 믿고 의지할 수 있는 눈 밝은 동료가 있어 감사했습니다.

사랑하는 아내 영선과 세 딸, 지인, 해인, 리인에게 감사를 전합니다. 쉽지 않은 자리를 지켜온 동생 창섭이에게도 고맙다는 말을 전합니다.

이 책을 존경하는 어머니 박숙희 님께 바칩니다.

2018년 11월 24일
안암 연구실에서 김승섭 씀.

차
례

01

권력
어떤 지식이
생산되는가

권력
어떤 지식이
생산되는가

사실은 그 자체로 존재하지 못합니다. 누군가가 말하고 쓸 때 비로소 지식이 되어, 세상에 그 존재를 드러냅니다. 우리가 오늘날 상식이라 부르는 지식들 역시 과거 특정한 사회적 과정을 거쳐 생산된 결과물입니다. 그 생산 과정에는 그 사회의 편견과 권력관계가 스며들어 있습니다. 그리고 지식을 생산하는 일은 돈과 시간과 노력을 필요로 합니다. 자본과 권력을 가진 집단은 자신의 입장을 변호할 더 많은 지식을 가지고 있는 경우가 많습니다. 그들은 종종 자신의 필요에 따라 왜곡되고 편향된 지식을 적극적으로 생산하기도 합니다. 의학 연구에 스며들어 있는 남성중심적인 시각과 과학자를 '매수'해 자신들의 지식을 생산해냈던 담배회사의 마케팅 전략에 대한 이야기입니다.

이름을 알 수 없는 지식에 대하여
: 여성의 몸이 사라진 과학

> 우리의 손발을 묶고 있는 것은
> 차이가 아니라 침묵입니다. 그리고
> 깨져야 할 침묵은 너무나 많습니다
> ─오드리 로드, 『시스터 아웃사이더』

같은 증상, 다른 진단

똑같은 가슴 통증을 호소하는 환자 두 명이 병원에 왔습니다. 한 사람은 남성이고, 다른 사람은 여성입니다. 의사는 두 사람을 각각 어떻게 진단할까요?

조지타운대학의 캐빈 슐만Kevin Shulman 박사 연구팀은 연기자를 고용해서 가상의 심장병 환자 역할을 하게 합니다. 55세, 70세인 흑인 여성과 남성, 그리고 같은 나이의 백인 여성과 남성, 이렇게 8명의 연기자가 세 가지 유형의 가슴 통증을 호소하는 장면을 비디오로 담습니다. 즉, 인종, 성별, 나이가 다른 사람이 같은 옷을 입고 같은 몸짓과 말투로 연구진이 지시한 대로 통증을 호소하는 환자의 역할을 연기한 것입니다. 의사들에게는 이 비디오와 함께 혈압, 콜레스테롤, 흡연 경력 등은 물론 직업과 보험 가입 여부까지 포함한 진단과 치료 과정에 참고가 될 수 있는 여러 정보가 제공됩니다. 미국의 한 학술대회에 모인 일차진료를 담당하는 의사 720명에게 이 환자들 중 한 명의 정보를 무작위로 배정하고 그 환자를 어떻게 진단하고 치료할지를 결정하라고 요구하는 실험을 진행한 것입니다.[1]

1999년 《뉴잉글랜드의학저널The New England Journal of Medicine》에 출판된 논문 「인종과 성별이 의사의 심도자술 권유에 미치는 영향The effect of race and sex on physicians' recommendations for cardiac catheterization」은 성별에 따라 병원의 진단과 처방이 달라지는지를 질문합니다. 연구 결과 의사들은 같은 증상을 호소하는 환자를 진단할 때 남성 환자의 경우 69.2%가, 여성 환자의 경우 64.1%가 관상동맥질환의 가능성이 있다고 응답했습니다. 환자가 정확히 같은 문장으로 증상을 이야기하고 검사 수치가 모두 동일한 경우에, 의사들은 남성 환자에 비해 여성 환자가 관상동맥질환을 가지고 있을 가능성을 낮게 판단한 것입니다. 그리고 그 위험성을 확인하기 위해 검사를 시행할 확률 역시 더 낮게 나타났습니다. 심장에 혈액을 공급하는 관상동맥의 상태를 정확히 진단하기 위해 필요한 심도자술cardiac catheterization을 시행할 확률이 남성 환자에 비해 여성 환자는 40%가량 낮게 나타난 것입니다. 연구팀은 이러한 결과가 의사들이 가지고 있는 환자의 성별에 따른 의식적인 혹은 무의식적인 편견에서 기인한 것일 수 있다고 이야기합니다.

심장병에 대한 또 다른 연구에 대해 이야기해보지요. 협심증은 관상동맥이 좁아져서 생기는 질병으로 흉부 불편감이나 통증을 동반한 경우를 전형적 협심증typical angina이라고 부릅니다. 그런데 여성 환자의 협심증은 이런 전형적인 증상이 없는 경우가 많습니다. 같은 질병이지만 증상이 다르게 나타나는 것입니다. 2003년 학술지 《순환Circulation》에 출판된 논문은 이러한 주장에 힘을 실어주고 있습니다. 관상동맥이 완전히 막혀 급성심근경색으로 치료받은 여성 환자 515명을 대상으로 한 이 연구는 질병이 본격적으로 발생하기 전에 나타나는 전조증상prodromal symptom을 조사했습니다. 가장 흔한 증상은 비일상적인 피로(70.7%), 수면장애(47.8%), 호흡곤란(42.1%)이었고, 남성 환자에게서 주로 나타나는 흉부 불편감chest discomfort을 호소한 사람은 29.7%에 불과했습니다.[2] 이러한 현상을 두고서 마이크 크릴리Mike Crilly 박사 연구팀은 남성 협심증 환자에게서 빈번하게 나타나는 흉부 통증을 전형적인 증상이라고 부르는 상황에서, '비전형적인' 증상으로 주로 내원하는 여성 환자의 심장병은 조기에 발견하지 못할 위험이 있다는 지적을 합니다.[3]

이러한 연구들은 의학에 스며들어 있는 남성중심적인 시각을 드러냅니다. 그리고 한 걸음 더 나아가, 우리가 유방암이나 전립선 질환 같은 성별에 따라 명확히 구분되는 질병만이 아니라 심장병과 같은 일반적인 질환을 다루는 경우에도 여성과 남성의 신체를 구분해서 바라봐야 하는 이유에 대해 말해줍니다.

의학지식 생산 과정에서 배제된 여성의 몸

기존의 의학 연구는 성인 남성의 몸을 표준으로 이루어지는 경우가 많았습니다. 예를 들어, 농약과 같은 화학물질이 몸에 들어와 어떠한 변화를 일으키는지 검토한 연구에서 생리주기에 따라 변화하는 여성 호르몬이 그 물질과 어떤 상호작용을 일으킬 수 있는지는 고려되지 않았던 것이지요.[4,5] 자동차 충돌 사고 등을 인체공학적으로 시뮬레이션할 때도, 여성의 신체적 특성은 고려되지 않고 남성의 몸이 연구 대상으로 사용되었습니다.[6]

성인 남성의 몸을 표준화된 인체로 여겼던 사고방식은 여러 문제점을 낳고 있습니다. 예를 들어, 대사율, 피부와 조직 두께 등을 감안해 사람이 가장 효과적으로 일할 수 있는 사무실 온도는 섭씨 21도로 알려져 있습니다. 한 연구에서 남성과 여성에게 각각 선호하는 실내 온도를 물었습니다. 남성은 평균 22도를 말하고 여성은 평균 25도라고 답했습니다. 남성은 기존에 체온 유지의 측면에서 가장 효과적인 업무를 가능하게 하는 것으로 알려진 실내 온도와 가까운 답을 했고, 여성은 더 따

뜻한 사무실에서 일하길 원했습니다.[7·8]

이러한 차이의 이유는 무엇일까요? 현재 적정 사무실 온도로 알려진 21도는 1960년대 측정된 자료를 바탕으로 하고 있습니다. 당시 몸무게 70kg인 40세 성인 남성을 기준으로 했던 것이지요. 이러한 '표준화된 신체'를 가진 남성의 대사율은 여성의 평균적인 대사율과 다르고, 당연히 체내 열 생산도 차이가 있습니다.[9] 이러한 고민에서 보리스 킹마Boris Kingma 박사는 실내에서 사무직으로 일하는 여성의 대사율을 감안한 최적의 온도를 다시 계산합니다. 여성 사무직 노동자에게 가장 좋은 실내 온도는 현재 권고되는 21도가 아니라 평균 23.2도와 26.1도 사이였던 것이지요.[10]

2013년 미국 식품의약청FDA은 중요한 권고사항을 발표합니다. 다름 아닌, 불면증 치료제로 널리 쓰이고 있던 졸피뎀Zolpidem의 처방 용량을 10mg에서 5mg으로, 즉 현재 사용하는 용량의 절반으로 낮춰야 한다는 것이었습니다. 이 결정이 화제가 된 이유 중 하나는 이러한 권고사항이 여성에게 더 큰 영향을 미치기 때문이었습니다. 한 연구에서 10mg 졸피뎀을 먹고 8시간 수면을 취한 사람들의 혈액을 검사한 결과, 여성 중 15%, 남성 중 3%가 운전에 지장을 줄 수 있는 수준의 약이 혈액에 남아 있는 것으로 나타났습니다.[11]

이러한 연구 결과에 따라, 식품의약청은 성인 여성과 남성의 졸피뎀 투약 용량을 다르게 해야 한다고 주장합니다. 남성의 경우도 용량을 줄이는 것을 향후 고려할 필요가 있지만, 여성의 경우는 투약 용량을 반드시 줄여야 한다고 발표한 것이지요. 1992년 사용하기 시작한 수면제의 효과가 성별에 따라 다를 수 있다는 결론을 2013년 발표하기까지 20년이 넘는 시간이 걸렸습니다. 그 시간 동안 가장 큰 피해를 본 건 여성의 몸이었겠지요.

　의약품 연구에서 이러한 결과는 드문 일이 아닙니다. 2001년 미국 보건부가 국회에 제출한 자료에서는 1997년 1월부터 2000년 12월까지 미국 식품의약청에서 판매를 허가했지만 그 약의 효과로 인한 이득보다 부작용이 크다는 것이 밝혀져 시장 판매가 취소된 약 10개를 검토하고 있습니다. 이 보고서는 10개의 약 중 8개는 남성보다 여성이 복용했을 때 부작용이 더 크다고 보고합니다. 그중 4개는 주로 여성에게 더 많이 처방되는 약이기 때문에 여성의 부작용이 더 많이 보고되었지만, 나머지 4개는 남성과 여성 모두에게 처방되는 약임에도 불구하고 여성이 복용할 경우 부작용이 더 큰 것으로 보고된 것이지요.[12]

　이러한 현상이 나타나는 이유가 무엇인지에 대해서는 좀 더 깊은 연구가 필요합니다. 다수의 연구자는 신약 개발 과정에서 사용되는 세포나 동물, 사람 등의 샘플에서 성별 차이에 대해 고려하지 못했던 것이 원인이라고 주장합니다. 여성과 남성은 유방, 난소, 자궁, 고환 등과 같은 생식기관의 존재 여부만 다른 것이 아닙니다. 모든 세포는 성별이 있다는 점에서 그 차이는 훨씬 더 광범위한 것인데, 그동안의 의학 연구는 그 차이를 충분히 반영하지 못했던 것이지요.[13·14]

정규직이 된 여성의 우울증상이 증가한 이유

이러한 관점은 일하는 여성이 살아가는 환경을 분석할 때도 유효합니다. 2012년 한국복지패널 데이터를 분석해 고용형태 변화에 따른 우울증상의 변화를 연구해 출판했습니다.[15] 정규직 노동자가 비정규직이 되거나 실업을 하게 되면 우울증상의 위험이 높아진다는 연구 결과를 담은 논문이었습니다. 그런데 성별에 따라 데이터를 나눠 분석했더니 선뜻 이해하기 힘든 결과가 나왔습니다.

남성 비정규직 노동자가 정규직으로 고용형태가 변할 경우 우울증상 발생 위험은 통계적으로 유의미한 차이가 없었습니다. 하지만 여성 비정규직 노동자가 정규직 직장에서 일하게 된 경우, 계속 정규직이었던 여성 노동자에 비해 우울증상이 발생할 위험이 2.57배가량 높게 나타난 것이지요. 계속 비정규직인 상태의 여성 노동자와 비교했을 때도 통계적으로 유의할 만큼의 큰 차이는 아니었지만 여전히 우울증상이 높게 나타났습니다. 데이터를 몇 번이나 다시 분석해봤지만, 결과는 다르지 않았습니다.

비정규직으로 일하던 여성이 더 나은 고용형태인 정규직이 되었는데, 우울증상 발생이 더 높아졌던 이유는 무엇이었을까요? 아래 〈그림1〉은 1989년 스웨덴 카롤린스카 연구소의 프랑켄하우저Marianne Frankenhaeuser 교수가 《조직행동연구Journal of Organizational Behavior》에 출판한 논문 결과를 재구성한 그림입니다. 정규직 전환 이후 여성의 우울증상이 높아진 이유에 대해 실마리를 제공하는 연구입니다. 연구팀은 회사에서 중간 매니저로 일하는 여성과 남성 각각 15명의 스트레스 호르몬을 하루 동안 계속해서 측정합니다. 〈그림1〉은 그중 하나인 노르에피네프린Norepinephrine의 농도를 보여주고 있습니다. Y축은 스트레

그림1 노동자 성별에 따른 퇴근 후 스트레스 호르몬 변화[16]

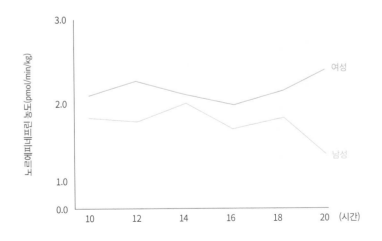

스 호르몬의 농도이고, X축은 시간입니다.[16]

여성과 남성 모두 아침 10시에 일을 시작하면 스트레스가 증가했다가 오후 4시가 되면서 퇴근 시간이 가까워지면 스트레스가 감소합니다. 그러나 오후 5시 이후 집으로 돌아갔을 때 두 집단의 스트레스 호르몬은 다르게 변화합니다. 귀가한 남성은 스트레스 호르몬의 수치가 급격히 감소해서, 밤 8시에는 하루 중 최저치를 기록합니다. 그러나 여성은 스트레스 호르몬 수치가 귀가 후 급증합니다. 밤 8시가 되자 여성의 스트레스 호르몬 수치는 최고조에 달합니다. 남성과 달리 여성에게 가정은 쉼터가 아니라 또 다른 노동의 장소임을 명확히 드러내는 그림입니다.

논문을 쓸 당시 저는 미국에서 박사과정 학생으로 공부 중이었습니다. 여성 정규직 노동자의 우울증상에 대한 제 연구 결과를 어떻게 해석해야 할지 고민하다 주변 사람들에게 의견을 구했습니다. 그때, 아이를 키우며 박사과정 공부를 하던 미국인 여학생이 제 이야기를 듣더니 당연한 결과라는 듯이 물었습니다. '네 연구에서 비정규직에는 파트타임도 포함되지만 정규직은 모두 풀타임으로 일하는 사람이라고 했지. 그럼 집에서 육아와 가사는 그대로 하면서 직장일만 늘어나는 거 아냐?' 맞는 이야기였습니다. 한국처럼 남성이 가사와 육아 노동에 적극적으로 참여하지 않는 사회에서는 더욱 가능성이 높은 말이었지요. 직장에서 일하는 동안 가사·육아로 인한 긴장을 놓을 수 없는 대다수의 여성들에게 가정에서의 일로 인해 직장 일이 방해를 받거나, 반대로 직장 일로 인해 가사·육아에 제한을 받는 일−가정 충돌Work-family conflict은 중요한 건강 위해요소이기 때문입니다.[17]

비정규직 여성 노동자가 정규직으로 일하게 되었을 때, 우울증상이 증가한다는 결과를 해석하는 또 다른 중요한 방법은 이 여성 노동자가 일하게 된 정규직 일자리가 과연 양질의 것인지 묻는 것입니다. '과연 이 여성의 노동조건은 좋아졌는가?'라는 질문입니다.

일반적으로 작업환경, 임금, 고용안정의 측면에서 정규직 일자리는 더 나은 경우가 많습니다. 그러나 국가기관이 정규직으로 분리하는 범주에 들어간 것과 실제 그 일자리가 반드시 비정규직보다 더 나은 일자리인지 여부는 다른 문제입니다. 2007년 대학원에서 함께 공부하던 동료들과 노동패널 데이터를 분석해 발표한 논문 「고용형태의 변화에 따른 건강불평등」에서 여성 노동자가 비정규직으로 일하다 정규직이 되었을 때, 노동조건이 어떻게 변화했는지를 살펴봤습니다.[18]

비정규직에서 정규직으로 이동한 여성 중 55.3%는 사무직이 아닌 생산직, 청소 노동자 등과 같은 육체노동자로 일하고 있었습니다. 이는 계속 정규직으로 일하는 여성 중 23.1%, 계속 비정규직으로 일하는 여성 중 48.8%가 육체노동자로 일하고 있다는 점을 감안할 때, 매우 높은 수치입니다. 일주일에 50

시간 이상 일하는 여성의 비율도 비정규직에서 정규직으로 이동한 여성이 가장 높게 나타났습니다. 또한 비정규직에서 정규직으로 이동한 여성의 직업을 구체적으로 살펴봤을 때, 생산직, 판매원, 청소부, 기능공 등이었으며, 사무직의 경우에도 직위가 사원 이상인 응답자는 한 명도 없었습니다.

이 결과를 두고서 여성에게 정규직 노동이 건강에 나쁘다고 해석해서는 안 됩니다. 비정규직 여성 노동자에게 주어지는 정규직 일자리가 과연 양질의 것인지를 물어야 하겠지요. 그리고 한국처럼 가사·육아노동에 대한 부담을 여성이 온전히 감당해야 하는 사회에서 가정이 여성 노동자에게 어떤 공간인지를 물어야 할 것입니다.

모성이 여성을 아프게 한다

한국사회에서 모성은 여성의 숭고한 본능처럼 여겨지는 경우가 많습니다. 하지만 모성은 때때로 여성에게 특정한 역할을 수행하도록 사회적으로 강요하고 그것을 따르지 않는 이들이 처벌받게 만드는 기제로 작용하기도 합니다. 그리고 그런 모성은 여성을 아프게 합니다.

아토피는 주로 영유아기에 시작되는 만성적인 피부질환입니다. 피부가 건조해지고 가려움증을 참지 못해 자꾸 긁게 되어 피부가 병리적으로 변화하고 증상이 악화되기를 반복하는 병입니다. 아직까지 그 원인이 명확히 밝혀진 바 없고, 증상을 완화시키기 위해 여러 약을 사용하지만 온전한 치료법도 현재로서는 존재하지 않습니다. 다만 알러지 반응과 관련이 있는 경우가 많기에, 증상을 악화시킬 수 있는 환경적 요인에 노출되지 않도록 주의하는 게 중요합니다. 그래서 많은 전문가들은 부모의 역할이 중요하다고 이야기합니다. 문제는 여기서 말하는 부모가 일차 양육을 담당하는 엄마를 뜻한다는 것이지요.

한국에는 아토피로 고생하는 아이를 두고서 그 원인을 무엇이라고 생각하건 일차적으로 아토피 환아의 엄마를 탓하고 책임을 묻는 잘못된 문화가 있습니다. 수많은 아토피 치료법이 명확한 근거 없이 공유되는 상황에서 자신의 아이에게 가장 적절한 치료법을 찾는 것 역시 엄마의 몫이 되곤 합니다. 간혹 전국을 누비며 아이에게 효과적인 치료법을 찾아내는 데 성공한 경우가 알려지면, 그런 헌신적이면서도 완벽한 엄마의 모습에 다른 이들은 주눅이 들고 자책감을 갖게 됩니다. 그 속에서 가부장적인 모성신화는 점점 강화됩니다.[19]

한 걸음 더 나아가, 엄마들에게는 종종 아이의 질병에 유해한 물질을 차단해야 하는 역할이 주어집니다. 새집증후군을 피하고 알러지 반응을 일으킬 수 있는 음식을 먹지 않게 노력할수는 있지만, 미세먼지 같은 대기오염이나 판매하는 음식물에 있는 화학물질을 피하기란 실은 불가능한 일입니다. 그런데도 유해인자를 피하기 위한 행동을 하지 않으면 '게으른' 엄마라는 호칭을 얻게 됩니다. 반대로 적극적으로 행동하면 '예민한' 엄마가 되지요.

무엇보다 이렇게 엄마 개인에게 책임을 떠넘기는 것은 아토피 질환을 유발하는 환경을 만든 다양한 사회적 환경에 대해 책임을 묻지 않는 효과를 낳습니다. 질병의 사회적 원인이 은폐되고 그 비용을 가장 많은 짐을 감당하고 있는 엄마에게 넘기고 있는 것입니다. 이런 현상은 세계적으로 다양한 형태로 반복되고 있습니다. 아이가 아플 때 위생적인 모유 수유를 하지 못했던 엄마를 비난하는 현상을 기록한 볼리비아 지역의 연구나, 지적 장애를 가진 아이를 키우는 엄마에게 전사warrior-hero 가 되라고 강요하는 미국사회에 관한 연구에서도요.[20·21] 모성을 빌미로 엄마에게 불가능한 싸움을 시키고, 사회가 함께 책임져야 할 부담을 개인에게 떠넘기는 일이 반복되는 것입니다.

버클리대학의 인류학자 낸시 셰퍼-휴즈Nancy Scheper-Hughes 교수는 『오열하지 않는 죽음: 브라질의 일상적 폭력Death Without Weeping: The Violence of Everyday Life in Brazil』에서 1980년대 브라질 빈민가에서 그녀가 기록한 이야기를 담았습니다.[22]

그녀가 머물렀던 브라질의 빈민가에서는 매일같이 어린아이들이 죽어갔습니다. 셰퍼-휴즈 교수가 놀랐던 지점은 아이를 떠나 보낸 엄마들이 무관심한 상태로 그 상황을 받아들이는 모습이었습니다. 아이가 천사가 되어 하늘로 돌아갔다고 말하곤 다시 일상으로 돌아갔습니다. 그곳에서 엄마가 된다는 것은 아이를 떠나보내는 방법을 배우는 일이기도 했습니다. 그 지역의 여성들은 평균적으로 9.5번 임신을 하는데, 그중 1.5명의 아이가 사망한 채로 태어납니다. 살아서 태어나는 데 성공한 아이 8명 중 3.5명의 아이가 어린 시절 죽었고, 사망한 아이의 80%는 생후 12개월이 되기 전에 세상을 떠났습니다.[23]

아이를 잃는 게 피할 수 없는 삶의 일부가 되어버린 사회였던 것이지요. 많은 경우 부유한 집에서 가사노동자로 일하거나 사탕수수 농장에서 일하는 빈민가의 엄마들은 하루에 1달러를 벌기가 쉽지 않았습니다. 자신이 일하는 부잣집에는 아이를 데리고 갈 수가 없었습니다. 아이는 여러 감염병의 원인처럼 여겨졌기 때문입니다. 자신이 일하는 공장에도 아이를 데리고 갈 수 없었습니다. 한 시간 넘게 걸어야 도달하는 먼 거리였기 때문이지요. 그렇다고 보모를 고용할 수도 없었습니다. 그동안 아이는 문이 꽉 잠긴 집에서 혼자서 있었고, 돌보는 사람이 누구도 없는 상황에서 죽어갔습니다.

이런 상황에서 아이의 죽음에 눈물을 흘리지 않는 엄마를 모성이 부족하다고 비난할 수 있을까요? 구조적이고 일상적인 폭력으로 무엇도 바뀌기 어려운 상황에서 살아가야 하는 여성에게 아이의 죽음에 심리적인 거리를 두는 것 말고 그 여성이 할 수 있는 일이 무엇일지 생각해봅니다. 이러한 삶을 감당해내며 우는 법을 잃어버린 여성을 두고 바람직한 엄마의 모습에서 벗어났다고 비난하는 것은 모성을 빌미로 사회가 휘두르는 폭력일 뿐이겠지요.

소설의 주인공은 이름을 알 수 없는 여성입니다. 자상하고 경제적으로도 부족함 없는 남편과 함께 지내고 있지만, 주인공은 무기력증과 알 수 없는 불안감에 시달리고 있습니다. 며칠 전 아름다운 고택으로 이사를 온 그녀는 밖에 나가 사람들도 자주 만나고 글도 쓰고 싶지만, 의사인 남편은 그녀가 맨 위층의 넓은 방에서 휴식을 취해야 한다고 말합니다. 쓸데없는 공상과 무엇인가를 자꾸 쓰려고 하는 것이 그녀의 치료를 방해하고 있다고요.

그녀는 하루 종일 머무는 그 방이 답답합니다. 어느 날 그녀는 벽의 노란 벽지 뒤에서 누군가가 움직이는 걸 발견합니다. 그리고 벽지 뒤에 있는 '여성'이 나올 수 있도록 벽지를 뜯어내기 시작합니다. 그렇게 빠져나온 여성은 갇혀 있던 주인공의 내면인 것이지요. 벽지가 뜯긴 방에서 주인공은 방을 서서히 기어 다니기 시작합니다. 그 모습을 발견하고 놀란 남편에게 그녀는 말합니다. "당신이 있었지만, 나는 결국 밖으로 나왔어. 벽지를 다 뜯어 버렸으니 나를 다시 그 뒤에 넣을 수는 없을 거야." 주인공이 기절한 남편의 몸을 기어서 넘어가는 장면으로 이 소설은 끝이 납니다.

1892년 미국의 여성 소설가 샬롯 퍼킨스 길먼Charlotte Perkins Gilman이 발표한 단편소설 「노란 벽지The Yellow Wallpaper」의 줄거리입니다. 길먼은 자신의 경험을 이 소설에 투영했습니다. 당시 유명한 정신과 의사인 위어 미첼Weir Mitchell은 그녀에게 우울증을 치료하기 위해서는 글을 쓰는 지적인 작업을 하루 두 시간 내로 제한하고, 침대에서 절대적인 안정을 취하라고 말합니다. 의학의 권위를 등에 업은 그의 치료는 고압적이었고, 길먼이 훗날 '고문' 같았다고 표현한 그 치료는 길먼의 증상을 악화시켰습니다.

이 작품은 수많은 상징들로 가득합니다. 여성이 직접 자신의 이야기를 쓰는 행위가 질병을 악화시킨다고 말하는 장면부터, 병을 치료하기 위해서는 밖으로 나오지 말고 침대에 누워 '휴식'을 취해야 한다는 의사인 남편의 충고와 '갇혀 있던' 벽지로부터 나와 그 모습을 보고 쓰러진 남편의 몸을 기어 넘어가는 장면까지. 이 소설은 당사자의 목소리에 귀 기울이지 않고, 여성의 몸을 대상화하는 근대 의학의 문제점을 섬세하면서도 날카로운 비유로 드러내고 있습니다.

인간의 몸에 대한 지식이 생산되는 과정은 중립적이지 않습니다. 객관적이라 생각되는 질병에 대한 생물학적인 정보 역시 그 지식을 만들어낸 사회의 편견으로부터 온전히 자유로울 수 없습니다. 「노란 벽지」 주인공의 이야기처럼 여성은 오랜 기간 스스로 자신의 이야기를 쓰지 못하도록 침묵을 강요받았고,

여성의 질병은 남성이 생산해낸 의학지식으로 진단되고 치료
받았습니다.

  그동안 실내 온도를 21도로 맞추었던 관리인과 과도한 용
량의 수면제를 처방했던 의사는 여성을 차별하거나 아프게 할
의도를 가지고 있지 않았습니다. 자신이 보고 배운 매뉴얼과
교과서의 내용에 충실하게 행동했을 뿐이지요. 문제는 매뉴얼
과 교과서 역시 누군가의 관점에서 생산된 과거의 지식이라는
점입니다. 그리고 그 지식의 생산 과정에는 과거의 편견과 권
력 관계가 스며들어 있습니다. 여성과 같은 사회적 약자의 몸
은 중립적이고 객관적인 사실로 여겨지는 상식에 대해 우리가
왜 의심하고 질문해야 하는지를 말해줍니다.

죽음을 파는 회사의 마케팅 전략
: 담배회사의 지식 생산 1

> 젊은이들은 줄어드는 흡연자를
> 보충할 수 있는 유일한 고객층이다.
> —알 제이 레이놀드

담배회사는 죽음을 판다

우리는 흡연하지 않습니다. 그저 팔 뿐이지요. 우리는 그 권리를 젊은
이, 가난한 사람, 흑인 그리고 멍청한 사람들을 위해 남겨둡니다.(We
don't smoke the sh--, we just sell it. … We reserve that 'right' for the
young, the poor, the black and the stupid.)[1]

담배회사 알 제이 레이놀드R J Reynolds의 광고모델이었던 데
이비드 괴릴츠David Goerlitz가 "왜 당신과 당신의 동료들은 흡연
하지 않느냐?"라고 물었을 때, 당시 사장은 이렇게 답변했다고

합니다. 이 내용은 데이비드 괴릴츠가 암에 걸린 후 금연운동에 적극적으로 참여하게 된 1989년 미국 국회에 나가 담배 광고를 제한해야 한다고 주장하며 증언한 내용입니다.

담배회사는 오래전부터 담배가 발암물질이라는 사실을 알고 있었습니다. 아래는 기밀사항으로 보관되던 1961년에 만들어진 담배회사 필립 모리스Phillip Morris 내부문건의 일부입니다.

> 담배에는 생물학적으로 활성화된 물질들이 있다. 그것들은 a) 암을 유발하고, b) 암을 증진시키고, c) 독성이 있고, d) 자극적이고 쾌락적이며 향기가 있다.[2]

담배회사로서는 세상에 내보이고 싶지 않았을 이런 내용이 세상에 알려진 것은 담배회사의 모든 내부문건을 공개하게 만든 1998년 미국 법원의 결정 때문입니다.[3] 미국에서는 1954년부터 흡연이 건강을 해치는 위험요인일 수 있다는 주장과 함께 담배회사를 상대로 꾸준히 소송이 제기되어 왔습니다. 그러나 압도적인 자금력으로 최고 수준의 변호사를 고용한 담배회사를 일반인이 이기기는 어려웠지요.

1994년 5월, 미국의 담배회사인 브라운 앤 윌리엄슨Brown and Williamson에 고용된 로펌의 사무장 메릴 윌리엄스Merrell Williams가 담배회사의 내부문건을 학계와 언론에 제보하면서 상황은 급변합니다.[4] 그로 인해 영향을 받은 재판 중 하나는

1990년대 중반 미국 46개 주가 담배회사를 상대로 한 빈민의료보험Medicaid 관련 소송이었습니다. 저소득층의 담배 관련 질병을 치료하는 데 필요한 빈민의료보험의 비용을 담배회사가 지불하라고 요구하는 소송이었습니다. 이 재판에서 담배회사들은 패소했고, 이후 25년간 200조 원이 넘는 돈을 빈민의료보험에 지불하고, 내부문건을 일반에 공개하라는 판결을 받습니다. 1998년 11월부터 효력을 발휘한 이 재판의 결정을 '담배기본정산협약Tobacco Master Settlement Agreement'이라고 부릅니다.[5]

1950년부터 2009년까지 1,400만 건이 넘는 담배회사의 내부문건은 이렇게 공개됩니다. 미국 샌프란시스코주립대학 도서관은 담배산업 진실문서Truth Tobacco Industry Document 홈페이지를 만들어 모든 문서를 스캔해서 공개했고, 별도의 가입절차 없이 누구나 온라인을 통해 그 자료를 찾아볼 수 있습니다. 이렇게 공개된 내부 문서들은 담배회사가 고객 유치를 위해 얼마나 섬세하고 치밀한 전략을 짜고 행동해왔는지 명확히 보여주고 있습니다. 물론, 그 유해성을 아주 오래전부터 알고 있었다는 점도요.

"새로운 자유의 횃불"로 여성에게 흡연을 권하다

여성이여, 새로운 자유의 횃불을 들어라!(Women! Light another torch of freedom!)

이 멋진 슬로건은 1929년 미국의 한 담배회사가 홍보 캠페인에 사용한 문구입니다. 담배회사가 여성을 공략해야 하는 주요 고객으로 여기기 시작한 것은 1920년대였습니다. 짓눌려 있던 여성인권이 한 걸음씩 나아가던 시기, 담배회사는 이 변화를 활용해 그들을 고객으로 모집하기 위한 여러 광고를 시작했습니다. 그리고 1960년대부터 노동시장에 진출한 자신의 삶에 대해 자존감이 뚜렷하고 구매력 있는 여성들이 등장하면서, 고소득층 여성을 대상으로 한 담배광고가 본격적으로 만들어집니다.

1968년 처음 출시된 필립 모리스의 버지니아 슬림Virginia Slim의 광고 포스터에는 여성들이 함께 찍은 오래된 흑백사진이 등장합니다. 사진 아래에 "바이올렛 앤더슨Violet Anderson은 1910년 5월 19일 할아버지 농장에 있는 다락방에서 처음 담배를 피웠다"라고 쓰여 있습니다. 여성들이 숨어서 담배를 피웠던 이야기가 이어서 적혀 있지요. 포스터 가운데에는 흑백사진 속 여성들과는 확연히 구별되는 화려한 옷을 입은 당당한 여성이 등장합니다. 그 옆에는 버지니아 슬림이 남성용 담배와 달리 '뚱뚱하지fat' 않고 더 부드럽고 풍부한 향기를 담은 여성의 기호를 반영한 담배라고 쓰여 있지요. 그리고 그 밑에는 더 이상 몰래 숨어서 남성의 담배를 피울 필요가 없어진 시대의 변화를 뜻하는 "당신은 먼 길을 왔어요(You've come a long way)"라는 광고 문구가 있습니다.

1979년 브리티시 아메리칸 타바코BAT, British American Tobacco 의 보고서에는 이러한 전략을 명확하게 말하고 있습니다.

세계적으로 여성의 흡연율은 꾸준히 증가하고 있다. … 이는 전 세계적으로 퍼지고 있는 여성해방의 흐름과 구매력 있는 여성이 증가하고 있는 현상 때문인 것으로 보인다. 전통적으로 남성의 취미로만 여겨졌던 흡연은 매일 스트레스를 받는 여성들에게 평등의 상징으로서 더 관심을 갖게 만들 것이다.[6]

여성해방운동이 활발히 진행되는 사회적 상황에서 그동안 남성의 전유물처럼 여겨지던 흡연을 '평등의 상징'으로 내세우며 여성을 대상으로 마케팅을 진행했던 것입니다.[7] 고소득층 여성을 대상으로 한 전략에서는 남녀 평등과 페미니즘으로 포장된 슬로건과 포스터를 내세웠다면, 저소득층 여성에게는 다른 전략으로 접근합니다. 1983년 담배회사 브라운 앤 윌리엄슨은 자신들이 판매하는 담배 브랜드인 롤리Raleigh나 벨에어 Belair를 피우는 이들은 매우 가난한 여성들이라는 점에 착안해 전략 보고서를 작성합니다.[8]

롤리와 벨에어를 피우는 이들은 담배에 중독되어 있다. 그들은 즐기기 위해서가 아니라 부정적인 감정 상태를 줄이려고 담배를 피운다. 그들이 저소득층인 점을 감안할 때, 담배는 가정 경제에 부담을 줄 수 있다.

가정용품에 대한 할인쿠폰은 그들이 담배를 피우며 느끼는 죄책감을 줄여줄 것이다. … 이 여성들은 외부적인 요인에 의해서 자신의 삶이 지배당하고 있다고 느낀다. 그들은 자존감이 낮고 변화를 두려워한다. 할인쿠폰을 통해 돈을 아끼는 의식ritual은 그들에게 작은 부분에서 자기 삶의 지배권을 갖게 하는 데 도움이 될 것이다.[9]

이 보고서에서는 담배회사가 담배를 포함한 다양한 가정용품을 저렴하게 구매할 수 있는 할인쿠폰을 제공하면, 저소득층 여성들이 담배를 피우며 느끼는 죄책감을 덜어주는 동시에 자신이 스스로의 삶을 지배하고 있다는 감각을 줄 것이라고 말합니다. 직장과 가정에서 고된 시간을 보내며 스트레스가 쌓인 저소득층 여성들에게 담배는 실제로 이용 가능한 유일한 휴식 수단일 수 있지요. 그러나 그조차도 가격이 부담스러울 저소득층 성인 여성을 공략하기 위해 담배회사는 할인쿠폰에 대한 '문화인류학적 통찰'을 가지고 접근한 것이지요.

쿠폰을 나눠주는 방식도 치밀했습니다. 담배회사 알 제이 레이놀드는 잡지를 통해 쿠폰을 주는 전통적인 방식으로는 잡지를 읽지 않는 저소득층 여성들에게 접근하기 어려울 것이라고 판단합니다. 그들이 생각한 건 푸드 스탬프Food Stamp였습니다. 미국 정부에서 저소득층을 위해 마트에서 식료품과 교환할 수 있는 푸드 스탬프를 지급하는 제도를 활용하기로 한 것입니다. 살렘 라이트 담배 한 갑당 25센트 할인하는 쿠폰을 푸드 스탬프를 배포하는 봉투에 함께 넣어서 보낸 것이지요. 섬뜩할 만큼 똑똑한 전략입니다.[10] 2005년부터 2010년까지 데이터를 분석한 통계에 따르면 미국에서 최저소득 아래에 있는 여성들의 흡연율은 28.7%로, 최저소득 위에 있는 여성들의 흡연율인 16.7%보다 1.72배 높게 나타났습니다.[11] 오늘날까지도 미국에서는 가장 가난한 여성들이 가장 많이 흡연하고 있습니다.

어린이를 예비고객으로, 20대를 평생고객으로

편의점에 가면 계산대에 초등학생들 어린이 눈높이에 놓여 있는 담배회사의 광고가 보입니다. 담배회사는 왜 이 높이에 광고판을 설치한 걸까요? 1984년 알 제이 레이놀드의 내부 자료는 그 질문에 답할 수 있는 단서를 제공합니다.

젊은이들은 줄어드는 흡연자를 보충할 수 있는 유일한 고객층이다. 흡연자 중에서 31%만이 18세 이후에 흡연을 시작했고, 24세 이후에 시작하는 사람은 5%에 불과하다.[12]

담배회사의 마케팅 차원에서 가장 중요한 집단은 어린이와 20대 초반의 젊은이들입니다. 24세 이전에 흡연을 시작하는 사람들은 평생고객이 될 가능성이 높기 때문입니다. 담배회사의 입장에서 이 숫자가 줄어드는 것은 거대한 위협입니다. 사람들이 24세가 되기 전에 흡연을 하는 것은 담배회사의 지속 가능한 이윤 창출을 위해서 필수적인 요소인 것입니다.

2018년 《소아과학Pediatrics》에 출판된 논문 「담배산업과 어린이 권리The Tobacco Industry and Children's Right」[13]에서는 UN 산하의 국제구호단체인 유니세프UNICEF(유엔아동기금)의 활동과 담배산업의 로비를 검토합니다. 연구자들이 담배회사 내부문서를 통해 검토하고자 했던 질문은 다음과 같습니다. '1990년대 후반 어린이를 대상으로 하는 흡연 예방 프로그램에 적극적이던 유니세프가 왜 2000년이 넘어가면서 그 활동을 축소했을까?'

본래 유니세프는 흡연 예방 프로그램에 적극적이었습니다. 지금 당장 어린이들이 흡연을 시작하지는 않더라도 어린 시절부터 담배광고를 보면서 자라고 주변의 흡연하는 어른들과 가까이 있게 되면 훗날 흡연자가 될 가능성이 높아지기 때문입니다. 2001년 유니세프가 세계보건기구와 함께 출판한 보고서 〈담배와 어린이의 권리Tobacco & The rights of the child〉에는 그런 시각이 잘 드러나 있습니다. 담뱃세 인상과 담배광고 금지를 요구하고, 어린이들이 간접흡연에 노출되거나 담배농장에서 일하는 것을 막기 위해 어떤 일들이 필요한지도 언급하고 있습니다.

하지만 2003년 유니세프의 내부 원칙이 바뀝니다. 자신들의 프로그램을 지원하는 펀딩기관에 대한 규제를 느슨하게 만든 것입니다. 이는 유니세프의 적극적인 금연 정책이 가져올 수 있는 파급력을 우려하던 담배회사에게 좋은 기회로 다가왔

우리 몸이 세계라면

지요. 담배회사들은 유니세프의 프로그램을 적극적으로 후원하기 시작합니다. 2010년 유니세프 카자흐스탄 지부는 필립 모리스로부터 200만 달러를 후원받아 어린이들이 교육받을 수 있는 공간을 마련합니다. 2015년 유니세프가 발간한 〈어린이 권리와 경영에 대한 규제와 활동Obligations and Actions on Children's Rights and Business〉이라는 보고서에는 담배에 대한 언급이 없습니다.[13] 후원자 중에는 일본의 담배회사 재팬 타바코 인터내셔널 Japan Tobacco International이 올라와 있지요.

이처럼 담배회사들은 아동 노동 착취를 막기 위한 프로그램을 후원하며 유니세프와 관계를 맺고 조직에 영향을 행사하기 시작합니다. 논문의 저자들은 이러한 활동을 통해 담배회사들이 자신들의 이미지를 개선하고, 함께 일하게 된 유니세프에 간접적으로 영향을 미쳐 흡연예방 활동을 축소시켰다고 이야기합니다.

담배회사는 미래의 고객인 어린이들이 담배에 대한 거부감을 갖지 않도록 보이지 않는 마케팅을 진행하지만, 그들이 가장 적극적으로 마케팅을 진행하는 대상은 20대 초반의 젊은이들입니다.

보통 18세부터 24세 사이의 젊은이들은 첫 직장을 갖거나 대학에 진학하고 또 사회에 나오는 경험을 하게 됩니다. 자신이 성장해온 공간을 떠나 새로운 환경으로 진입하게 되고, 그 과정에서 불확실한 미래로 인한 스트레스와 급격한 변화로 인한 여러 갈등을 겪습니다. 담배회사에게 그 갈등은 젊은이들이 새로운 고객이 될 수 있는 기회의 시간이 됩니다.[14] 1984년 알제이 레이놀드에서 작성된 보고서에 나오는 내용입니다.

젊은이들은 어린 시절과 결별하고 어른이 되는 길목에 서 있다. 그들은 안전한 고등학교와 가정으로부터 떠나고 있다. 새로운 직업을 찾고, 대학에 가고, 또 군대에 간다. … 삶에서 이러한 변화를 겪는 일은 불확실성, 스트레스, 그리고 불안을 증가시킨다. … 인생에서 그 과정을 겪으며 젊은이 중 일부는 흡연을 하기로 결정하고, 흡연을 이러한 어려움들을 다루는 수단으로 사용한다.[15]

1990년대 후반 미국의 샌프란시스코와 필라델피아에서 발행되는 젊은이들을 대상으로 한 잡지를 분석한 연구가 있습니다. 1994년부터 1999년까지의 변화를 기준으로 할 때, 이 시기 잡지에 실린 담배회사의 광고 수는 두 도시 모두 8건에서 각기 337건과 351건으로 40배 이상 증가합니다. 그런데 담배회사가 제시한 광고의 절반 이상은 담배에 대한 광고가 아니었습니다. 그것은 담배회사가 후원하는 술집, 클럽 혹은 행사 광고였습니다. 주로 젊은이들이 다니는 곳이지요. 광고에 나온 후원 행사의 60% 이상은 콘서트를 포함한 라이브 음악과 관련된 것이었습니다. 젊은이들이 주로 이용하는 장소와 행사에 자연스럽게 담배가 들어가는 것이지요. 담배에 씌워진 부정적인 이미지를

줄이고 흡연을 유행에 따르는 세련된 이미지로 포장해, 젊은이들이 흡연을 하도록 권하는 것입니다.[16]

미국 담배회사의 내부문건을 보면서, 한국의 상황을 생각해 보면 KT&G가 가장 먼저 떠오릅니다. 한국에서 판매되는 담배의 60%는 KT&G가 만든 상품이니까요. 그렇다면 한국의 KT&G는 평생고객이 될 수 있는 젊은이들을 유치하기 위해서 어떤 전략을 고민하고 있을까요? 젊은이들이 흡연을 매력적인 일로, 흡연하는 공간을 매력적인 곳으로 느끼게 만들기 위해 어떤 일들을 하고 있을까요? 아직까지 KT&G의 내부문건은 공개된 적이 없어 그 구체적인 내용을 확인하기는 어렵지만, KT&G가 '사회공헌활동'이라는 이름으로 어떤 일들을 하고 있는지는 살펴볼 수 있습니다.

KT&G는 음악을 사랑하는 인디 밴드들이 공연할 수 있는 상상마당이라는 공간을 제공하고, 10만 명이 넘는 젊은이들에게 유익한 강의를 제공하는 상상대학을 운영하고 있습니다.[17] 복지재단을 통해 대학생 봉사단과 함께하는 해외의료봉사 같은 여러 사회사업을 진행하고 있으며, 젊은 독립영화인들도 다양한 형태로 지원하고 있습니다. 그렇게 한국에서 담배회사는 '사회공헌활동'의 이름으로 젊은이들이 즐기는 문화공간 깊숙이 자리매김하고 있습니다.

간혹 '그럼 담배회사가 이런 후원활동을 아예 하지 않는 게 더 낫다'라고 생각하는지 묻는 사람들이 있습니다. 답하기 쉽지 않은 질문입니다. 특히 담배회사가 아니면 후원받을 곳이 마땅치 않은 젊은 예술인들을 생각하면 마음이 복잡해집니다. 하지만 이런 후원활동을 보면서 보건학자인 저는 내부문건 공개를 통해 밝혀진 담배회사의 마케팅 전략이 먼저 떠오릅니다. 그런 담배회사가 젊은이들의 문화생활을 지원하며 그들의 삶 깊숙이 스며들어가는 일을 과연 '사회공헌활동'이라고 부를 수 있을지에 대해서 다시금 질문해봅니다.

우리 몸이 세계라면

자본은 지식을 어떻게 섭외하는가
: 담배회사의 지식 생산 2

> 우아하게 어우러진 꽃밭 앞에서
> 누군들 살의를 떠올리겠읍니까
> 그러므로 우리들의 적이 숨어 있다면
> 그곳은 아름다운 꽃밭 속일 것입니다.
> —고정희, 〈현대사 연구 1〉

담배회사는 과학자를 어떻게 섭외하는가

담배회사는 그들 내부문건에서도 드러난 것처럼 오래전부터 담배의 유해성에 대해 정확히 알고 있었습니다. 그럼에도 수십 년간 담배가 건강을 해친다는 확실한 증거가 없다고 주장했습니다. 담배가 발암물질이라는 사실이 명확해지면서, 담배회사가 취한 전략 중 하나는 암의 원인이 되는 다른 물질을 부각시키는 것이었습니다. 이 과정에서 담배회사가 손을 뻗은 대상은 과학자들이었습니다. 담배회사와 무관한 듯 보이지만 자신의 싸움에 도움이 되는 '객관적인' 목소리가 필요했기 때문입니다.

한스 셀리에Hans Selye는 오스트리아의 생리학자로 오늘날 우리가 일상적으로 사용하는 스트레스Stress라는 개념을 만들어 낸 학자입니다. 1,000편이 넘는 논문을 썼고, 10여 차례 노벨상 후보로 오르기도 했던 스트레스 연구의 대가이지요.

담배회사 내부문건에 그의 이름이 처음 등장하는 것은 1958년입니다. 셀리에 박사는 미국의 담배회사에 연구펀딩을 요청하지만 거절당합니다. 그다음 해 담배회사는 셀리에 박사에게 흡연과 관련된 증언을 해달라고 요청합니다. 흡연자의 암 발생율이 높다는 통계 연구를 두고서, 그 결과만으로는 흡연이 암 발생의 원인이라고 볼 수 없다는 이야기를 법정에서 해달라는 것이었지요. 그 증언의 대가는 당시 돈으로 1,000달러였습니다. 셀리에 박사는 법정에서 증언하는 대신 소견서를 제출합니다.[1]

일을 함께 하기 시작한 담배회사는 셀리에 박사가 연구하는 스트레스가 질병의 원인으로 부각되면, 상대적으로 흡연에 대한 관심이 집중되지 않을 것으로 생각합니다. 대중의 관심을 흡연이 아닌 스트레스로 돌릴 수 있는 것이지요. 1969년 셀리에 박사는 필립 모리스로부터 3년간 15만 달러를 받는 '특별 프로젝트'를 지원받습니다. 그리고 1969년 6월 12일, 법정에서 스트레스를 해소하는 수단으로서 담배가 가진 장점을 증언합니다. 이후 캐나다의 라디오 방송에 출연해서 아내가 임신 중

우리 몸이 세계라면

인 남성이나 혹은 범죄자들에게 흡연이 가진 유용성에 대해 말하기도 합니다.

1971년 셀리에 박사는 담배회사가 1953년 설립한 연구센터인 담배연구센터CTR, Council for Tobacco Research에 펀딩을 요청하는 편지를 쓰고, 1972년부터 3년간 15만 달러를 받는 특별 프로젝트를 다시 수행합니다. 셀리에와 담배회사의 관계는 점점 공고해지고, 셀리에는 1976년 담배회사가 대중 배포용으로 만든 동영상 〈우리가 찾는 대답The Answers We Seek〉에 정직하고 사실만을 바라보는 과학자로 소개되어 등장합니다. 스트레스 연구의 대가인 셀리에의 주장은 이후 줄곧 미국과 영국을 비롯한 세계 각지에서 활용됩니다. 예를 들어 흡연이 심장병 발생의 원인이라고 말할 때, 흡연과 심장병 사이의 연관성은 폐암에 비해 상대적으로 약하고 심장병은 스트레스를 포함한 수많은 원인이 함께 영향을 주기 때문에 흡연을 원인이라고 단정지을 수 없다는 식이었습니다.

이 모든 이야기는 셀리에 박사가 사망하고 30년이 지난 2011년, 《미국공중보건학회지》에 담배회사의 내부문건을 검토한 논문 「"스트레스의 아버지"가 담배회사를 만나다: 한스 셀리에와 담배회사The "father of stress" meets "big tobacco": Hans Selye and the tobacco industry」가 출판되면서 밝혀졌습니다.[2] 이 논문이 출판된 후, 스트레스라는 개념을 만들어낸 뛰어난 생리학자 한스 셀리에는 담배회사와의 관계를 빼놓고는 인용하기 어려운 이름이 되었습니다. 지금도 암의 원인에 대해 스트레스 때문이라고 말하는 이들이 종종 있습니다. 스트레스가 암 발생에 미치는 영향은 아직 학계에서 정립된 바 없는, 탐구 중인 가설입니다. 미국 국립암연구소National Cancer Institute는 스트레스가 암을 일으킨다는 근거는 미약하다고 말합니다.[3] 그러나 오늘날 많은 사람들이 스트레스가 암의 원인이라는 말을 하고 또 공감하는 모습을 보면서, 셀리에의 연구를 적극적으로 활용했던 담배회사의 영향력이 남아 있는 것은 아닌지 생각하게 됩니다.

'연기 없는 세상'과 담배 권하는 과학

2001년《미국공중보건학회지》에는「담배를 권하는 가짜 과학Junking Science to Promote Tobacco」이라는 제목의 논문이 출판됩니다.[4] 당시 세계보건기구 비감염성질환과 정신건강 파트 책임자였던 데렉 야크Derek Yach 박사의 연구입니다. 그는 이 논문에서 담배회사들이 과학자들을 어떻게 매수해서 자신들의 논리를 옹호하게 만드는지에 대해 자세히 서술합니다. 그중 하나는 흡연이 폐암의 원인이 된다는 연구 결과를 두고서 자신들에게 우호적인 과학자들을 이용해 그 논점을 흐리게 만드는 것이었습니다.

예를 들어, 1992년《임상역학회지Journal of Clinical Epidemiology》의 편집장이자 예일대학 교수였던 파인스타인A. R. Feinstein은 흡연의 위험성, 특히 간접흡연과 관련한 여러 논문들의 방법론에 문제가 있다고 지적하는 논문을 발표합니다. 그리고 담배회사에 '나쁜 사람bad guys'의 이미지를 덧씌우고 담배회사와 일하는 학자들을 함께 매도하는 일에 대해서도 비난합니다. 어찌 보면 일리가 있는 말처럼 들릴 수도 있습니다. 하지만 파인스타인 교수는 자신이 담배회사의 컨설턴트로 일했고 담배회사가 일급 기밀로 유지하는 프로젝트 펀딩의 수혜자였다는 사실을 밝히지는 않은 채, 이처럼 담배회사를 옹호하는 주장을 공개적으로 했던 것이지요.

데렉 야크는 이러한 담배회사의 전략을 '과학자를 매수하는 Buying Scientist' 일이라고 표현합니다. 막대한 자본력을 가진 담배회사들이 지속적인 이윤 창출을 위해 저명한 과학자들을 섭외하는 과정을 날카롭게 비판한 것이지요.

그로부터 16년 뒤인 2017년 9월, 말보로Marlboro를 만드는 세계 1위의 담배회사 필립 모리스는 중대한 발표를 합니다. 향후 12년간 매년 최소 8,000만 달러가 넘는 돈을 투자해 '연기 없는 세상Smoke-Free World' 재단을 만들기로 한 것입니다. 저를 포함한 보건학 연구자들이 놀랐던 것은 1조 원이 넘는 그 막대한 투자 자금 때문만은 아니었습니다. 그 재단의 이사장으로 발표된 사람이 다름 아닌 데렉 야크였기 때문입니다.

담배회사가 막대한 자금력으로 과학자들을 어떻게 섭외하는지 누구보다 날카롭게 비판했던 그가 필립 모리스가 만든 재단의 이사장이 된 것입니다. 재단 설립이 발표된 바로 다음 달인 2017년 10월 데렉 야크는 학술지 《랜싯Lancet》에 「연기 없는 세상을 위한 재단Foundation for a smoke-free world」이라는 제목의 논문을 발표합니다. 자신이 왜 필립 모리스가 설립한 재단에서 일하기로 했는지를 설명하는 글입니다.[5]

이 글에서 데렉 야크는 자신이 과거 세계보건기구에서 일했던 경험을 언급하며 세계적으로 금연운동이 맞닥뜨린 어려움을 말합니다. 그는 금연운동의 인적·제도적 역량이 부족하고 관련한 지원금 역시 부족한 상황에서, 담배회사의 적극적인 반대로 인해 금연율은 정체기에 들어섰다고 이야기합니다. 이 상황에서 금연이 어려운 사람들에게 덜 위험한 담배를 권하는 것이 담배로 인한 사망률을 낮추는 데 있어 중요한 일이고, 전자담배가 그 대안이라고 주장합니다.

필립 모리스가 만든 재단 '연기 없는 세상'에서 '연기'는 담뱃잎 태우는 과정에서 발생하던 기존 궐련 담배의 연기를 뜻합니다. 전 세계적으로, 특히 소비력이 있는 미국과 영국을 비롯한 고소득 국가에서 흡연율은 점점 감소하고 있습니다. 담배 판매량이 줄어드는 가장 큰 이유는 흡연이 건강을 해치기 때문이지요. 오늘날 기존의 궐련 담배가 발암물질이라는 사실을 부인하는 전문가는 없습니다. '연기 없는 세상'은 궐련 담배보다 덜 위험하다는 가정 아래 이러한 전자담배를 권장하고 있습니다. 담배가 발암물질이라는 사실로 인해, 점차 수익성이 감소하고 있는 담배회사들은 전자담배에 사활을 걸고 있습니다. 그들에게는 '10년 뒤 먹거리'인 셈이지요.

전자담배는 전 세계적으로 판매량이 급격히 늘어나고 있습니다. 전자담배의 선두주자인 전 세계 1위 담배회사인 필립 모리스와 2위인 브리티시 아메리칸 타바코는 한국에서도 2017년부터 각각 '아이코스'와 '글로'를 판매하고 있습니다. 이러한 전자담배는 한국에서 2018년 상반기에만 총 1억 5,000만 갑이 넘게 팔렸습니다.

담배로 인한 사망률을 낮추기 위해 '보다 안전한' 전자담배를 권장하겠다는 주장에는 여러 문제점이 있습니다. 무엇보다 전자담배가 기존의 궐련 담배에 비해 더 안전하다는 주장을 뒷받침할 만한 근거가 아직까지 없기 때문입니다. 담배회사들은 기존의 태우는 연소방식이 아니라 열로 데우는 방식이기 때문에 발암물질이 상대적으로 적다고 주장합니다. 하지만 아직 그 인체 유해성은 확인된 바 없습니다. 2018년 8월 샌디에이고주립대학의 스탠턴 글랜츠Stanton A. Glantz 교수는 이와 관련해 중요한 논문을 발표했습니다. 다름 아닌, 필립 모리스가 전자담배 '아이코스'의 미국식품농약청US Food and Drug Administration의 판매 승인을 받기 위해 2016년 12월 제출한 건강유해성 데이터를 분석한 것입니다.[6] 필립 모리스는 미국과 일본에서, 90일간 아이코스를 사용한 사람의 폐활량, 백혈구 수치, 콜레스테롤 수치를 포함한 24개 생체지표의 변화량을 제시했습니다. 글랜츠 교수의 분석 결과 24개 지표 중 23개에서 기존의 궐련 담배와 통계적으로 유의미한 차이가 없다는 결과가 나왔습니다. 필립 모리스가 직접 제출한 데이터에서도 전자담배가 인체에 '덜 유해하다'라는 증거는 없는 것이지요.

전자담배가 설사 기존 제품에 비해 상대적으로 안전하다고 가정하더라도 전자담배를 권장할 수는 없습니다.[7] 2018년 세계보건기구 발표에 따르면, 흡연으로 인해 매년 700만 명이 죽어갑니다.[8] 아직까지 근거는 없지만 담배회사의 주장대로 전자담배가 기존의 담배에 비해 덜 위험하다고 가정하고, 동시에 흡연자 중 상당수가 기존의 궐련 담배 대신 '덜 위험한 전자담배'를 이용해 사망자 숫자를 30% 가까이 줄일 수 있다고 가정해보지요. 그렇다 해도 여전히 400만 명이 넘는 사람이 흡연으로 인해 사망하고, 여전히 담배는 가장 많은 사람을 조기사망에 이르게 하는 원인 중 하나로 남게 됩니다. 그 변화가 사소한 차이라고 주장하는 게 아닙니다. 그게 우리 사회가 목표로 하는 결과일 수 없기 때문입니다.

혹자는 니코틴 패치 등의 금연보조제와 전자담배를 비교하기도 합니다. 하지만 그 둘은 전혀 다른 것입니다. 금연보조제는 금연을 목적으로 그 과정을 돕는 상품이고, 전자담배는 중독성 물질을 가지고 있는 흡연을 지속시키는 상품입니다. 학술지 《랜싯》의 표현을 빌리면 우리가 추구해야 하는 것은 필립 모리스가 주장하는 연기 없는 세상Smoke Free World이 아니라 담

배 없는 세상Tobacco Free World일 테니까요.⁹

내부문건에 등장하는 한국의 과학자들

2016년 8월 30일, 건강보험공단에서 주최한 국제 심포지엄에서 서울대 보건대학원 조성일 교수는 흥미로운 사실을 발표합니다. 필립 모리스가 서울대 보건대학원에 장학금을 제안한 사실을 알린 것입니다. 4년간 1억 원으로 우수 과학자를 포상하는 장학금입니다. 서울대 보건대학원은 교수회의 논의를 거쳐 필립 모리스가 제안한 장학금이 부적절하다고 판단하고 제안을 거절합니다.¹⁰

보건대학원에 담배회사가 장학금을 지급하겠다는 이 당황스러운 제안은 그 구체적인 내용을 알고 나면 의도를 이해할 수 있습니다. 필립 모리스는 장학금을 제안하며, 기존의 담배가 중독성이 있고 사망위험을 높인다는 사실은 인정하지만 담배의 종류는 다양하며, 그 독성정보가 공개되지 않아 오히려 흡연자의 알 권리를 침해하고 있다고 말했습니다. 따라서 흡연자에게 '덜 해로운 담배 선택권'을 보장해야 한다는 것이지요. 금연이 어려운 사람에게 '덜 해로운 담배'인 전자담배를 권하자는 '연기 없는 세상'의 목적과 일맥상통하는 이야기입니다.

그렇다면 그간 한국의 과학자들은 담배회사로부터 자유로웠을까요? 2014년《대한금연학회지》에 출판된「담배회사 내부문건 속 한국인 과학자 분석」은 그 내용을 다루고 있습니다.[11] 필립 모리스와 재팬 타바코는 1987년 11월 9일부터 일본 도쿄에서 열린 '담배와 건강 국제회의'에 대응하기 위해 같은 도시에서 5일 앞서 '실내 공기의 질에 관한 국제회의'를 개최합니다. 이 학회에는 한국에서 대학교수로 일하는 실내 공기오염 문제 연구자들이 참여합니다. 연구자들은 담배회사가 후원하는 단체와 일한 경력이 있었고, 그들의 연구는 실내 공기오염의 핵심은 흡연이 아니라 자동차 배기가스나 세정제 같은 물질이라는 내용이었지요.

이 논문이 발표되고 나서, 담배회사 컨설턴트로 지목된 학자들은 언론 인터뷰에서 담배회사가 출자해 만든 비영리재단인 실내공기연구센터CIAR, Center for Indoor Air Research로부터 연구비를 지원받은 것은 사실이지만, "계약서에는 담배회사의 이익을 대변한다는 등의 어떠한 상업적 요구도 없었고 담배회사가 연구의 판단에 영향을 미칠 어떤 요구도 해오지 않았다"라고 말하며, 담배회사 컨설턴트라는 용어를 부정했습니다.[12]

저는 이 주장이 사실일 가능성이 높다고 생각합니다. 그런데 우리가 놓치지 않아야 하는 것은 담배회사가 이들을 후원했던 이유가 무엇이고, 그 결과를 어떻게 사용했는가 하는 점입니다. 이들의 연구는 담배회사와 무관한 연구자의 객관적인 '제3자 기술'로서, 담배연기가 실내 공기오염의 주된 요인이 아니라는 근거로 사용되었으니까요.

과학자들이 담배회사의 지원을 받는 것은 왜 문제가 될까

의학·보건학 연구자들이 담배회사의 지원을 받는 것이 왜 문제가 되는 걸까요? 이 질문에 대답하기 위해서는, 질병을 예방하고 치료하기 위한 학문을 하는 이들이 전 세계적으로 가장 많은 사람을 죽음에 이르게 하는 상품을 파는 회사의 돈으로 연구를 하는 것을 윤리적으로 받아들일 수 있는지 먼저 따져봐야 합니다.

그리고 담배회사의 지원을 받아 수행된 연구 결과를 신뢰할 수 있는지도 의문입니다. 1998년 《미국의사협회지》에 출판된 논문 「왜 간접흡연의 건강 영향에 대한 종설 논문은 다른 결론을 가지고 있는가Why Review Articles on the Health Effects of Passive Smoking Reach Different Conclusions」는 여기에 중요한 근거를 제공합니다.[13]

실험 연구에서 별도로 진행되어 각기 다른 데이터를 분석한 연구라면 여러 조건에 따라 결과에 차이가 있을 수 있습니다. 그런데 기존에 수행된 논문을 체계적으로 검토해 결론을 내리는 종설 연구는 그 검토 대상이 되는 논문이 겹치기 때문에 상반되는 결론을 내리기 어렵습니다. 캘리포니아 버클리대학의 데버라 반스Deborah E. Barnes는 1980년부터 1995년까지 출판된 간접흡연의 건강 영향에 대한 종설 논문 106편을 모아 검토합니다.

오늘날 간접흡연이 건강에 해롭다는 것은 논란의 여지가 없는 사실이지만, 논문이 출판된 당시는 그 유해성 여부를 두고 과학자들 사이에서 논쟁을 하던 시기였습니다. 저자들이 검토한 106편의 논문 중 67편은 간접흡연이 해롭다는 결론을, 39편은 해롭지 않다는 결론을 가지고 있었지요. 그리고 저자들은 이 논문들을 두 그룹으로 나눕니다. 먼저 담배회사의 지원을 받은 적이 있는 연구자, 담배회사가 주최하거나 후원하는 활동에 참여한 적이 있는 연구자, 담배회사 연구소에 소속된 연구자가 작성한 논문 31편을 추려냈습니다. 그 외에 담배회사와 관련이 없는 저자들이 작성한 논문 75편과 그 결론을 비교합니다.

그 결과가 아래 〈표1〉입니다. 담배회사와 관련된 저자들의 논문 31편 중 29편(94%)에서, 그렇지 않은 저자들의 논문 75편 중 10편(13%)에서 간접흡연이 해롭지 않다는 결론을 내립니다. 담배회사와 관련된 저자가 쓴 논문의 경우 간접흡연이 무해하다고 결론 내릴 확률이 7.2배나 높은 것이지요. 한 걸음 더

표1 연구자와 담배회사의 관련 여부에 따른
간접흡연 유해성에 대한 논문의 결론 차이(1980~1995)[13]

논문 결론	담배회사와 관계가 있는 저자 (n=31)	담배회사와 관계가 없는 저자 (n=75)
간접흡연은 해롭다	2편(6%)	65편(87%)
간접흡연은 해롭지 않다	29편(94%)	10편(13%)

나아가, 논문의 출판연도, 논문의 질, 동료검토 여부peer-review를 통제하고 계산하면, 담배회사와 관련 있는 저자들이 간접흡연이 무해하다고 결론 내릴 위험은 88.4배로 올라갔습니다. 연구자가 담배회사의 지원금을 받았는지 여부는 연구의 결론에 지대한 영향을 미치고 있었던 것입니다.

흡연은 인간의 몸을 병들게 합니다. 흡연은 심장병과 뇌졸중 발생위험을 2배 이상 높이고, 간암, 위암, 대장암, 식도암을 유발합니다. 흡연자에서의 폐암 발생률은 비흡연자에 비해 25배 높습니다.[14] 2018년 3월 세계보건기구 발표에 따르면 전 세계 흡연자 11억 명 중 절반이 흡연으로 인해 사망할 것으로 예측됩니다.[15] 2003년 《뉴잉글랜드의학저널》에 출판된 연구는 미국인을 기준으로 흡연자는 한 번도 흡연하지 않은 사람과 비교했을 때 평균 10년 일찍 사망한다고 보고했습니다.[16]

이러한 상품을 팔며 매년 천문학적인 순수익을 남기는 담배회사들의 논리는 어설프지 않습니다. 담배가 수명을 단축시키는 제품이 되고 흡연이 유행에 뒤떨어지는 행동이 되는 순간 생존을 위협받는 그들은 전력을 다해 자신들의 상품을 방어합니다. 담배회사의 마케팅 전략은 고객의 특성에 맞춰 세련된 논리, 아름다운 이미지와 함께합니다. 그래서 의심할 기회조차 없이, 자신도 모르게 그들이 만든 세상의 한가운데에 서 있는 경우가 많습니다. 담배회사의 전략을 보며, 고정희 시인의 시 한 구절이 떠올랐습니다.

꽃은 누구에게나 아름답습니다.

호박꽃보다야 장미가 아름답고요

감꽃보다야 백목련이 훨씬 더

아름답습니다. 우아하게 어우러진 꽃밭 앞에서

누군들 살의를 떠올리겠읍니까

그러므로 우리들의 적이 숨어 있다면

그곳은 아름다운 꽃밭 속일 것입니다.

— 고정희, 〈현대사 연구 1〉 중

누구도 아름다운 꽃을 앞에 두고 살의를 떠올리지 않겠지요. 그렇기에, 우리의 적이 숨어 있다면 그곳은 흐드러지게 아름답고 우아한 언어의 꽃밭 속일 것입니다.

필요한 약이 개발되지 않는 이유

오늘날 가장 많은 사람들을 힘들게 하는 질병은 무엇일까요? 중요한 질문입니다. 어떤 질병을 예방하고 치료하는 데 공공자금이 집중적으로 투자되어야 하는지를 결정하는 기준이 될 테니까요. 이 질문에 답하기 위해서는 이러한 질병 부담 Burden of Disease을 어떻게 측정할 것인지를 먼저 정해야 합니다. DALYDisability-Adjusted Life Year는 질병으로 고통받거나 사망할 경우 잃게 되는 시간의 총량을 측정하는 지표입니다. 한국어로 '장애보정손실연수'라고 부릅니다.

즉, DALY는 질병으로 인한 조기사망으로 잃게 된 시간과 이 질병으로 고통받으며 낮아진 삶의 질을 시간으로 계산한 값입니다. '1 DALY'는 잃어버린 건강한 수명 1년을 의미합니다.

예상치 못한 사고로 어떤 사람이 사망했을 때, 그 사고가 일어나지 않았다면 누렸을 시간이 3년이면, '3 DALY'가 됩니다. 사망하지는 않았지만 특정 질병으로 생활에 큰 지장을 받는 경우도 있습니다. 그러한 경우를 고려하기 위해 '장애가중치'가 개발되었습니다. 질병으로 인해 일상생활에서 생겨난 어려움의 정도를 나타내기 위한 것으로 0은 아무런 영향을 주지 않는 상태를 의미하고, 1에 가까울수록 죽음에 가까운 심각한 상태를 의미합니다. 요통의 경우 가장 가벼운 증상일 때는 장애가중치가 0.02이지만, 다리 통증을 동반한 가장 심각한Most severe, with leg pain 요통의 경우는 그 수치가 0.38입니다.[1]

구체적인 예를 들어보겠습니다. 65세부터 당뇨병의 합병증인 당뇨발diabetes foot로 10년간 고생하다가 75세에 사망한 사람이 있습니다. 당뇨발의 장애가중치disability weight는 0.20입니다. 이 사람이 당뇨발이 없었다면 80세에 사망하는 상황이었다고 가정한다면, 이 경우 DALY는 조기사망으로 잃게 된 5년과 당뇨발을 앓는 동안 온전히 누리지 못한 10년의 시간에 장애가중치를 곱한 값인 2년(10년×0.2)을 더해 '7 DALY'가 됩니다.[2] 당뇨발로 인해 잃어버린 삶의 시간이 7년이라는 의미입니다.

2002년 패트리스 트루일러Patrice Trouiller 박사 연구팀은 학술지 《랜싯》에 논문 「소외 질환을 위한 신약 개발: 결핍된 시장과 보건 정책의 실패Drug Development for neglected disease: a deficient market and a public health failure」를 발표합니다. 이 연구가 묻는 질문

우리 몸이 세계라면

은 다음과 같습니다. "우리는 지난 20년간 필요한 약을 개발했는가?"[3]

연구팀은 1975년부터 1999년까지 미국과 유럽에서 시장 판매가 허가된 1,393개의 신약 목록을 파악합니다. 이 목록은 그사이 전 세계적으로 사용이 허가된 전체 신약의 목록이라고 할 수 있습니다. 그리고 그 약이 어떤 질병을 치료하기 위한 것인지를 정리합니다. 그 결과를 DALY와 함께 정리한 것이 〈표 2〉입니다.

표2 질병 구분에 따른 1975년부터 1999년까지 승인된
신약 수와 매출 비율과 장애보정손실연수[3]

	장애보정손실연수(DALYs)			1975년부터 1999년까지 승인된 신약 수 (%)	1999년 전체 매출 비율
	전체(%)	고소득 국가(%)	중·저소득 국가(%)		
신경계	11.5	23.5	10.5	211(15.1%)	15.1%
심혈관계	10.3	18.0	9.7	179(12.8%)	19.8%
암	6.1	15.8	5.2	111(8.0%)	3.7%
비감염성 호흡기계	4.5	7.4	4.2	89(6.4%)	9.3%
감염성 질환	29.6	4.2	31.8	224(16.1%)	10.3%
-HIV / AIDS	5.1	0.9	5.5	26(1.9%)	1.5%
-결핵	2.0	0.1	2.2	3(0.2%)	0.2%
-열대성 질환 총합	9.4	0.3	10.2	13(0.9%)	0.2%
-말라리아	2.8	0.0	3.1	4(0.3%)	0.1%
기타	37.9	31.1	38.6	579(41.6%)	41.9
전체	100	100	100	1393(100%)	100%

첫 번째 열은 1999년을 기준으로 각 질병별 DALY를 보여 줍니다. 전 세계적으로 DALY가 가장 큰 항목은 결핵, 말라리아를 포함한 감염병입니다. 전 세계 DALY의 29.6%를 차지합니다. 그다음으로 치매를 포함한 신경계 질환이 11.5%, 심혈관계 질환이 10.3%를 차지하고 있습니다. 암은 그다음으로 6.1%입니다.

1975년부터 1999년까지 개발된 신약의 질병별 분포를 보면, 전 세계 DALY의 29.6%를 차지하는 감염성 질환 분야에서 새로 개발된 신약은 전체의 16.1%에 불과합니다. 대신, 신경계 질환 신약이 15.1%, 심혈관계 질환 신약이 12.8%로, 각 질병별 DALY 분포보다 높게 나타납니다. DALY 수치를 보면, 전 세계적으로 감염성 질환이 가장 높게 나타납니다. 오늘날 가장 많은 사람들이 고통받고 죽어가고 있는 이 질병들을 치료하기 위한 신약 개발이 이토록 적게 이루어진 이유는 무엇일까요?

고소득 국가와 중·저소득 국가를 나눠 DALY를 살펴보면, 그 이유가 명확히 드러납니다. 고소득 국가의 DALY는 신경계 질환이 23.5%, 심혈관계 질환이 18.0%, 암이 15.8%를 차지합니다. 감염성 질환은 4.2%에 불과하지요. 그러나 중·저소득 국가에서는 감염성 질환이 DALY의 31.8%로 압도적으로 높은 비율을 보여주고 있습니다. 중·저소득 국가에서 필요한 약은 개발되지 않고 있는 것입니다.

특히 남미나 사하라 사막 이남 아프리카 지역에서 주로 발

우리 몸이 세계라면

생하는 말라리아, 샤가스병Chagas' Disease, 주혈흡충병Schistosomiasis 같은 열대성 질환Tropical Disease의 DALY를 살펴보면 더욱 놀랍습니다. 전 세계 DALY의 9.4%를 차지하지만, 25년 동안 나온 신약 1,393개 중 오직 13개(0.9%)만이 열대성 질환을 위한 것이었습니다. 고소득 국가 DALY 중 열대성 질환은 0.3%에 불과하기 때문입니다. DALY를 기준으로 할 때, 1975년부터 1999년 사이 신약이 개발된 비율은 중추신경계 질환, 심혈관계 질환, 암 모두 열대성 질환에 비해 12배 이상 높았습니다.

혹자는 열대성 질환을 치료하기 위해 신약 개발을 시도하고 있지만, 시장화에 성공하지 못한 게 아니냐고 반문할 수도 있습니다. 논문의 저자들은 규모 순으로 가장 큰 제약회사 20곳에 연락해 1999년을 기준으로 저소득 국가에서 주로 발생하는 감염성 질환인 결핵, 말라리아, 샤가스병, 아프리카 수면병African Trypanosomiasis, 리슈마니아증Leishmaniasis에 대해 당시 투자되고 있는 연구 개발 비용의 규모를 묻습니다. 20곳 중 11곳의 제약회사가 응답한 결과를 보면, 이 질병들을 치료하기 위한 신약 개발 투자비는 전체 연구 개발비의 1%에도 미치지 못하는 것으로 드러났습니다. 이처럼 연구 개발비가 투자되지 않는 상황에서 그 질병들을 치료할 수 있는 신약 개발이 이루어질 가능성은 앞으로도 희박해 보입니다.

물론 고소득 국가의 주요 사망원인인 심혈관계 질환이나 암을 치료하기 위한 신약 개발도 중요합니다. 환자의 고통을 줄일 수 있는 더 나은 약이 개발되는 것은 환영할 일입니다. 문제는 전 세계적으로 가장 많은 사람들이 고통받는 질병의 치료제가 현재의 시스템에서는 개발이 어렵다는 사실입니다. 자본주의 사회에서 기업인 제약회사가 약을 개발했을 때 거둬들일 수 있는 이윤은, 어떤 약을 개발할지와 그 약을 만드는 데 필요한 지식을 생산할지 여부를 판단하는 기준이 되기 때문입니다. 어떤 지식은 생산되고, 어떤 지식은 생산되지 않습니다. 오늘날 지식은 명백히 선별적으로 생산되고 선별적으로 유통됩니다.

그 많은 지식인은 모두 어디에 있는가

2005년 《뉴잉글랜드의학저널》에는 「의료인 두뇌 유출의 현황 The Metrics of the Physician Brain Drain」이라는 흥미로운 제목의 논문이 발표됩니다.[4] 조지워싱턴대학의 피츠휴 멀런 Fitzhugh Mullan 교수는 이 연구에서 의과대학을 졸업한 후에 자국을 떠나 미국, 영국, 캐나다, 호주에서 활동하는 의사 이민자들에 대해 말합니다.

예를 들어, 〈표3〉에서 보듯이 2004년 기준으로 미국에서 일하는 의사 중 미국이 아닌 다른 나라에서 의과대학을 졸업한 의사는 25.0%에 해당합니다. 총 20만 8,733명 중 60.2%는 인도, 필리핀, 파키스탄 등과 같은 저소득 국가에서 온 의사들이지요. 영국, 캐나다, 호주의 경우에도, 외국 의과대학을 졸업한

표3 미국, 영국, 캐나다, 호주에서 일하는 의사 중 외국 의과대학을 졸업한 의사 비율(2004)[4]

국가	10만 명당 의사의 수(명)	전체 외국 의과대학 졸업자의 수(명)	전체 의사 중 외국 의과대학 졸업자의 비율(%)	외국 의과대학 졸업자 중 저소득 국가 출신자의 비율(%)
미국	293	208,733	25.0	60.2
영국	231	39,266	28.3	75.2
캐나다	220	15,701	23.1	43.4
호주	271	14,346	26.5	40.0

의사의 비중이 모두 20%가 넘습니다.

이 숫자를 의사들의 이민을 받는 고소득 국가가 아닌, 의사 이민자들의 출생국가인 저소득 국가의 관점에서 바라보면 새로운 문제가 보입니다. 연구 시점을 기준으로 필리핀에서 일하는 의사의 숫자는 9만 1,408명인데, 앞서 언급한 미국, 영국, 캐나다, 호주에서 일하는 필리핀 의과대학을 졸업한 의사의 숫자는 1만 8,303명입니다. 외국 의과대학을 졸업하고 필리핀에서 일하는 의사의 숫자가 매우 적다고 가정할 때, 필리핀 의과대학 졸업생 중 16.7%는 미국, 영국, 캐나다, 호주에서 일하고 있는 것입니다. 이 수치가 가나의 경우 30.0%, 스리랑카는 27.5%, 레바논은 19.3%, 인도는 10.6%입니다. 한국의 수치는 상대적으로 낮은 5.0%로 호주의 4.0%나 영국의 7.2% 등과 큰 차이가 없는 상황입니다.

뛰어난 두뇌를 지닌 저소득 국가의 인재가 그 사회에서 투자한 교육 시스템을 통해 의과대학을 졸업한 이후 그 나라를 떠나는 일이 대규모로 발생한 것입니다. 피츠휴 멀런 교수가 이 주제에 주목했던 이유는 저소득 국가의 의대 졸업생들이 고소득 국가로 떠나면서 생겨나는, 저소득 국가의 의료서비스 공백과 질 저하에 대한 우려 때문입니다. 그리고 그는 저소득 국가의 인재 유출로 생겨난 의학 교육의 문제점도 주목합니다. 저소득 국가 의과대학 학생들이 자신의 출생국가에서 빈번하게 발생하는 질병과 그 문제를 해결할 수 있는 의료 시스템에 대해 고민하지 않게 된다는 점이지요. 곧 떠날 나라이니까요.

존 이오아니디스John P. A. Ioannidis 교수는 2004년 이와 관련된 질문을 의학만이 아닌 학문 전 분야로 확장한 논문을 발표합니다. 「두뇌 유출과 두뇌 결손에 대한 세계적 추산Global estimates of high-level brain drain and deficit」이라는 제목의 논문입니다.[5] 이오아니디스 교수는 사회과학, 물리학 등을 포함한 21개 학문 분야에서 1981년부터 1999년까지 논문 인용지수를 기준으로 상위 1%에 해당하는 학자들의 명단을 만듭니다. 논문 인용지수란, 출판된 논문이 몇 번이나 다른 논문들에 인용되었는지를 가리키는 지표입니다. 인용지수가 그 학자의 학문적 훌륭함을 보장하는 것은 아니지만, 학계에서 그 연구가 얼마나 주목받았고 다른 연구에 영향을 주었는지를 파악하는 데는 유용한 지표이지요.

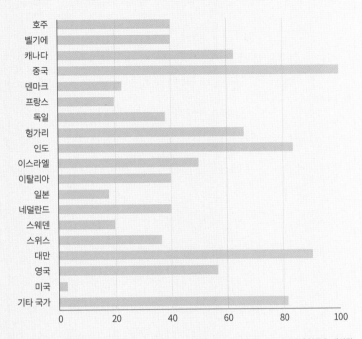

그림2 출신국가별 인용지수 상위 1% 과학자 중에서
자신이 태어난 국가를 떠나서 일하고 있는 비율(1981~1999)[5]

* 논문 인용지수 상위 1% 과학자가 12명 이상인 국가의 결과만 제시하였고, 이 과정에서 한국은 제외됨

그렇게 인용지수 기준으로 상위 1%인 1,523명의 학자들을
대상으로 그들의 출생국가를 조사하고, 그들이 현재 속해 있는
연구소나 대학의 국가를 조사합니다. 그 결과가 〈그림2〉입니
다. 1,523명의 상위과학자 중 486명은 출생국가와 현재 일하
고 있는 국가가 일치하지 않았습니다. 그중 75.8%에 해당하는
358명은 미국에서 일하고 있었습니다. 자신이 태어난 국가를

떠난 상위과학자 4명 중 3명은 미국을 자신의 근거지로 선택한 것입니다. 이 358명이라는 숫자는 미국에서 일하는 상위과학자 숫자의 3분의 1에 해당합니다.

중국, 인도, 대만 등에서 태어난 상위과학자는 80% 이상이 다른 국가에서 일하고 있었지만, 그와 반대로 일본, 프랑스, 덴마크 등에서 태어난 상위과학자는 20%만이 다른 국가에서 일하고 있었습니다. 가장 놀라운 수치는 미국입니다. 미국에서 태어난 상위과학자 중에서는 2%만이 미국이 아닌 국가에서 일하고 있었습니다.

같은 연구에서 이번에는 인용지수 기준 상위 1%인 1,523명의 학자들의 국적을 이용해, 또 다른 질문을 던집니다. 모든 국가가 그곳에서 태어난 개인이 과학자가 되는 과정에서 필요한 자원을 미국과 같은 수준으로 가지고 있다고 가정할 때, 각 나라별로 몇 명이 상위과학자가 될 수 있는지를 검토하고 실제 그 국가 출신의 상위과학자 숫자와 비교한 것이지요. 이는 인종에 따른 차이를 말하는 것은 아닙니다. 오늘날 인종은 생물학적으로 폐기된 개념입니다. 인류는 호모 사피엔스라고 하는 한 가지 종의 변이인 것이고, 출신 지역이나 인종 등에 따라 인간의 지능이 다르다는 증거는 현재 존재하지 않습니다. 그런 가정하에 출신 국가에 따른 상위과학자가 될 확률을 살펴봅니다. 그 결과 미국을 100%라고 가정했을 때 인도는 1.9%, 멕시코는 1.2%, 파키스탄은 0.4%라는 결과가 나옵니다. 즉, 미국에서 태어났다면 상위과학자가 되었을 사람 100명이 인도에서 태어났다면 그중 2명만이 상위과학자가 되는 것이지요.

이오아니디스 교수는 이를 두뇌 결손 현상Brain Deficit이라고 부릅니다. 이러한 세계적 두뇌 결손에는 저소득 국가의 여러 상황이 복합적으로 작용합니다. 무엇보다 최소한의 생계가 보장되지 않는 사회에서 국가나 기업이 과학에 자원을 투자하는 것은 어려운 일입니다. 그리고 절대적 수준의 가난을 벗어난 국가들도 체계적인 고등교육이 부재하고 연구를 진행하는 데 필요한 경제적 지원이 열악한 경우가 많지요. 정치적 조건 역시 중요합니다. 정치적 부패로 인해 국가의 행정이 투명하게 운영이 되지 않는 상황에서 교육과 연구 시스템 역시 온전할 수 없기 때문입니다.

뛰어난 학자들이 자신의 능력을 발휘할 수 있는 더 나은 연구 조건을 찾아가는 일과 의사들이 경제적으로 사회적으로 더 나은 의료환경을 찾아 이민을 떠나는 일을 비난할 수는 없습니다. 자신의 역량을 발휘하는 일이 지금 처한 환경에서 불가능하다면, 이민은 오히려 권장할 만한 일이 되겠지요. 저소득 국가의 질병에 대해 이윤이 남지 않는다는 이유로 신약 개발을 하지 않는 민간 제약회사의 입장도 앞서 이야기한 사례와는 결이 다르지만, 자본주의 사회에서 가능한 일입니다.

문제는 이러한 현상이 전 세계적으로 계속해서 반복될 때, 생겨나는 불평등입니다. 권력과 자본을 가진 나라에 필요한 신

약만이 개발되고, 그 나라에 거주하는 사람들만이 최고의 의료
서비스를 받게 되고, 그 나라에서 자라나는 어린이만이 과학자
로서 꿈을 펼칠 수 있는 상황 말이지요. 지식과 지식인 생산의
불평등입니다.

02

시선

보는 것과 보지 않는 것

시선
보는 것과 보지 않는 것

———————— 보는 일은 간단치 않습니다. 누구의 관점에서 어떤 목적으로 바라보느냐에 따라 다른 세상을 만나게 되는 경우가 종종 있기 때문입니다. 역사 속에서 어떤 이들은 문제를 해결하기 위해 눈을 뜨고, 어떤 이는 눈을 감고 문제의 존재 자체를 지우려 했습니다. 이 장에서는 당대의 한계 속에서 이 땅의 문제를 직시했던 세종 시대의 노력과 일제강점기 동안 조선총독부의 통계에 잡히지 않았던 사람들의 질병에 대해 말하고자 합니다. 조선인의 몸을 바라보던 두 시선에 대한 이야기입니다. ————————

누가 전시하고, 누가 전시되는가
: 조선인의 몸에 제국주의를 묻다 1

보는 시선이 지배하는 시선이다.
—미셸 푸코, 『임상의학의 탄생』

스웨덴 기자 아손이 본 1904년 조선의 과학

100여 년 전, 스웨덴 기자 아손은 조선을 여행한 경험을 기록했습니다. 때는 1905년 1월 1일, 경부선 철도입니다. 기차 안에 앉아 있던 아손이 창밖을 바라보고 있습니다.

8시였다. 5분 후에는 기차가 출발할 예정이었다. 플랫폼은 이 대사건을 구경하러 나온 코레아인들로 온통 흰색 일색이었다. 그들 대부분은 처음 역에 나온 것이고, 따라서 기관차도 처음 보는 것이다. 기관차의 역학에 대해서는 조금도 아는 바가 없는 그들이었기에 무슨 일이 일어

우리 몸이 세계라면

날지 몰라 대단히 망설이는 눈치였다. 이 마술차를 가까이에서 관찰하기 위해 접근할 때는 무리를 지어 행동했다. 여차하면 도망칠 자세를 취하고 있으면서도 서로 밀고 당기고 하였다. 그들 중 가장 용기 있는 사나이가 큰 바퀴 중 하나에 손가락을 대자, 주위 사람들은 감탄사를 연발하면서 그 용기 있는 사나이를 우러러보았다.

그러나 기관사가 장난삼아 환기통으로 연기를 뿜어내자 도망가느라고 대소동이 일어났다. 나는 객실 창가에서 이 소동을 지켜보았다. 참 흥미진진했다. 가장 웃음이 나오는 것은 키가 난쟁이처럼 조그마한 일본인 역원들이 얼마나 인정사정없이 잔인하게 코레아인들을 다루는가를 지켜보는 일이었다. ⋯ 기관차가 마침내 기적을 울리고 천천히 달리기 시작하자 주위의 일본 사람들은 우렁차게 '반자이'(만세)를 외친 반면, 이 열차를 타고 갈 예정이었으나 플랫폼에서 지체된 코레아 사람들은 기차를 타기 위해 필사적으로 달려왔다. 그들은 또 한 차례의 회초리 세례를 받아 결과적으로 기차와 더 떨어질 뿐이었다. 장면 장면이 우스꽝스러움을 더해갔다. 부산역의 이 북새통에서 내가 마지막 본 장면은, 그 무리들 중에서 제일 왜소한 일본인이 키 크고 떡 벌어진 한 코레아 사람의 멱살을 거머쥐고 흔들면서 발로 차고 때리다가 내동댕이치자, 곤두박질을 당한 그 큰 덩치의 코레아 사람이 땅에 누워 몰매 맞은 어린애처럼 징징 우는 모습이었다.

— 아손 그렙스트, 『스웨덴 기자 아손, 100년 전 한국을 걷다』

창문 밖에는 "기관차의 역학에 대해서는 조금도 아는 바가 없는" 조선인들이 몰려 있습니다. 그들에게 기관차는 마치 마술과 같은 두렵고 놀라운 존재였을 겁니다. 스웨덴 사람인 아손과 역무원인 일본인은 이 기관차가 낯설지 않습니다. 이 철도를 부설한 것은 일본이었고, 경부선이 급하게 개통된 것도 당시 한창이던 러일전쟁에 쓸 군수물자를 나르기 위해서였으니까요. 그것은 식민지를 원활히 통치하기 위한 교통수단을 확보하는 동시에 그 위를 달리는 거대한 기관차를 보여줌으로써 자신들이 가진 압도적인 근대 과학 문명의 힘을 과시하는 일이었습니다.[1]

아손의 글에서, 덩치 큰 조선인은 물리적 힘으로는 충분히 맞서 싸워 이길 수 있는 일본인에게 얻어맞고서 땅에 누워 어린애처럼 징징 울고 있습니다. 과학사 연구자인 정인경 교수는 이 장면에서 식민지 조선인과 제국에서 온 일본인 사이에 놓인 거대한 차이가 기관차로 상징되는 과학 기술에 대한 이해와 닿아 있다고 지적합니다.[2]

'과학'의 이름으로 만들어진 지식들은 일본이 조선을 점령하고 통치하는 과정에서 중요한 역할을 수행합니다. 일제강점기 과학은 식민지 통치자인 일본 문명의 우월함을 조선인들에게 과시하는 역할을 할 뿐 아니라 자신들의 지배를 정당화하는 식민주의 이데올로기를 만드는 데도 활용됩니다.

누가 전시하고, 누가 전시되는가: 1903년 일본, 전시된 사람들

1903년 일본 오사카에서 대규모 박람회가 열립니다. 박람회의 '학술인류관'에는 대만 원주민 2명, 아이누인 7명, 터키인 1명, 그리고 조선인 2명 등을 포함한 총 28명의 살아 있는 사람이 전시됩니다. 현지의 주거형태를 재현한 공간에서 그들을 전시하고 관람객들이 구경할 수 있는 공간을 만든 것이지요.[3]

이러한 인종전시장은 1889년 파리만국박람회에서 아프리카 식민지인을 전시하면서 널리 퍼지기 시작했습니다. 제국주의 시대 서양 국가들이 자신의 힘을 과시하기 위한 목적으로 사용하던 방식이지요. 이러한 전시 이면에는 진화와 진보를 동일시하고, 진화의 정도에 따라 인종을 분류하던 세계관이 있습니다. 더 '진화'된 제국의 국민인 백인들은 덜 '진화'된 식민지의 유색인종을 전시하고 관찰했습니다. 그 논리 속에서 '미개한 이들을 문명화'시키기 위한 식민 지배가 정당화되었습니다.

1903년 오사카박람회의 학술인류관은 본래 이름이 '인류관'이었습니다. 본래는 청나라 사람도 조선인과 함께 전시될 계획이었지요. 이를 사전에 알게 된 청나라 측의 항의로 청나라인 전시가 취소되면서, 일본은 전시관 이름 앞에 '학술'이라는 단어를 붙입니다. 다른 인종을 학대하거나 유린하는 것이 아니라 관찰하고 이해하기 위한 과학적 탐구, '학지學知'를 위한 것이라는 점을 강조한 것입니다. 그러나 전시를 하는 사람이 누구이고 전시를 당하는 사람이 누구인가를 묻는 순간, 이는 과학의 이름을 빌렸을 뿐 당대 제국주의의 권력관계를 반영한 현상이라는 점이 명확해집니다.

　제국주의 국가인 서구의 여러 나라들이 제3세계라고 불렸던 식민지를 지배하려면, 힘과 자본의 우위뿐만 아니라 자신들의 통치를 합리화하는 논리가 필요했습니다. 그 과정에서 탄생한 것이 인종주의 과학입니다. 식민지의 유색인종들에 비해 백인이 키도 크고 뇌도 더 크다는 식의 증거를 선별적으로 수집하고 '과학'의 이름으로 우월한 백인의 식민지 통치를 합리화하는 연구였지요. 당시 서양인의 눈에 아시아인은 진화가 덜된 인종이었습니다. 몽고반점에 대한 기록은 그런 시각을 명확히 보여줍니다. 원숭이는 몽고반점을 피부 전체에 걸쳐 가지고 있고 나이가 들어도 없어지지 않는데, 많은 아시아인이 엉덩이에 몽고반점을 가지고 태어난다는 사실을 지적합니다. 물론 아시아인의 경우도 대부분 나이가 들면서 그 반점이 사라지지만, 서양인은 처음부터 그 반점을 가지고 있지 않거나 경미한 상태로 가지고 있기 때문에 아시아인에 비해 더 진화된 인종이라는 것이지요.

　인종주의 과학을 바라보던 일본의 속내는 복잡했습니다. 이러한 논리를 마냥 수용할 수만은 없었으니까요. 서구 제국주의 논리로는 조선인, 일본인, 중국인 모두 '부족한' 유색인종이었기 때문이지요. 일본인 역시 '몽고반점'을 가진 아시아인이었고, 서구 제국주의 국가의 인종과학으로는 조선 침략을 정당화

할 수 없었습니다. 제국이 되고자 했던 일본의 고민이 시작됩니다.[4]

일본은 우선 유색인종이 모든 면에서 열등하다고 주장하는 서구 인종주의 과학의 비논리성을 지적했습니다. 예를 들어, 서양인들이 자신의 몸에 털이 많은 것을 두고 '인간의 털은 동물의 털과 다르다'라는 식으로 일관성 없는 논리를 펴고 있다고 꼬집습니다. 아시아인의 몸에 털이 많았다면 서양인들은 분명 아시아인들이 진화가 덜 되었다고 해석했을 테니까요.

동시에 일본은 같은 아시아인을 식민통치하기 위해 아시아 국가의 각 인종이 고유의 장단점을 가지고 있다고 차이를 말하면서도, 왜 아시아 국가들이 미국이나 영국과 같은 서구 열강이 아닌 일본의 통치하에 하나의 나라로 묶여야 하는지에 대해 설명하고자 했습니다. 이 설명은 특히 1940년 이후 일본이 대동아공영권大東亞共榮圈이란 이름 아래, 동아시아와 동남아시아의 국가들을 동원해 서구 열강에 맞서 전쟁을 치를 때 필요한 것이었지요. 교토제국대학 교수였던 기요노 겐지는 1944년 이렇게 말합니다.

대동아공영권에는 일본인 외에 지나·인도지나·적도제도·호주·남태평양에 걸쳐 수백 종 혹은 그 이상의 다수 인종이 존재하며, 각 인종에는 각각의 장점이 있다. 이들 인종은 서로 관련하여 일환一環을 이루어 그 특장特長으로서 타 인종의 부족한 부분을 보충하고 그럼으로써 공

존공영의 결실을 거두어야 한다.[5]

그런데 이렇게 각 인종별로 장단점이 상호보완되는 것이라면, 굳이 일본이 식민지를 통치할 이유가 없습니다. 일본 입장에서는 서구 인종과학의 약점을 지적하는 동시에 '우리가 중국인이나 조선인보다 우월하다'라는 또 다른 논리도 함께 필요했습니다. 왜 하나로 묶인 아시아를 일본이 통치해야 하는지 설명해야 했지요. 일본의 지식인들은 자신들의 인종적 우월함을 '과학적'으로 증명할 길을 찾기 시작합니다.

그 '지식'은 누가 던진 질문인가: 일본 제국주의의 체질인류학

일본인 해부학자 구보 다케시는 1910년 한일강제병합이 되기 전인 1907년부터 대한의원의 교수로 조선에서 연구를 시작합니다. 1916년부터는 경성의전 교수로 일하기도 했습니다. 조선인의 신체를 하나하나, 뼈와 근육과 신경의 크기를 측정하고 기록했던 그는 조선인의 인종 해부학에 대한 여러 연구를 진행했습니다. 다음은 그가 작성한 논문에 나오는 내용입니다.[6]

내장을 보면 조선인의 소화·호흡기는 일본인보다 크고, 특히 소화기에 있어서는 조선인이 현저한 발달을 보여 구주인보다도 뛰어나다. 비뇨 생식기도 조선인이 일본인보다 크다. 반면, 순환기·신경중추기에 있어

우리 몸이 세계라면

서는 일본인이 조선인보다 훨씬 뛰어나다. 조선인의 두골이 작고 골벽이 두꺼운데 뇌중량이 작은 점에 유의하라.

조선인 특히, 그 하층사회의 조선인이 일상적으로 매우 조잡한 불소화물不消化物을 다량 먹어도 놀랍게도 위장의 장해를 일으키지 않는 것은 이 민족의 소화기 발육이 뛰어난 것과 관련이 있는 것 같다. 저작근 및 구위근이 특히 크고 치아의 발육이 가량㳄良한 것도 소화작용을 돕는 유력한 조건이다.

인체 중 가장 고등의 기관인 신경중추기·순환기가 작은 것은 특히 주의를 요한다. 뇌의 크기만으로 정신능력의 여하를 판정할 수는 없지만, 내가 연구에 사용한 재료는 거의 전부 감옥의 수인囚人에게서 얻은 것이다. 그들 대다수는 생전에 눈앞의 일정자一丁字를 알지 못하는 무교육자였던 점에 대조하여 더한층 이 문제의 관련성이 적절하다고 느끼는 것이다. 조선 일반의 현상으로부터 보면 보통학교의 설비는 인구에 비해 빈약하다. 즉, 이 민족의 대다수는 거의 무교육에 속하므로 지적 방면에 큰 결함이 있음을 알 수 있다. 나는 현재 조선민족의 통치상 가장 필요하고도 급선무인 것은 보통교육을 실시하여 지적 방면의 발달을 시키는 것이라고 통절히 느낀다.

구보 다케시는 이러한 체질인류학적 관찰을 통해서, 조선인이 열등한 하등민족이기에 개량이 필요하다고 주장했습니다.

조선인들의 소화기와 치아가 일본인보다 발달한 것은 익히지 않은 음식을 먹는, 야만에 가까운 식습관 때문이고, 조선인의 뇌가 작은 것은 민족의 대다수가 교육을 받지 못했기 때문이라고 말합니다.[7]

20세기 초 일본인 학자들이 쓴 조선인의 신체에 대한 이러한 체질인류학 논문이 수백 편 출판됩니다.[8,9,10] 당시 과학적 연구로 인정받았던 신체 계측을 통해 인종의 특성을 파악하고자 했던 이러한 '지식'들은 20세기 중반부터는 그 관점 자체가 학문으로서 생명력을 잃게 됩니다. 식민 지배를 정당화하려는 목적에 맞춰 생산된 지식이었기 때문이지요.

혈액형을 '과학'의 도구로 이용한 생화학적 인종계수

혈액형에 따라 성격이 다르다는 이야기는 한 번쯤 들어봤을 거예요. 물론 과학적 근거가 없는 이야기입니다. 그런데 혈액형을 이용해서 인간의 특성에 대해 설명하려는 시도는 어디에서 처음 시작된 것일까요? 우리가 흔히 말하는 '조선인의 혈통', 혹은 '아리아인의 피'라고 말할 때, '피'는 유전된다는 것을 전제하고 하는 말입니다. 그런데 부모의 피가 내 몸에 흐른다는 걸 눈으로 직접 확인할 방법은 없습니다. 부모의 혈액형이 자식의 혈액형에 영향을 미친다는 발견은 유전이 존재한다는 강력한 증거가 되어줍니다.

우리 몸이 세계라면

오늘날 우리가 알고 있는 A형, B형, AB형, O형으로 나뉘는 혈액형은 1901년 오스트리아의 란트슈타이너Karl Landsteiner 박사가 처음 발견했습니다. 덕분에 혈액형에 대한 정보를 이용해 부족한 피를 수혈할 수 있게 되었지요. 이후 독일의 내과의사 폰 둔게른Emil von Dungern은 조금 다른 방향으로 한 걸음 나아갑니다. 동물의 혈액형을 조사하여 당시 대다수의 포유류는 B형이고, 침팬지와 사람의 경우에만 A형이 나타난다는 것을 발견한 겁니다. 혈액형과 진화를 함께 생각하기 시작한 거지요.

폰 둔게른은 그의 제자 루드빅 히르쉬펠트Ludwick Hirschfeld와 함께 독일인 348명의 혈액형을 조사합니다. 관찰 결과, 개인의 혈액형은 일생 동안 바뀌지 않으며 그것이 부모에게서 자식으로 유전되고, 집단 수준에서는 혈액형 분포가 안정적으로 유지된다는 점을 알게 됩니다. 이는 당시 독일의 국가주의적 사고와 맞물려, 민족의 피는 유전되는 것이고 보존되어야 한다는 사고로 이어집니다.

여기에서 히르쉬펠트라는 인물이 중요합니다. 그는 혈액형을 '과학'의 도구로 이용해 처음으로 민족과 인종의 특징을 설명하기 시작한 사람입니다. 히르쉬펠트는 '독일인의 피는 자신들이 지배하고자 하는 인종들과 어떻게 다른가?'라는 질문을 던집니다. 1918년, 의학 학술지인《랜싯》에 발표된 논문「상이한 인종들 사이 혈액의 혈청학적 차이: 마케도니아 전장에서의 연구 결과Serological difference between the blood of different races: the result of researches on Macedonian Front」는 바로 그 대답입니다. 히르쉬펠트는 마케도니아 전장에서 16개 국가의 군인 8,500명의 피를 뽑아 혈액형을 확인합니다. 그리고 그 혈액형 분포를 분석해 '생화학적 인종계수Biochemical Race Index'라는 새로운 지표를 만들어 냅니다.[11]

$$\frac{\text{A형 인자(A+AB)}}{\text{B형 인자(B+AB)}}$$

분자는 'A형 또는 AB형을 가진 사람의 숫자'이고 분모는 'B형 또는 AB형을 가진 사람의 숫자'입니다. 이 지수가 높으면, 그러니까 A형 인자를 가진 사람이 더 많으면 더 진화한 인종이라는 주장입니다. A형 인자를 가진 사람이 B형 인자를 가진 사람보다 더 진화했다는 가정을 반영한 지표입니다. 인종주의적 전제를 담고 있는 거지요. 히르쉬펠트의 논문에 따르면 이 수치는 유럽 제국주의 국가에서 압도적으로 높게 나타납니다. 영국인은 4.5, 프랑스인은 3.2, 독일인은 2.8인 반면, 식민지 유색 인종인 베트남과 인도에서는 0.5가 나옵니다. 히르쉬펠트의 논리대로라면 영국인이 가장 진화된 우월한 인종이고 베트남인과 인도인은 가장 열등한 인종이 됩니다.

오늘날 시각으로 바라보면 근거 없는, 허무맹랑한 이야기입니다. 혈액형은 적혈구에 붙어 있는 단백질의 종류에 따라 달라질 뿐이니까요. 당연히 그 단백질의 종류는 사회에서 '우월성'이라고 불리는 어떤 형질과도 관계가 없습니다. 혈액형이

우리 몸이 세계라면

호모 사피엔스의 진화 정도를 나타낸다는 주장은 근거가 전혀 없는 이야기입니다. 그러나 당시 혈액형의 분포와 인종의 우월성이 닿아 있다는 주장은 과학자들 사이에서 널리 받아들여졌고, 히르쉬펠트의 논문은 과학의 이름으로 당대 제국주의 권력이 필요로 하던 백인 우월주의의 근거를 만들어줍니다.

이 인종계수는 일본 제국주의의 주요한 관심사가 됩니다. 조선인과 일본인의 인종적 차이를 드러낼 도구를 찾았다고 생각했기 때문이지요. '조선인과 일본인의 인종계수는 어떻게 다른가'가 중요한 질문으로 떠오른 것이지요. 히르쉬펠트의 연구가 일본에게 조선을 식민지로 통치할 '과학적' 명분의 기회를 제공한 것입니다. 《랜싯》에 인종계수를 다룬 논문이 출판되고 불과 4년 뒤, 1922년 경성의전 외과 교실의 기리하라 교수와

표4 기리하라와 백인제의 조선인 및 재조일본인 혈액형 조사 결과(1922)[12]

조사지역 (조사대상(명))	혈액형(%(명))				생화학적 인종계수 (AB형+A형)/ (AB형+B형)
	AB	A	B	O	
평북(354)	7.6(27)	27.4(97)	34.5(122)	30.5(108)	0.83
경기(311)	7.1(22)	32.8(102)	32.8(102)	27.3(85)	1.00
충북(112)	12.5(14)	36.6(41)	33.0(37)	17.9(20)	1.08
전남(171)	12.9(22)	41.5(71)	25.7(44)	19.9(34)	1.41
재조일본인 경성(502)	7.8(39)	42.2(212)	20.6(103)	29.4(148)	1.78

이제 막 같은 대학의 의대를 졸업한 조선인 백인제는 조선인과 조선에 체류하는 일본인의 혈액형을 조사해 결과를 발표합니다. 〈표4〉는 정준영 교수가 그 결과를 정리한 것입니다. 전남(171명), 충북(112명), 경기(311명), 평북(354명)에 거주하는 조선인과 조선에 거주하는 일본인 502명의 혈액형을 조사한 것입니다. 그 결과 인종계수는 조선에 거주하는 일본인이 1.78, 일본과 가까운 전남은 1.41, 일본과 가장 먼 평북은 0.83이 나옵니다. 일본인이 가장 높은 인종계수를 가지고 있고, 일본과 지리적으로 멀수록 그 계수의 크기는 줄어든 것이지요.[12]

혈액형을 이용해 인종계수를 측정하는 일은 계속됩니다. 독일 하이델베르크대학에서 의학을 공부한 사토 다케오는 경성제대 법의학교실 교수라는 자신의 입지를 이용해 대규모 조사를 실시합니다. 조선 남부, 중부, 북부로 나눠서 각 지역별로 이동이 적은 사람들을 모아 인종계수를 측정합니다. 그 연구 대상자 숫자가 무려 2만 4,026명에 달합니다. 1935년 발표된 이 결과는 13년 전 발표된 결과를 대규모 데이터를 통해 보다 엄밀히 확인합니다. 인종계수가 조선 남부는 1.25, 중부는 1.05, 북부는 0.99로 나옵니다. 이번에도 일본과 지리적으로 멀어질수록 인종계수가 낮게 나온 것입니다.[13]

일본의 입장에서는 반가운 결과였겠지요. 인종계수가 높을수록 진화한 인종이라면, 이 수치야말로 제국을 통치하는 주체로서 입지를 굳힐 논리가 되니까요. 조선 남부는 상대적으로 일본과 교류가 많았던 곳이기에 인종계수가 더 높다는 설명도 가능해집니다. 이는 만주, 몽골, 조선, 일본이 모여 만드는 대동아공영권에서 일본이 가장 진화한 민족이라는 논리로, 일본의 통치를 정당화하는 '과학'으로 작용합니다.

실제로 이러한 '과학적 근거'는 조선사회에서 강력한 힘을 발휘했습니다. 앞서 말한 이 연구를 함께 했던 백인제도 예외는 아니었습니다. 백인제는 경성의전을 전 학년 수석으로 졸업한 수재이자 조선인에 대한 차별에 반발해 1919년 3·1운동에 참여하고 10개월 옥살이를 한 인물이기도 합니다. 그럼에도 경성의전에서의 혈액형 조사 연구 이후, 일본인은 진화의 중간형이고, 조선인은 그보다 못하다는 말을 남깁니다.[14] 당대 최고의 수재 중 한 명이었던 그조차 '과학적 권위'에 굴복했던 것이지요. 당시 조선에서 '과학'이 얼마나 강력한 힘을 발휘했는지 보여주는 상징적인 장면입니다.

이것은 왜 과학이 아닌가

조선인에게 과학은 서구에서 온 학문 전체를 지칭하는 용어였고, 약육강식의 사회에서 조선이 부강해질 수 있는 길로 여겨졌습니다.[15] 많은 조선인들은 서유럽과 미국의 제국주의 국가들이 그토록 강력한 힘을 가진 것도, 일본이 그토록 빨리 부강해진 것도 1868년 메이지 유신 이후 서구의 과학을 적극적으로 받아들였기 때문이라고 생각했습니다. 당시 과학은 그런 힘을 지닌 단어였습니다. 조선인의 거주 환경을 그대로 옮겨 놓고 관찰하던 인종 전시장, 조선인의 신체를 계측하고 그 데이터를 근거로 조선인의 특성을 설명하고자 했던 체질인류학, 조선인의 피를 뽑아 혈액형을 측정하고 수치화해 조선인의 인종적 진화 수준을 말하고자 했던 혈액형 인종계수는 모두 당시 사람들이 가지고 있던 과학에 대한 경외심 위에서 혹은 그 경외심을 이용하여 진행된 일들이었습니다. 이 모든 작업은 '학지學知'라는 이름 아래 조선인을 관찰하고 이해하겠다는 과학적 탐구의 명분을 가지고 있었습니다.

그렇기에, 이러한 연구의 결과물을 두고서 그 타당성을 따지는 데서 멈추면 안 됩니다. 물론 인종 분류를 위한 체질인류학이나 혈액형 인종계수의 비교가 어떤 의미에서 합리성을 결여하고 있는지를 이해하는 일은 중요합니다. 그런데 그와 함께 이러한 지식의 생산 과정에 대해 질문해야, 이 현상의 본질을 이해할 수 있습니다. 왜 그 시기에 그 사람들이 그 질문을 던졌는지, 그 질문을 답하기 위한 연구들은 어느 기관의 지원을 받아 어디에 발표되었는지, 그리고 그렇게 만들어진 지식은 이후 어떻게 활용되었는지를 물어야 합니다. 그때 비로소 그 연구의 결과물을, 시공간을 초월한 객관적이고 중립적인 지식이 아닌 역사적·사회적 맥락 속에서 구성된 산물로 바라보고 이해할 수 있을 테니까요.

일제강점기의 인종주의 과학은 실증적·정량적 측정이라는 측면에서 과학의 외피를 둘렀지만 결론은 정해져 있었습니다. 통치해야 하는 '이웃집 원주민' 조선인에 비해 일본인이 인종적으로 우월함을 보여주는 것이었습니다.[16] 식민 지배의 합리화라는 정답을 정해놓고 그에 부합하는 근거를 수집하는 작업이었던 것이지요. 오늘날 우리가 이 연구들을 과학이라고 부르지 않는 이유입니다.

일제강점기 동안 조선인은 더 건강해졌는가
: 조선인의 몸에 제국주의를 묻다 2

> 버드 비숍 여사를 안 뒤부터는
> 썩어 빠진 대한민국이 괴롭지 않다
> 오히려 황송하다 역사는 아무리
> 더러운 역사라도 좋다
> 진창은 아무리 더러운 진창이라도 좋다
> 나에게 놋주발보다도 더 쨍쨍 울리는 추억이
> 있는 한 인간은 영원하고 사랑도 그렇다
> —김수영, 〈거대한 뿌리〉

식민지 통치 수단으로서의 '의학'

제국주의 국가가 식민지를 지배하려 할 때 자신의 우월함을 보여주기 위해 가장 빈번하게 사용한 도구 중 하나는 의학이었습니다. 아픈 사람이 회복되고, 죽을 줄 알았던 사람이 살아나는 모습만큼 문명의 힘을 직관적으로 보여주는 일은 흔치 않을 테니까요. 식민지인들은 의학을 통해 제국이 소유한 근대 문명의 힘을 직접 체험할 수 있었고, 그런 경험은 식민지인들이 자신을 통치하는 제국에 대한 저항감을 누그러뜨리는 데 주요한 역할을 했습니다.[1]

우리 몸이 세계라면

천연두는 조선 시대 사람들에게 두려움의 대상이었습니다. 1906년에 일본 정부를 대표하는 통감부가 조선에 설치되었는데, 1908년 그들이 파악해 작성한 전염병 통계를 보면 전체 전염병 환자 3,214명 중 천연두 환자는 1,853명(57.7%)이고 전염병으로 인한 사망자 898명 중 천연두로 인해 죽은 사람의 수는 478명(53.2%)입니다.[2] 이 통계에 보고되지 않은 환자도 많아 조선의 전염병 실태를 정확히 파악하기는 어렵지만, 천연두가 당대의 가장 무서운 질병이었다는 사실은 충분히 짐작할 수 있습니다.

이러한 사실은 19세기 후반 조선에 의료선교를 위해 와서 훗날 세브란스병원 의학교와 연희전문학교의 교장을 역임한 에비슨O. R. Avison의 책 『구한말비록』에도 기록되어 있습니다. "내가 이 나라에 온 지 오래지 않아 나는 실제로 내가 만난 대부분의 사람이 곰보였음을 발견했다. 이것은 그들이 천연두를 앓았음을 의미"한다고 말하기도 했지요.[3]

반면 일본은 일찍부터 네덜란드와의 교류를 통해 제너Edward Jenner가 발명한 종두법을 알고 있었고, 19세기 중반부터 종두법이 전국으로 퍼져 나가기 시작합니다. 메이지 유신이 있고 불과 5년 후인 1873년, 위생국이 신설됩니다. 위생국의 책임자 나가요 센사이長與專齋는 모든 신생아가 종두 접종을 받도록 법률을 제정하고, 의사들은 6개월마다 종두 접종 통계를 기록하고 보고하도록 합니다.[4]

우리의 의료 근대화에는 '지석영들'이 있었다

그렇다면 조선에 종두법을 도입한 사람은 누구일까요? 누가 최초인지는 논쟁의 여지가 있지만, 그 과정에서 가장 큰 역할을 한 사람은 어렵지 않게 답할 수 있습니다. 지석영입니다. 지석영은 종두법을 조선에 도입했던 의사이고, 갑오개혁에 참여했던 개화파 지식인이고[5] 또 주시경과 함께 연구하며 한글 표기법을 정립하고 한글 보급을 위해 일했던 어문학자이기도 합니다.[6]

지석영은 1855년 가난한 양반 집안에서 태어났습니다. 경제적인 이유로 서당에 갈 수 없던 지석영은 아버지의 친구였던 중인 출신 한의사 박영선에게 한문과 한의학을 배웁니다. 그 과정을 통해 양반인 지석영은 신분제의 불합리함을 깨달아 개화사상을 받아들이고, 의학을 평생 연구하게 되지요.[7]

1876년 조선은 처음으로 일본에 수신사를 보냅니다. 일본에 들어온 서양의 신진 문물을 받아들이기 위한 조치였는데, 이때 수행원으로 동행한 박영선이 일본에서 시행 중인 종두법을 목격하게 됩니다. 천연두로 죽어간 수많은 조선인을 지켜봤던 박영선에게 그것은 놀라운 장면이었지요. 박영선은 서양의학의 우두를 통해 종두법을 소개한 『종두귀감種痘龜鑑』이라는 책을 가져와 제자들에게 읽힙니다. 그중 한 명이 지석영이었습니다.

그리고 3년 뒤인 1879년 조선 땅에 천연두가 다시 유행합

　　　　　　　　　　　　우리 몸이 세계라면

니다. 지석영은 자신의 조카를 비롯한 수많은 어린이들이 사망하는 것을 무력하게 지켜보게 되지요. 당시 조선에서는 천연두에 걸린 사람의 딱지를 사용해 병을 예방하는 인두술人痘術이 사용되고 있었지만, 이는 실제 병에 걸릴 위험이 높았고 효과도 떨어졌습니다. 박영선에게 우두술 이야기를 듣고 『종두귀감』을 읽은 지석영은 천연두 예방을 위한 서양의학의 방법을 배우고자 합니다. 그러나 길이 없었지요.

마침 부산에는 일본 해군 소속의 서양식 병원인 제생의원이 있었습니다. 가난했던 지석영은 타고 갈 말 한 필을 구할 수 없어서 서울부터 부산까지 20일을 걸어 1879년 9월 제생의원에 도착합니다. 일본어를 할 줄 몰랐던 지석영은 필담으로 종두법을 배우겠다고 말합니다. 해군 군의관인 마쓰마에와 도쓰카에게서 종두법을 배우는 대가로, 일본인들을 위한 한국어 교재의 오자를 바로잡는 일을 합니다. 그렇게 두 달을 부산에서 머무르며 종두법을 배웁니다. 종두 접종을 위한 우두의 원료인 두묘痘苗와 종두침을 구해 다시 서울로 돌아옵니다. 오는 길에 충청도 충주에 있는 처가에 들러 당시 두 살이었던 처남에게 종두를 실시하고, 성공합니다. 이때의 기쁨을 훗날 지석영은 이렇게 표현합니다.

평생을 통해 볼 때 과거에 (급제)했을 때와 귀양살이에서 풀려나왔을 때가 크나큰 기쁨이었는데 그때(처남의 팔뚝에 우두 자국이 완연히 나타나는 것을 보았을 때)에 비한다면 아무것도 아니었지요.

—《매일신보》 1931년 1월 25일 자[8]

서울에 도착해서도 종두법을 계속 시행했지만, 부산에서 받아온 우두 두묘가 곧 바닥이 납니다. 백신 접종을 할 약이 떨어진 셈이지요. 다음 해인 1880년 지석영은 제2차 수신사의 일원으로 일본에 건너가 위생국에서 우두 제조법을 배워 옵니다. 같은 해 10월부터 지석영은 서울에 종두장을 차리고 조선인을 대상으로 본격적인 종두 접종을 시작합니다.

조선에 종두법을 도입하는 과정이 순탄치만은 않았습니다. 1882년 임오군란이 일어났을 때는 무당들이 종두장을 개화운동이라고 비난하며 불태우는 일이 발생하기도 했습니다. 당시 천연두에 걸리면 큰 굿을 해서 마마신을 달래는 게 하나의 풍습이었기에, 무당들은 우두술이 생계를 위협한다고 생각했던 것입니다. 그러나 지석영은 개화파의 지원을 받아 전주와 공주에 우두국을 설치하여 사람들에게 종두를 놓아주고 각 지방에서 뽑힌 젊은이들에게 종두법을 가르칩니다. 또한 1894년 갑오개혁에 참여해 새로 생긴 위생국에서 전국의 종두사업을 관장하게 됩니다. 결국 지석영의 이러한 노력이 결실을 맺어 1895년 조선 정부는 모든 어린이가 생후 70일부터 만 1년 사이에 의무적으로 종두 접종을 하도록 하는 '종두규칙種痘規則'을 반포합니다.[9·10·11]

우리 몸이 세계라면

지석영에 대해 이토록 자세히 이야기하는 이유는 그의 삶이 지니는 상징성 때문입니다. 우리는 이 땅의 의료 근대화 과정에서 선교사나 일본인들이 그 역할을 했다고 생각하는 경향이 있습니다.[12] 물론 그들은 주요한 역할을 했습니다. 하지만 조선인들이 자체적으로 진행했던 근대화의 노력을 놓쳐서는 안 됩니다.

지석영은 시대의 한계 속에서 한 걸음이라도 나아가고자 애쓰던 조선인의 모습을 보여줍니다. 서울에서 부산까지 걸어가 말이 통하지 않는 상황에서 어렵게 종두법을 배워 왔고, 그렇게 배운 종두법을 알리고자 책을 써내고, 종두 의무접종을 국가 정책으로 입안시켰습니다. 이러한 변화는 뜻을 함께했던 동료들이 있었기 때문에 가능한 일이었지요. 더 나아가 당시 종두법을 도입했던 사람 역시 지석영 혼자가 아니었습니다. 이재하, 최창진, 이현유 등 여러 사람들이 전국 곳곳에 우두국을 열어 접종을 진행했습니다.[13] 구한말 조선에서는 수많은 '지석영'들이 자신의 분야에서 시행착오를 거치며 고군분투하고 있었습니다.

1934년, '다른' 지석영 이야기

지석영에 대한 이야기를 한 가지 더 하려고 합니다. 지석영은 1899년 대한제국 정부가 세운 근대식 의학교육기관인 의학교의 교장을 역임하지만 1907년 일본에 의해 학생을 감독하는 교원인 학감으로 그 위치가 강등됩니다. 1910년 한일강제병합 이후에는 그조차 그만두게 되지요.[14] 그런데 그로부터 20여 년이 지나고 조선총독부는 그의 이름을 다시 말하기 시작합니다. 때는 1934년, 조선총독부 과학관장인 시게무라가 조선에는 과학의 발달이 없었다고 말하며, 다음과 같이 이야기합니다.[15]

이런 비과학적인 분위기 중에 홀로 빛을 떨친 것은 이조 말 조선의 제너라 불리는 송촌 지석영 선생이다. 나는 정신적 과학의 유지자로서 선생을 추천하고 싶다. 선생의 나이가 이미 팔순을 넘었으며 남은 여생을 즐기고 있으시지만, 선생이 죽음을 무릅쓰고 과학을 옹호했던 참혹한 역사는 실로 눈물 없이는 읽지 못할 것이다.

당시 의술로는 한의술밖에 없었으며, 누구도 돌보지 않았던 조선 8도에는 두역이 그치지 않아서 이 때문에 어린 생명들이 그 재앙을 면할 수가 없었다. 조선에 살았던 한의 지(석영) 씨는 일찍이 종두법에 관심을 가지고 과학적으로 논술된 책을 입수하여 감명 깊게 읽었으며, 메이지 12년 겨울 분연히 경성을 떠나 바람과 눈을 무릅쓰고 부산에 가서 당시 주재했던 해군 군의 도쓰카 씨를 찾아 종두의 핵심을 배워 이를 각 도에 전파하여 두역의 참해를 구하려고 했지만 종두의 과학적 효과를 전혀 이해하지 못했던 민중은 도리어 이를 외국의 마술, 사법으로 간주하여 국가를 어지럽히는 것으로 생각하였고, 집에도 받아들이지 않는 등 사회의 비상한 배척을 받았다. … 그러나 서서히 8도의 문화도 날로 그 면목이 쇄신하여 지난날에 사술로 매도되었던 종두법이 이제는 하늘이 내린 복음으로 이해되어 전 도가 모두 그 혜택을 받기에 이르게 된 것은 오로지 모두 지 선생의 피땀 어린 노력과 고군분투에 힘입은 것이라고 생각되는 까닭에 우리들은 이러한 희생적 사실이 잊히는 것을 염려하여 경성제대 총장이 시가 박사와 논의하여 지(석영) 씨의 종두에 관한 저서와 당시 사용했던 종두 기구를 수집하여 이를 과학관에 진열하여 길이 지(석영) 씨의 공적을 칭송하고자 한다.

사실관계만 따지면 시게무라의 이야기는 지석영에 대한 서술로 틀린 바가 없습니다. 여기서 우리가 물어야 하는 질문은, '왜 조선총독부의 과학관장은 지석영이 조선에 종두법을 도입한 지 50년 이상 지난 1934년에 이토록 그를 칭송하는가?'입니다.

1919년 3·1운동 이후는 일본이 문화통치를 표방하며 정책을 수정하는 동시에 이후 대륙 침략을 위해 조선의 병참기지화를 준비하던 시기입니다. 일본 입장에서는 무력에 굴복해 복종하는 것이 아니라 진정으로 일본에 적극적으로 협조해줄 조선인이 필요했습니다. 이때, 과거의 지석영을 소환한 것이지요. 그의 삶에서 일본의 조선 통치를 정당화해줄 지점을 찾아냈기 때문입니다.[16] 1928년 11월 총독부 기관지인 《매일신보》에서는 〈조선의 젠너-송촌 선생〉의 생애를 여러 날에 걸쳐 길게 연재하고, 1934년 조선총독부의 과학관에 지석영이 사용했던 종두 기구를 전시합니다.

"비과학적 분위기"속에서 "어린 생명들이 그 재앙을 면할 수 없"던 시기, 일찍이 "과학적으로 논술된 책을 입수하여 감명 깊게 읽"은 지석영은 이후 부산에 가서 일본인 의사를 만나 종두법을 배워옵니다. 조선에 종두법을 도입하는 데 주요한 역할을 했던 지석영의 삶은, 과학을 외피로 제국주의 통치를 정당화하고자 했던 일본에게 유용한 도구였던 거지요. 이런 설명에서는 구한말 개화파 지식인들과 함께 조선사회를 변화시키고자 했던 지석영의 노력은 사라지고, 조선이 국가 정책의 차원에서 종두법을 도입하려 했던 노력들도 지워집니다. 조선총독부는 뛰어난 일본의 과학을 배우고자 했던 합리적인 식민지 조선인의 표상으로 지석영을 활용했던 것입니다.[17]

일제강점기 동안 조선인은 더 건강해졌는가
: 평균키로 읽는 일제강점기의 조선인 건강

일본 제국주의와 관련해 중요한 질문 하나를 던져보지요. 1910년부터 1945년까지 35년의 일제강점기 동안 조선인의 삶은 나아졌을까요? '식민지 근대화론'을 주창하는 몇몇 사람들은 일제강점기 인구수의 증가나 경제성장률을 예로 들며, 일본의 지배가 조선에 긍정적인 역할을 했다고 주장합니다. 물론 이런 주장을 반박하는 여러 논문들 역시 출판되고 있고, 논쟁은 여전히 진행 중입니다.[18·19]

저는 보건학자로서 조금 다른 질문을 하고 싶습니다. 일제

우리 몸이 세계라면

강점기 동안 조선인은 더 건강해졌을까요? 황상익 교수는 일제강점기 동안 조선의 경제성장은 대체로 인정되는 부분이지만, 그 분배가 어떻게 되었느냐에 따라 조선인의 생활수준은 향상되었을 수도 오히려 악화되었을 수도 있다고 말합니다.[20] 대다수의 경제지표는 조선인과 일본인이 구별되어 있지 않아 그 분배 정도를 확인할 수 없지만, 보건 지표들은 그 구분이 가능하기 때문에 비교·분석할 수 있는 강점이 있습니다.

일반적으로 한 국가의 건강 상태를 측정하기 위해 가장 흔히 쓰는 지표는 평균기대수명과 영아사망률입니다. 이 두 지표를 확인하기 위해서는 출생자 수, 사망자 수, 사망시 나이 등이 필수적으로 필요하지만 〈조선총독부 통계연보〉에 기록된 연령별 사망률은 조사가 충분치 않아 신뢰가 어렵습니다. 조선총독부조차 그 수치가 정확치 않다며, 조사에 협조하지 않는 "조선인의 무지와 나태"를 탓하기도 했으니까요.[21] 심지어 당시 조선에서는 태어난 지 얼마 안 된 영아가 사망할 경우 출생신고와 사망신고를 모두 하지 않는 경우도 많았습니다.

이런 상황에서 '일제강점기 조선인은 건강해졌는가'라는 질문에 답하는 방법 중 하나는 1910년 한일강제병합 전후로 조선인의 키 변화를 검토하는 것입니다. 키는 유전적인 요인과 함께 태아기부터 청소년기까지의 영양 상태를 반영하는 보건학의 유용한 지표이기 때문입니다. 인구집단의 키가 작을수록 심장병, 당뇨병을 비롯한 여러 질병의 위험요인이 높고 동시에

사망률과도 통계적으로 유의한 연관성을 보인다고 알려져 있습니다.[22]

키는 20세 이전 생활환경의 영향을 받기 때문에, 출생연도를 기준으로 바라보는 게 중요합니다. 예를 들어, 1910년도의 조선인 평균키를 측정한다면 나이에 따라 1850년에 10대를 보낸 사람과 1890년에 10대를 보낸 사람이 모두 포함됩니다. 하지만 1910년도에 출생한 사람들이 성인이 되었을 때 키를 측정한다면, 이는 1910년부터 1930년 사이의 생활환경을 반영하는 결과가 되겠지요.

그렇다면 일제강점기 전후 조선인의 키 변화를 체계적으로 보여주는 자료는 어떻게 구할 수 있을까요? 전 국민의 키를 체계적으로 측정하지 않던 일제강점기에 무엇이 최선의 자료인가를 판단하는 일은 중요합니다. 몇몇 연구자들은 1990년 진행된 공무원 건강검진 자료를 이용하여, 일제강점기에 출생한 사람들의 키 변화를 검토하기도 합니다. 그러나 이 결과가 과연 조선인을 대표할 수 있는지에 대해서는 의문입니다. 첫째, 일제강점기에 태어난 사람들이 교사와 같은 공무원이 되려면 고등교육을 받아야 했는데, 가난한 가정에 태어난 이들은 이러한 교육을 받기 힘들기 때문입니다. 둘째로, 이 연구에는 일제강점기에 태어났지만 1990년까지 생존한 사람들만이 데이터에 포함된다는 점입니다. 1990년까지 생존한 사람들은 어린 시절 영양 상태가 좋았던, 상대적으로 키가 큰 사람들일 가능성이 있기 때문입니다. 마지막으로 그 데이터에 포함된 사람들의 출생연도를 검토했을 때 1900년 이전에 태어난 사람은 존재하지 않습니다. 1910년 한일강제병합 이후 일본 제국주의 통치가 조선인의 키에 어떤 영향을 미쳤는지 보고자 한다면, 1890년대에 태어난 사람과 1910년대에 태어난 사람을 비교할 수 있어야 하는데, 이 데이터로는 그런 비교가 불가능합니다.

그러한 고민 속에서 연구자들이 찾아낸 신뢰할 만한 자료는 '일제감시대상 인물카드'입니다. 서대문형무소 수감자들을 비롯해 일본이 감시하던 사람들의 키를 포함한 여러 정보가 정리되어 있습니다. 그들의 출생연도를 기준으로 1870년대 출생한 사람부터 1910년대에 출생한 사람까지 자료를 분석하는 게 가능합니다. 이 데이터에는 안창호, 유관순, 윤봉길과 같은 독립운동가의 키가 포함되어 있을 뿐 아니라, 살인, 강도, 사기 등의 범죄를 저지른 단순범죄자의 정보도 들어 있습니다.[23]

경제사 연구자인 조영준 교수는 오랜 시간을 들여 이 데이터를 다시 정리합니다. 기존에 이 데이터를 분석한 논문에서는 모든 데이터를 그대로 분석하면서 일본인이 포함되거나, 같은 인물이 여러 차례 기재된 것이 모두 포함되었기 때문입니다. 〈표5〉는 조영준 교수가 그러한 약점을 보완한 상태에서 정리한 조선인 남성의 출생연도에 따른 키 변화입니다. 평균키를 보여주면서 40세 이상을 제외한 이유는 노화로 인한 신장 감소의 가능성을 배제하기 위함입니다. 〈표5〉는 1879년부터 1919

표5 출생연도에 따른 일제감시대상 인물카드에 기록된 23~40세 조선인 남성의 평균키[24]

출생년	신장(cm)	인원(명)
1879~1880	164.73	32
1881~1885	164.95	71
1886~1890	164.37	120
1891~1895	164.58	194
1896~1900	164.66	190
1901~1905	164.42	305
1906~1910	165.62	359
1911~1915	164.19	160
1916~1919	165.11	9
전체	164.78	1,440

년 사이에 태어난 조선인 남성의 키를 관찰했을 때, 40여 년 동안 변화가 없었다는 사실을 보여줍니다.[24]

아픈 조선인은 치료받았을까

: 병원 이용자 수와 전염병 환자 수로 본 일제강점기의 조선인 건강

일본은 조선 각지에 관립·도립 병원을 세웠습니다. 조선 사람이 근대 의학의 혜택을 볼 수 있도록 하겠다는 명분이었습니다. 〈그림3〉은 황상익 교수가 조선총독부 자료를 분석해 인구 1만 명당 외래환자 숫자를 표시한 그래프입니다.[25] 외래환자

로 병원에서 치료받은 비율이 조선에 거주하는 일본인은 조선인에 비해 10배 이상 압도적으로 높았습니다. 식민지 조선에서 거둔 세금으로 근대 병원을 지었지만 정작 이용한 사람들은 본토에서 건너온 일본인들이었던 것이지요.

당시 조선인의 주된 사망원인은 장티푸스, 말라리아, 천연두 같은 전염병이었습니다. 〈그림4〉는 〈조선총독부 통계연보〉에 기록된 수치를 이용해 산출해낸 인구 10만 명당 전염병 사망자 수입니다.

일제강점기 내내 조선에 거주하는 일본인의 법정 전염병 사망자 수가 인구 10만 명당 90명이 넘습니다. 그리고 이 결과

그림3 일제강점기 조선의 관립·도립 병원 외래환자 수의 변화(인구 1만 명당)[26]

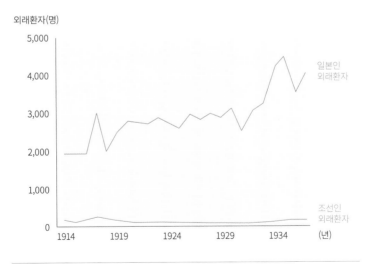

그림4 일제강점기 조선 거주 일본인과 조선인의 인구 10만 명당 법정 전염병 사망자 수[27]

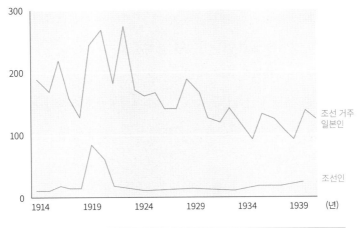

대로라면 조선인은 전염병으로 거의 죽지 않았던 것으로 보입니다. 심각한 콜레라 전염병 유행이 있었던 1919년 전후를 제외하면, 법정 전염병으로 인한 사망률이 조선인은 같은 땅에 거주하는 일본인의 10%도 되지 않습니다. 이 자료를 두고서 '역시 조선인이 건강해'라고 감탄하는 사람은 없을 것입니다. 주된 사망원인이 전염병이던 시절입니다. 조선에 거주하는 일본인이 전염병으로 죽을 확률이 조선인보다 10배 이상 높다는 결과를 어떻게 해석해야 할까요?

일제강점기 조선총독부는 조선인 전염병 사망자에 대해서는 그 규모조차 파악하지 않고 있었던 것입니다. 36년이라는

우리 몸이 세계라면

기간 동안 조선을 통치했다는 점을 생각하면, 조선인의 전염병
은 예방과 관리가 모두 이루어지지 않았다고 보는 것이 타당합
니다. 조선인 전염병 환자가 몇 명이나 되는지도 모르는 상황
에서 그 대책이 마련될 수는 없으니까요.

　이 결과를 보면서, 저는 조선 세종 시기 만들어진 의학서적
『향약집성방』이 떠올랐습니다. 『향약집성방』은 1433년, 조선인
의 질병을 조선 땅에서 나는 약초로 치료하기 위해 기존의 서
적을 총 정리해 발간한 의학서적입니다. 그런데 이 책이 다루
고 있는 57개의 질병 분류 가운데, 10개는 기존에 조선에서 사
용하던 의학서적에서 질병으로 다루지 않던 내용들입니다. 『향
약집성방』의 발간으로 콧병, 황달 같은 증상이 치료 가능한 질
병으로 인식되고, 그렇게 조선인의 질병 수는 확대됩니다.[28]

　세종 시기와 일제강점기를 일대일로 비교하기는 어려운 일
입니다. 하지만 세종 시기 『향약집성방』으로 인해 조선 땅에서
급증한 질병의 숫자와 일제강점기 전염병으로 사망한 조선인
의 존재가 사라진 통계수치가 묘한 대비처럼 느껴집니다. 그러
면서, 묻게 되는 거지요. 앞의 두 시기의 변화 중 어느 것이 그
시대 사람을 건강하게 만드는 길이었을지에 대해서요.

"아무리 더러운 역사라도 좋다"
지금까지 일본의 지식인들이 가짜 과학의 이름으로 식민지

지배를 어떻게 합리화했는지, 또 지석영을 통한 조선의 자생적 근대화의 움직임은 어떠했는지, 그리고 일제강점기 조선인의 건강이 과연 나아졌는지에 대해 이야기했습니다. 요약하자면, 일제강점기 조선인은 전시당하는 사람이었고 그들의 삶은 그다지 나아지지 않았습니다. 지석영과 같이 조선을 한 걸음 나아가게 하고자 했던 사람들의 노력은 한일강제병합으로 열매를 맺지 못했고, 수십 년 뒤 일본에 의해 오히려 이용당했습니다. 그리고 한 걸음 더 나아가, 그 지석영을 조선의 의료 근대화를 위해 노력하다 훗날 일본 제국주의에 이용당한 희생자로만 바라볼 수도 없습니다. 그는 1909년 이토 히로부미가 사망했을 때 추도사를 읊는 친일 행각을 했던 사람이기도 하니까요.

그럼, 우리는 이 역사를 어떻게 바라봐야 할까요? 제게는 오랫동안 그 질문이 큰 숙제였습니다. 그러던 어느 날, 이 시를 만났습니다. 1963년 김수영이 발표한 〈거대한 뿌리〉의 세 번째 연입니다.

전통은 아무리 더러운 전통이라도 좋다 나는 광화문
네거리에서 시구문의 진창을 연상하고 인환네
처갓집 옆의 지금은 매립한 개울에서 아낙네들이
양잿물 솥에 불을 지피며 빨래하던 시절을 생각하고
이 우울한 시대를 파라다이스처럼 생각한다
버드 비숍 여사를 안 뒤부터는 썩어 빠진 대한민국이

우리 몸이 세계라면

괴롭지 않다 오히려 황송하다 역사는 아무리

더러운 역사라도 좋다

진창은 아무리 더러운 진창이라도 좋다

나에게 놋주발보다도 더 쨍쨍 울리는 추억이

있는 한 인간은 영원하고 사랑도 그렇다

—김수영, 〈거대한 뿌리〉 중

중간에 나오는 버드 비숍 여사는 1894년 조선을 방문해 『조선과 그 이웃나라들』에서 가난하고 기이한 조선의 모습을 묘사합니다. 그로부터 70년 뒤 책에 묘사된 비참한 조선의 모습을 읽은 김수영은 이 시를 발표합니다. 그사이 조선은 망국과 식민 지배와 한국전쟁과 군사쿠데타를 겪었지요. 그런데 시인은 말합니다. "썩어 빠진 대한민국이 괴롭지 않다", "역사는 아무리 더러운 역사라도 좋다"라고요.

제가 이 시를 좋아하는 이유는 승리한 강자의 시간만 역사일 수 없다고, 지배받고 비참하게 통과한 시간도 함께 역사라고 말하기 때문입니다. 그런 "더러운 진창"인 역사에 뿌리내린 사람만이 걸을 수 있는 길이 있다고 말하는 것 같습니다. 우리는 어쩔 수 없이 역사 속에 거대한 뿌리를 박고 그 위에 서 있는 존재들입니다. 그 역사를 미화하지도 폄하하지도 않으며 그 뿌리를 직시할 때, "놋주발보다도 더 쨍쨍 울리는 추억"과 함께 우리 길을 열 수 있으리라고 그렇게 생각합니다.

이 땅에 필요한 지식을 묻다

: 조선, 당대의 한계에서 최선의 과학을 한다는 것

바람소리와 학의 울음,
닭 울음소리와 개 짖는 소리까지도
모두 글로 적을 수 있을 것이다.
―정인지, 『훈민정음 해례본』

조선 시대의 평균기대수명

오늘날 한국인의 평균기대수명은 2016년 통계에 따르면 82.4세입니다. 2016년 한국에서 태어난 아이는 평균 82.4세까지 살 수 있다는 이야기이지요.

그렇다면 조선 시대 사람들의 평균기대수명은 몇 살이었을까요? 이 질문에 답하기는 쉽지 않습니다. 조선 시대에는 출생과 사망에 대한 체계적인 자료 수집이 이루어지지 않았고, 평균기대수명 계산에 필요한 연령별 사망률을 구할 수도 없으니까요. 하지만 조선 시대에도 출생과 죽음에 대한 정확한 자료가 남아 있는 인물들이 있습니다. 27명의 국왕입니다. 가장 장수한 왕은 영조로 만 81세에 세상을 떠났고, 가장 어린 나이에 사망한 사람은 왕위에서 쫓겨난 뒤 16세에 살해당한 단종입니다. 27명 왕의 평균사망연령은 46.1세입니다. 61세까지 살아 회갑잔치를 치른 왕은 전체의 20%도 되지 않습니다.

충분한 영양을 섭취하는 것은 물론이고 당대 최고 수준의 의료서비스를 받았을 왕의 평균사망연령이 46.1세라면, 당시 백성들의 평균수명은 그보다 훨씬 낮았을 것입니다. 의사학자 醫史學者인 황상익 교수는 여러 나라들의 자료를 종합해서, 조선 시대 사람들의 평균수명은 35세 이하였고, 4명의 아이가 태어나면 그중 3명만 돌이 될 때까지 살 수 있었을 것이라고 추정합니다. 2016년 기준으로 한국에서는 300명의 신생아가 태어나면 그중 1명만이 사망하고 299명이 돌까지 살고 있습니다.[1]

조선 시대 주요한 사망원인은 전염병이었습니다. 그중에서도 일제강점기를 거치며 천연두로 불리게 된 두창은 당시 사람들에게 가장 무서운 병이었습니다. 치사율이 높아 감염되면 죽는 경우가 많았고 운 좋게 살아남아도 얼굴에 평생 동안 반흔이 남았습니다. 조선왕조실록을 비롯한 여러 문헌을 살펴보면, 주기적으로 유행하던 두창에 대한 조선인들의 두려움을 쉽게 접할 수 있습니다. 그렇다면 조선 시대 두창의 유병률은 어떠했을까요?

질병에 대한 체계적인 통계가 존재하지 않는 상황에서 그

숫자를 가늠하는 것은 어려운 일입니다. 다만, 2014년 이와 관련해서 흥미로운 연구가 한 편 출판되었습니다. 피부과 의사인 이성낙 교수가 국립중앙박물관에서 발행한 도록을 비롯한 9권의 도록에 실린 조선 시대 초상화 519점을 분석했습니다. 초상화에 나온 피부 병변을 분석한 것이지요. 천연두는 감염을 앓고 나면 피부 증상이 생겨나는데, 그 흔적을 추적한 것입니다. 그 결과 초상화의 14.06%에서 두창 반흔이 발견되었습니다.[2]

20명 중 3명이 두창에 걸렸다는 이야기입니다. 이 숫자를 해석할 때는 초상화의 대상이 되었던 사람이 누구인지 고려해야 합니다. 초상화의 주인공이 되기 위해서는 벼슬을 했던 양반이면서, 동시에 천연두에 걸렸지만 죽지 않고 살아남은 인물이어야 했습니다. 1920년대 일제강점기 통계 자료에서 당시 천연두의 치사율을 24.3%로, 4명이 걸리면 그중 1명이 죽는 것으로 보고하고 있습니다. 조선 시대 양반들보다 영양 상태를 포함해 더 열악한 조건에서 살아가던 백성들이 이 질병에 걸려 살아남기란 쉬운 일이 결코 아니었지요. 따라서 일반 백성의 두창 유병률은 14.06%보다 훨씬 높았을 것으로 보입니다. 조선 시대에 사람들은 일생에 한 번은 누구나 꼭 걸린다는 의미에서 두창을 백세창百歲瘡이라고 부를 정도였습니다.

전염병의 원인이 되는 균이나 바이러스에 대한 개념이 없던 당시, 일반 백성들은 전염병 대응에 있어 초자연적인 미신에 기대는 경우가 많았습니다. 사람들은 두창을 마마라는 호칭으로 높여 불렀고, 마마신의 노여움을 사서 그 질병이 생긴 것이라고 생각했습니다. 따라서 예방법은 마마신의 노여움을 사지 않는 것이고, 그 치료법은 그 노여움을 푸는 것이었지요. 마마신은 시끄럽거나 부정한 행위가 있으면, 그 자리에서 환자를 죽게 만드는 신경질적이고 결벽증이 심한 존재로 여겨졌습니다. 두창이 유행하면 집 안 청소도 하지 않고 머리도 빗지 않고 손톱도 깎지 않으며, 빨래를 하거나 새 옷을 입는 것도 하지 않아야 했다고 합니다. 온 집안이 비상 상태가 되어, 민간은 물론이고 사대부 집안에서도 이러한 금기를 지켰다는 기록이 있습니다. 마마신이 집에서 나갈 때까지 기다렸던 거지요.[3]

왕실도 예외가 아니었습니다. 조선왕조실록에는 숙종이 두창에 걸리자, 왕실이 비상 상태가 되었다는 기록이 나옵니다. 풍습에 따라 무사들의 활쏘기 시범도 중지시키고, 죄가 가벼운 죄수들을 석방시키기도 합니다. 이렇게 해도 숙종의 병이 낫지 않고 점점 심해지자, 숙종의 어머니인 명성대비가 한겨울 차가운 샘물로 목욕재계를 합니다. 그리고 그 목욕 이후 명성대비는 몸이 쇠약해져 시름시름 앓다가 결국 사망합니다.

실록에는 상을 치른 숙종에게 "임금이 두질(두창)을 앓았을 때, 무녀 막례가 술법을 가지고 궁궐 안에 들어와 역귀를 물리치는 법을 행하였는데, 대비에게 매일 차가운 샘물로 목욕할 것을 청하고"⁴, 그로 인해 대비가 사망에 이르렀다며 무녀 막례의 처벌을 청하는 기록이 있습니다. 숙종은 이 이야기를 듣고 한탄합니다. 지혜로운 어머니가 무속의 이야기에 현혹될 리가 없는데, 자신의 병 때문에 판단이 흐려지셨던 거라며 이 불효를 어찌해야 할지 모르겠다고 말합니다.

이 일화에서 두 가지 사실을 엿볼 수 있습니다. 하나는 마마신의 노여움을 피하고자 기도하는 민간의 풍습이 왕실에까지 영향을 미칠 만큼 강력했다는 점입니다. 그와 동시에 무녀의 처벌을 청하는 기록에서는 당시 정부에서 일하는 관료들이 이러한 풍습에 어느 정도 거리를 두고 있었다는 점도 알 수 있습니다. 실제로 당시 조선 정부는 질병에 대한 초자연적인 인식과 거리를 두고, 나름의 시스템을 가지고 대응하고 있었습니다.

"죽음에 마음이 움직이지 않은 것이다"

전주 및 철산 등에 죽은 자가 이처럼 많으면 어서 알리는 것이 마땅한
데, 관찰사가 알린 후에야 비로소 보고하였다. 이는 수령이 사람의 죽
음에 마음이 움직이지 않은 것이다. 의주는 중요한 국경 요새지이므로
그 백성이 죽은 일을 곧 임금에게 보고하였으면 조정에서 그 백성에
대한 일을 미리 의논하였을 텐데, 보고하지 않았다. 의주 목사 신옥형,
철산 군수 정경을 모두 파출하라.

—『중종실록』51권, 중종 19년 7월 24일[5]

때는 1524년(중종 19년)입니다. 그해 1월 평안도 서부에서
부터 시작된 전염병이 조선 땅에 퍼지기 시작합니다. 전염병
을 알리는 보고서가 왕에게 처음 보고된 것은 같은 해 7월이었
습니다. 그조차도, 그 지역 감사가 캐물은 후에야 보고한 것이
지요. 중종은 의주 목사와 철산 군수를 파출, 즉 관직에서 물러
나게 합니다. 중종은 죽은 사람이 그토록 많았음에도 보고하지
않은 것은 그 지역 수령이 사람의 죽음에 마음이 움직이지 않
아 그런 것이라고 질책합니다.

중종이 책임자를 파출하고도 전염병의 확산은 멈추지 않습
니다. 〈그림5〉는 이경록 교수가 중종 19~20년 전염병 사망자
에 대한 기록을 정리한 그래프입니다.[6] 오늘날 티푸스Typhus로
추정되는 이 전염병으로 인해 사망한 사람의 수는 2만 3,000명
에 달했습니다. 중종 시기 조선의 인구는 400만 명가량으로 추

그림5 **중종 19~20년 전염병의 누적 사망자 추이(1524~1525년)**

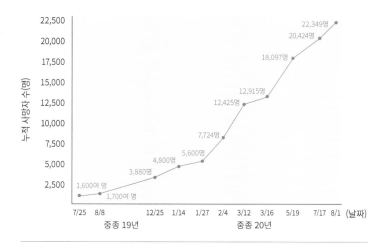

정되는데, 인구의 0.5%가 사망한 것이지요.[7] 이 숫자는 2016년 한국의 인구수 기준으로 추정해보면, 1년 동안 사망한 사람의 전체 수에 해당합니다. 2016년 한국 인구 5,169만 명을 기준으로 0.5%는 26만 명인데, 2016년 1년 동안 대한민국에서 사망한 사람의 총 숫자는 28만 827명이니까요. 중종 19년에 시작된 전염병은 오늘날 한국을 기준으로 1년 동안 암과 자살을 포함한 모든 죽음의 숫자만큼 생명을 앗아간 것이지요.

평안도 전염병의 기세가 더욱 심각해져서, 병들고 사망한 사람에 대한 보고가 오늘 또 들어왔다. 갖은 방법을 다해 제사를 지내고 손을 모아

비는 일을 진행했으니 다시 할 수도 없는데, 만일 두어 달이 넘도록 전염병이 퍼져 나간다면, 온 도^道가 거의 비게 될까 싶다. 어떻게 해야 할지를 모르겠는데, 무슨 좋은 방법이 없겠는가?

—『중종실록』 53권, 중종 20년 2월 4일[8]

『중종실록』에는 당시 전염병으로 인한 사망이 급격하게 늘어나는 것을 보고 대신들에게 대책을 묻는 중종의 질문이 기록되어 있습니다. 중종이 온갖 방법을 다해서 제사를 지냈지만, 평안도가 비게 될 것을 우려할 만큼 사망자는 계속 늘어만 갑니다.

조선의 질병관리 시스템, 당대 한계에서의 최선을 고민하다

당시 조선 정부는 전염병에 대한 일상적인 대응으로 법제적인 대응책과 종교적인 대비책을 실행하고 있었습니다. 법제적인 대응책은 구휼, 치료, 매장 이렇게 세 가지로 나눌 수 있습니다. 구휼은 백성들이 흉년 등으로 곡식이 떨어지거나 가혹한 형벌 등으로 어려운 상황에 처했을 때, 정부가 곡식을 베풀고 도와주는 일을 말합니다. 중종이 전염병이 널리 퍼졌다는 것을 알고 가장 먼저 지시한 사항입니다. 일차적으로 병에 걸리지 않은 사람들을 위한 것이지요. 치료는 의술이 뛰어난 의원들이 약을 그 지역으로 가져가서 치료할 수 있도록 돕는 일입니다. 일차적으로 이미 전염병에 걸린 사람들을 돕기 위한 대책입니다. 마지막으로 매장은 전염병으로 인해 사망한 시신을 땅에 묻는 일입니다. 사체를 방치하면 화기和氣 즉, 조화로운 기운을 손상시켜, 나쁜 공기를 만든다는 당대 질병관에 기초해 병의 전염을 막기 위한 조치를 한 것입니다.[9]

(지역을 통치하는) 관찰사를 만나거든 반드시 조정에서 상하가 우려하는 뜻을 말하고, 온 집안이 죽은 자는 관가에서 묻어주어 비바람에 노출되지 않게 하고, 병을 앓은 후에 살아남은 자는 여러 가지로 구휼救恤하여 굶주리지 않게 하고, 병을 피하여 다른 도로 이동한 군사는 자비를 베풀어 편안히 살게 해 정처 없이 떠돌지 않게 할 것을 아울러 말하여, 백성이 조정에서 상하가 우려하는 뜻을 알게 하라."

―『중종실록』52권, 중종 20년 1월 16일[10]

세 가지 모두 효과가 있는 대응책입니다. 구휼을 통해 사람들의 영양 상태를 개선해 면역력을 증가시키고, 아픈 사람을 치료해 병으로 인한 사망을 줄이고, 매장을 통해 시신으로부터 시작될 수 있는 병원체 전파를 차단하는 효과이지요. 물론 치료의 측면에서 당대의 의료기술이 가진 효과는 제한적이었을 겁니다. 하지만 정부에서 파견된 실력 있는 의원들이 직접 마을에 가서 환자를 치료한다는 사실은 사람들에게 큰 힘이 되었을 것입니다. 이 같은 조선 시대 정부의 모습은 오늘날 의학과

우리 몸이 세계라면

보건학의 잣대로 바라본다면 부족한 점이 많지만 전염병 유행에 대응하기 위한 나름의 시스템을 가지고 있었다는 점을 말해 줍니다.

여기에 더해 정부 차원에서 종교적인 대응도 함께 진행했습니다. 그중 하나가 여제厲祭였습니다. 여제를 이해하려면, 여귀厲鬼라는 단어를 먼저 알아야 합니다. 여귀는 억울하게 죽었거나 제사를 지내줄 자손이 없는 귀신을 뜻하는데, 당시 사람들은 여귀가 구천을 떠돌면서 살아 있는 사람을 해치거나 국가를 위태롭게 한다고 믿었습니다. 전염병으로 죽은 여귀가 자꾸 전염병을 이 땅에 다시 가져오니 그들을 주기적으로 달래는 제사인 여제를 지내야 했던 것이지요. 여제는 『경국대전』에 명시된 국가의 행사였습니다.[11] 전염병이 창궐하자, 중종은 이처럼 주기적으로 지내는 제사 말고도 별도의 여제를 지내기로 결정합니다. 전염병의 피해가 심각했던 평안도에 여제를 담당할 수 있는 관리를 파견합니다.

『간이벽온방』, 가진 것 없는 이도, 많은 이도 약을 지을 수 있도록

구휼, 치료, 매장이라는 법제적인 조치와 여제라는 종교적인 조치를 진행하는 동시에 중종은 백성들이 전염병에 대응할 수 있도록 지침을 담은 책을 만들라고 지시합니다. 이에 내의원 김순몽 등이 작업하여 1525년 1월 『간이벽온방簡易辟瘟方』이

만들어집니다. 그 와중에도 사람들은 계속 전염병으로 죽어가고 있었고, 시간은 부족했습니다. 인쇄 작업을 거치면 배포시기가 지연될 것을 우려한 중종은 필사본을 만들어서 배포하라고 지시합니다.

『간이벽온방』에서 '벽'은 '물리친다, 제거한다'라는 의미이고, '온'은 티푸스와 같은 전염병을 의미합니다. '전염병을 물리친다'라는 의미인 거지요. 조선 정부는 전염병이 거대한 규모로 유행할 때마다 『벽온방』을 펴냈습니다. 광해군 때인 1613년, 허준이 편찬한 『신찬벽온방』이 있었고, 효종 때인 1653년에도 『벽온신방』이 편찬되었습니다.

『간이벽온방』의 첫머리에는 전염병 발생에 대한 의학 이론이 쓰여 있습니다. 전염병이 퍼진 이유를 자연적 요인과 사회적 요인으로 나누어 설명합니다. 귀신의 소행이 아니라는 점을 분명히 밝히면서, 자연적 요인으로서 조화롭지 않은 공기, 화하지 못한 기후를 이야기하고, 사회적 요인으로는 위생불량과 땅의 사기死氣, 즉 억울한 죽음으로 인해 생겨난 나쁜 기운을 이야기합니다. 구체적인 대책으로 먼저 10개 처방을 이야기합니다. 이 처방들은 여러 개의 약재를 배합하는 복방複方 방식입니다. 그다음에 의복 소독을 권장하는 내용을 담았고, 그다음은 한 개의 약을 사용하는 단방單方을 소개하고 있습니다.

왜 같은 병에 대한 치료법인데 여러 약재를 배합해 사용할 수 있는 10개의 복방 처방과 한 개 약재만으로도 처방할 수 있

　　　　　　　　　　　　　우리 몸이 세계라면

수 있는 10개의 복방 처방과 한 개 약재만으로도 처방할 수 있는 단방을 함께 소개했던 걸까요? 단방으로 효과가 있다면, 왜 복합처방을 앞서 먼저 말한 것일까요? 감초, 적작약, 전갈 등을 조합하는 복방 처방은 여유가 있는 양반들을 위한 것이었습니다.『간이벽온방』에는 가진 게 없는 백성들도 간단히 할 수 있는 단방을 포함해 주문이나 행동지침 등이 수록되어 있었습니다. 그 구체적인 사례는 다음과 같습니다.[12]

—집에 전염병이 들었을 때는 처음에 병든 사람의 옷을 빨아 정결하게 하여 밥하는 시루에 찌면 감염 걱정이 없어진다.

—전염병에 걸린 집에 문병을 갈 때는 오른손 중지로 '차次'를 써서 주먹을 꽉 쥐어라.

—동쪽으로 난 측백나무 잎을 채취하여 건조시킨 후 미세하게 가루 내어, 뜨거운 물이나 술과 함께 복용하라.

이 세 가지 중에 첫 번째 처방에 주목해보세요. 병든 사람의 옷을 빨아 시루에 찌면, 실제로 감염 위험을 줄이는 효과가 있었을 겁니다. 감기에 걸린 사람과 같은 수건을 쓰면 감기에 걸릴 수 있는 것처럼, 옷으로 병이 전파될 수 있다는 생각을 당시에 하고 있었던 거지요. 실제 효과가 있었을 단방입니다. 그에 비해 두 번째, 세 번째 처방은 지금의 기준으로는 효과를 알 수 없는, 미신적인 내용을 담고 있습니다. 마땅한 대안이 없는 상황에서 조선 정부가 만들어서 각 지방으로 보낸 『간이벽온방』의 처방전은 꾸준히 활용됩니다.

조선, 이 땅에 살아가는 이들을 위한 지식을 묻다

지금까지 중종 시기 사례를 통해 조선의 전염병에 대한 대응 시스템을 살펴봤다면, 이번에는 조금 다른 이야기를 해보겠습니다. 인간의 병을 진단하고 치료하는 의학을 포함해 세계를 보다 합리적으로 이해하고자 했던 조선 시대 과학에 대한 내용입니다. 그 중심에는 조선의 4대 군주인 세종이 있습니다.

1422년(세종 4년) 1월 1일, 일식을 앞두고, 세종은 소복을 입은 채로 의식을 치르기 위한 준비를 하고 있었습니다. 달이 태양을 가리는 일식 현상이 곧 나타날 예정인데, 당시 일식은 사회에 재앙을 가져올 수 있는 현상으로 생각되었습니다. 그래서 왕은 그 일식으로 인한 재앙을 물리치기 위한 의식을 거행했지요. 그런데 일식 예보를 맡았던 담당관 이천봉이 예보했던 시간보다 일식이 15분가량 늦게 나타납니다. 세종은 인정전 앞에 서서 계속 기다렸겠지요. 이 일로 이천봉은 의식이 끝나고 나서 곤장을 맞습니다.

조선 시대는 일식 계산이 15분 틀린 일로 신하가 처벌을 받을 만큼, 일식이 매우 중요한 현상이었습니다. 물리법칙에 따라 움직이는 천체의 움직임이 왜 그토록 중요한 일이었을까요?

이 질문에 대답하기 위해서는 당시 중국에서 천문학이 어떤 의미였는지를 살펴보아야 합니다. 조선이 하늘을 바라보는 관점은 중국의 영향을 크게 받았으니까요.

중국에서는 전통적으로 천인상응론天人相應論에 따라 우주 천체의 움직임은 황제가 다스리는 통치와 닿아 있고, 천체의 부조화는 통치의 부조화와 연결되어 있다고 믿었습니다. 천체의 움직임은 정치적 사안에 대한 중요한 예언과 불길한 징조를 담은 중요한 정보였던 것이지요. 그래서 중국을 최초로 통일한 진나라는 천체의 움직임을 기록하는 일을 국가 중대사로 여겨 별도의 관청을 설립하기도 했습니다. 천문학자들은 황제의 최측근이었고 황제에게 전달되는 천문학 보고서는 국가 기밀로 취급을 받았습니다. 개인이 하늘을 관찰하기 위해 천문학 장치를 소유하는 것도 금지되었지요.[13]

그러니 중국과 비슷한 시각에서 우주를 바라보던 조선 왕에게 일식은 중요한 행사일 수밖에 없었었습니다. 그런데 왜 이천봉의 일식 예측은 틀렸던 걸까요?

그것은 이천봉 개인의 잘못이 아니었습니다. 그가 사용했던 천체의 운행을 설명하고 예측하는 천문역산법 때문이었습니다. 보다 정확히 말하면, 당시 조선은 원나라 시절인 1281년 중국에서 만들어진 『수시력』의 역법을 이용했는데, 이는 중국의 위치에서 실제 관측자료를 기반으로 천체의 움직임을 계산한 것이었습니다. 중국 천문학의 성과였던 거지요.[14]

그러나 조선은 중국의 영토가 아니었고, 위도와 경도가 모두 중국과 달랐습니다. 중국에서 역법을 통해 산출한 결과를 그대로 사용하면 오차가 발생할 수밖에 없었습니다. 수시력은 1281년(고려 충렬왕 7년) 원의 사신인 왕통을 통해 고려에 전해지지만, 당시 고려의 과학 역량으로는 그 내용을 온전히 소화하지 못합니다. 조선의 세종 초기까지도 수시력의 역법을 이용해 이 땅의 위도와 경도에 맞추어 계산하는 역량을 가지고 있지 못했습니다.

세종은 말합니다. 조선의 절기와 시간을 정확히 계산하기 위해서는 조선을 기준으로 천문계산을 다시 해야 한다고요. 1433년에 세종은 이순지와 정인지를 비롯한 집현전 학자들에게 중국의 이론을 정리해 조선에 맞는 천문과 역법을 만들라고 지시합니다. 그로부터 10년 뒤인 1442년, 마침내 조선과학사의 가장 빛나는 업적 중 하나인 『칠정산七政算』이 편찬됩니다.

'칠정'은 무슨 뜻일까요? '월화수목금토일'입니다. '수금화목토'의 5개 행성과 태양과 달, 이렇게 7개의 별을 지칭하는 단어입니다. 『칠정산』은 내편內篇과 외편外篇으로 이루어져 있는데, 외편은 당대 세계 최고 수준이었던 아라비아 천문학을 정리했고, 내편은 수시력과 대통력을 서울의 위도에 맞게 수정 보완한 것입니다. 내편은 1년을 365.2425일, 한 달을 29.530593일로 기록하는데, 이 숫자들은 현재의 값과 유효 숫자 여섯 자리까지 일치하는 정확한 것입니다.[15]

세종이 칠정산을 편찬해낸 고민과 관점은 그대로 조선의 약초를 집대성한 의학서적 『향약집성방』과 새로운 문자를 만들어낸 『훈민정음』으로 이어집니다.

『향약집성방』, "병들면 반드시 중국의 얻기 어려운 약을 구하니"

다만 옛날부터 의학이 발달되지 못하여 약을 시기에 맞추어 채취하지 못하고 가까운 것을 소홀히 하고 먼 것을 구하고 사람이 병들면 반드시 중국의 얻기 어려운 약을 구하니, 이는 7년 병에 3년 묵은 쑥을 구하는 것과 같을 뿐만 아니라 약은 구하지 못하고 병은 이미 어떻게 할 수 없게 되는 것이다.

— 『세종실록』 60권, 세종 15년 6월 11일[16]

세종 15년에 출판된 『향약집성방』의 서문에 나오는 구절입니다. 당시는 조선의 의학이 발달하지 못해 제때 약을 구하지 못하고, 사람들이 병들면 조선의 땅에서 나는 약을 믿지 않고 중국의 약만을 찾는 상황이었습니다. 15세기 이 상황을 타개해야 하는 학자라면, 여기서 무엇을 할 수 있을까요? 세종과 그의 신하들은 세 가지 일을 진행합니다.[17]

먼저 중국 의학서적을 모아서 정리합니다. 조선에서는 당시 중국의 의료를 표준으로 삼아 병을 진단하고 환자를 치료하고 있었습니다. 세종 시기 의학 취재取才, 즉 의료 분야 관리가 되기 위한 시험에 사용되는 의서는 25종이었는데, 그중 24종이 중국 서적이었습니다.[18] 그런데도 중국에서 수입해 온 의학서적의 종류는 항상 부족했기에, 세종은 의관에게 사신을 따라 북경에 가서 의학서적을 구하라고 지시합니다. 가능한 한 중국의 의학서적을 최대한 모아 정리하고자 했습니다. 그 결과『향약집성방』은 조선 태조 시기 만들어진『향약제생집성방』의 2배가 넘는 150여 종의 의서를 참고도서로 인용하는 책이 됩니다.

두 번째는 '향약'에 대한 것입니다. 향약은 조선 땅에서 생산되는 약재를 의미하는 것으로, 중국에서 만들어진 당약에 대비되는 개념입니다. 세종은 집현전의 학자들에게 "향약방鄕藥方에 대하여 여러 책에서 빠짐없이 찾아내고 종류를 나누고 더 보태어" 정리하도록 지시합니다. 조선에서 생산되는 약재의 전체 목록이 만들어집니다.

마지막으로, 향약과 당약을 비교해 확인합니다. 당시 조선에서 사용되는 의학서적은 중국에서 만들어진 것입니다. 그러니 그 서적들의 처방도 당연히 중국에서 생산되는 약이었겠지요. 문제는 그 약을 조선 사람들이 구하는 일이 쉽지 않다는 데 있습니다. 그런 체계 속에서는 향약은 당약에 비해 효과나 치료 근거가 불분명한, 대용품이거나 모조품이 될 수밖에 없습니다.

그래서 진행했던 작업이 조선의 향약과 중국의 약재가 과연 동일한지를 확인하는 일이었습니다. 중국에 파견한 의사는 "대의원大醫院에 나아가서 약명의 그릇된 것을 바로잡"는 일을

우리 몸이 세계라면

표6 세종 5년과 세종 12년의 향재와 당재 약효 비교표[19]

시기	이미 당재와 일치하는 향재	신규로 당재와 일치하는 향재	여전히 당재와 불일치하는 향재	총계
세종 5년 (1423)	48종 (약재명 미상)	6종:누로(漏蘆), 시호(柴胡), 목통(木通), 위령선(葳靈仙), 백렴(白歛), 고본(藁本)	8종:단삼(丹參), 방기(防己), 후박(厚朴), 자완(紫菀), 궁궁(芎藭), 통초(通草), 독활(獨活), 경삼릉(京三陵)	62종
세종 12년 (1430)	–	10종:적석지(赤石脂), 후박(厚朴), 독활(獨活), 백부(百部), 향유(香薷), 전호(前胡), 사향(麝香), 백화사(百花蛇), 오사(烏蛇), 해마(海馬)	10종:왕불류행(王不留行), 단삼(丹參),자완(紫菀), 기각(枳殼),연자(練子), 복분자(覆盆子), 식수유(食茱萸), 경천(景天),비해(萆薢), 안식향(安息香)	20종

합니다. 〈표6〉은 당시 의관이었던 노중례가 중국을 두 차례 방문해 검토한 결과를 이경록 교수가 정리한 것입니다. 예를 들어, 세종 5년인 1423년에는 62종의 향약을 검토했는데, 그중 48종은 이미 향약과 당약이 일치한 상황이었고, 새롭게 일치하는 약 6종, 불일치하는 약 8종을 찾아낸 것입니다. 그리고 불일치하는 8종의 약재 사용은 금지시킵니다.

세 단계로 구분할 수 있는 이 작업의 의미를 생각해봅니다. 당대 최고 수준의 의학지식을 담고 있는 중국의 의서를 모아 정리하고, 조선 땅에서 생산되고 사용되는 향약을 모아 정리합니다. 그리고 중국 의학서적에서 처방하는 당약과 향약이 일치하는지를 비교 검토합니다. 이제 사람들은 이 책을 기반으로 최신 지견에 따라 진단을 받고, 조선의 땅에서 만들어진 약을 걱정 없이 처방받을 수 있게 된 것입니다.

어떤 이는 『향약집성방』이 중국 의학 이론 서적에 의존해 조선의 약재를 정리한 작업이라는 면에서 한계가 있다고 말하기도 합니다. 그 한계는 200여 년 뒤 『동의보감』이 나온 다음 넘어선 부분입니다. 그러나 당대 여러 역량의 한계 속에서, 조선 땅에서 살아가는 사람들에게 무엇이 최선인가를 고민하고, 그 합리적인 개선 방안을 생각해내고 현실을 바꾸어나간 과정이 저는 놀랍습니다. 그래서 저는 『향약집성방』이 훌륭한 과학 서적이라고 생각합니다.

"바람소리, 학의 울음 소리일지라도
모두 글로 적을 수 있을 것이다"

나랏말이 중국과 달라 한자漢字와 서로 통하지 아니하므로, 우매한 백성들이 말하고 싶은 것이 있어도 마침내 제 뜻을 잘 표현하지 못하는 사람이 많다. 내 이를 딱하게 여겨 새로 스물여덟 자를 만드니 사람마다 쉽게 익혀 날마다 쓰는 데 편안케 할 따름이다.[20]

『훈민정음』 서문의 첫 문장입니다. 나라의 말이 기본적으로 중국과 다르다는 뜻은 '읽는 소리'가 다르다는 뜻입니다. 같

우리 몸이 세계라면

은 한자를 중국과는 다르게 읽었고, 그 읽는 방식도 표준화되지 않았던 것이지요.[21] 표의문자인 한자는 그 숫자가 많아 백성이 배우기 어려웠을 뿐 아니라, 그것으로는 자신의 뜻을 표현할 수 없을 때가 많았습니다.

당대의 문자가 그 땅을 살아가는 사람들에게 최선의 것이 아니라고, 사람들의 삶이 그 문자로 인해 제약받고 있다고 생각할 수는 있을 것 같습니다. 물론 그 통찰도 자신의 생각을 담는 문자의 가치를 의심하고 질문하는 놀라운 사고이지만요. 여기서 한 걸음 더 나아가 세종은 우리의 말을 고유한 문자로 정확히 표현하고 있지 못하다는 안타까움에 머물지 않고, 당대 최선의 과학을 기초로 조선 사람들이 쉽게 배우고 널리 사용할 수 있는 문자를 만들어냅니다.

『훈민정음 해례본』에는 세종이 어떤 작업을 거쳐 어떤 원리를 적용해 문자를 만들었는지 기술되어 있습니다. 예를 들어, 천天, 지地, 인人 세 가지를 세계를 구성하는 기본 요소라 생각하고 사상적 기반 중 하나로 삼았습니다. 그것은 중성의 기본자인 ·ㅡㅣ로 반영되기도 합니다. 또한 성운학의 측면에서 기존의 이론을 활용하는 것은 물론이고, ㄱ을 '혀 뿌리가 목구멍을 막는 모양'에서 따왔다고 설명하는 발음기관 상형론은 훈민정음의 독창적인 방법론입니다.[22] 놀랍지요.

그러나 세종의 시대에 훈민정음 창제는 환영받는 일이 아니었습니다. 집현전의 부제학인 최만리가 훈민정음 제작의 부당함을 말한 대목입니다.

> 설혹 말하기를, 언문은 모두 옛 글자를 본뜬 것이고 새로 된 글자가 아니라 하지만, 글자의 형상은 비록 옛날의 전문篆文을 모방하였을지라도 음을 쓰고 글자를 합하는 것은 모두 옛것에 반대되니 실로 의거할 데가 없사옵니다. 만일 중국에라도 흘러 들어가서 혹시라도 비난하여 말하는 자가 있사오면, 어찌 대국을 섬기고 중화를 사모하는 데에 부끄러움이 없사오리까.
>
> — 『세종실록』 103권, 세종 26년 2월 20일[23]

오늘날의 시각으로 보면, "중화를 사모하는 데에 부끄러움"을 논하는 최만리의 말이 당황스럽습니다. 그것은 우리가 세종의 한글 창제로 인해 바뀐 세상에서 태어나 교육받고 살아온 사람이기 때문입니다. 당대의 관점으로 바라보면 최만리는 중국의 학문과 정치와 문화를 최선의 것으로 생각하던 시대의 모범적인 지식인이었습니다. 그는 집현전 부제학으로 일하던 당대 최고 수준의 지식을 가지고 있던 학자였습니다. 최만리의 말은 한 개인의 의견이 아니라 조선 시대 유학을 공부했던 대다수 선비들의 생각을 대표하는 것으로 이해해야 합니다.[24]

이 장면은 훈민정음을 만드는 과정에서 세종과 집현전의 학자들이 당대 지식인의 내면을 지배했던, 중국을 세계의 표준으로 생각하는 사상과도 싸워야 했다는 점을 알려줍니다. 어떻게 해야 유교를 국시로 내세운 조선에서 중국에 예속되지 않는 이 땅의 특수성을 감안한 지식을 만들 수 있었을까요? 결코 간단치 않은 고민이었겠지요.[25]

『칠정산』과 『향약집성방』과 『훈민정음』은 모두 자랑스러운 조선 과학의 성과입니다. 『칠정산』은 중국의 천문역법을 이해하고 그 역법에 이 땅의 위치를 감안해 조선의 천문과 달력을 만든 성과이고, 『향약집성방』은 중국의 의학서적을 모아 정리하고 그 서적의 처방에 해당하는 당약과 일치하는 향약을 정리해낸 성과입니다. 둘 모두 중국의 과학을 조선의 땅과 사람에 맞추어 주체적으로 수용한 훌륭한 과학 서적입니다. 그리고 『훈민정음』은 그러한 방식으로 해결할 수 없는 '문자'라는 문제를 해결하기 위해, 최선의 해결책을 찾아 새로운 언어를 창조해낸 역작입니다.

이러한 성취를 두고서 세종이 '천재'였다고 말하는 데서 그치는 것은 안타까운 일입니다. 저는 세종이 '이 땅에서 살아가는 이들을 위한 지식은 어떻게 만들어질 수 있을까?'라는 질문을 가지고 있었다고 생각합니다. 세종의 그 질문은 현재를 살아가는 우리에게도 절박하고 절실한 것입니다. 그렇게 세종과 당대의 학자들이 시대적 한계 속에서 이 땅의 문제를 해결하기 위해 던졌던 질문들과 그 문제를 해결하기 위해 길을 찾았던 과학적 사고방식을 함께 이해할 수 있었으면 합니다.

이 글을 준비하며 조선왕조실록을 계속 찾아 읽었습니다.

특히 예조판서 정인지가 쓴 『훈민정음 해례본』서문은 여러 차례 읽었습니다. 그 글을 읽다가 만난 문장입니다.

쓰는 데마다 갖추어지지 않음이 없고 가는 데마다 닿지 않음이 없어, 바람소리와 학의 울음, 닭 울음소리와 개 짖는 소리까지도 모두 글로 적을 수 있을 것이다.[26]

바람소리와 개 짖는 소리를 적을 수 있는 문자로, 후대의 사람들은 삶의 희로애락을 표현하며 실패와 성공을 반복하며 살아갈 수 있었습니다. 그렇게 우리는 이 땅에서 가장 중요한 것이 무엇인지를 질문하고 해결하고자 했던 이들이 만들어놓은 성과 위에 서 있습니다.

03

기록

우리 몸이 세계라면

기록

우리 몸이 세계라면

인간은 사회 속에서 살아갑니다. 불평등한 사회에서 살아가는 사람들의 몸에는 불평등이 남긴 상처가 기록처럼 남아 있습니다. 소득불평등이 심각한 사회에서 사람들은 서로를 신뢰하지 못하고 상대방이 나를 무시할지 모른다는 불안을 가지고 살아갑니다. 소수자에 대한 편견이 만연한 사회에서 살아가는 사회적 약자는 자신을 거부하는 세상에 부딪치며 더 많이 아픕니다. 오늘날 소득이 낮다는 이유로 평균기대수명이 달라지고 피부색이 다르다는 이유로 사람을 차별하는 일이 빈번하게 발생하는 사회가 있습니다. 한국사회를 살아가는 사람들의 몸에 대한 이야기입니다.

불평등이 기록된 몸
: 건강불평등은 어떻게 사회에 반영되나

우리는 건강을 해치는 사회구조가
무엇인지를 규명하는 것에서부터
개혁 프로그램을 시작할 수 있다.
—리처드 윌킨슨, 『평등해야 건강하다』

1년을 더 산다는 것의 의미

1년을 더 산다는 것은 어떤 의미일까요? 보건학 공부를 하다 보면, 인간이 평균 1년을 더 살 수 있도록 세상을 바꾼다는 게 얼마나 힘겨운 일인지를 알게 됩니다. 1991년 학술지 《순환 Circulation》에 출판된 한 연구는 미국에서 35세인 흡연자가 당장 금연을 하고 이후에 담배를 한 대도 피우지 않을 경우, 평균 몇 년의 기대수명이 늘어나는지를 계산합니다.[1] 남성은 2.3년, 여성은 2.8년이 늘어났습니다. 35세 이후로 평생 금연을 했을 때 3년 남짓한 시간이 주어지는 것입니다. 연구에서는 의학적 기준으로 비만인 사람이 몸무게를 '이상적인' 상태로 바꾸었을 경우 늘어나는 기대수명도 계산했습니다. 남성은 0.7년에서 1.7년, 여성은 0.5년에서 1.1년의 기대수명이 늘어났습니다. 비만인 사람이 건강을 위해 다이어트를 하고 평생 그 상태를 유지하며 살았을 때 1년 남짓 기대수명이 늘어난 것입니다. 여기서 한 걸음 더 나아가 연구진은 관상동맥질환으로 인해 생겨나는 사망을 모두 예방할 수 있다고 가정합니다. 오늘날 미국인의 사망원인 1위는 심장병이고, 그 심장병으로 인한 죽음의 절반 이상은 관상동맥질환이 원인입니다. 이 질병으로 인한 죽음이 없다고 가정했을 때, 미국인의 평균기대수명은 어떻게 달라졌을까요? 35세 성인을 기준으로, 남성은 3.1년, 여성은 3.3년의 평균기대수명이 늘어나는 것으로 나타났습니다. 관상동맥질환으로 인한 사망이 완전히 예방되었을 때, 우리는 3년 남짓한 시간을 더 살 수 있는 것이지요.

2016년 강영호 교수 연구팀은 한국인의 소득수준에 따른 건강불평등을 다룬 보고서를 발간합니다.[2] 이 보고서의 결과에 주목하는 이유 중 하나는 그 데이터의 힘 때문입니다. 보통은 비용과 효율성을 고려하여, 연구 대상 중 일부 사람들을 뽑는 샘플링 과정을 통해 그 대상에 대한 연구를 진행합니다. 예를 들어, 1,000만 명이 넘는 서울 시민을 연구하고자 할 때 그 모두를 조사할 수 없으니 그중 5,000명을 신중하게 선정해 조사하는 방식입니다.

건강보험공단의 용역을 받아 진행된 이 연구는 2004년부터 2015년까지 12년간 건강보험 가입자와 의료급여 대상자 전체를 대상으로 건강불평등의 현황을 보여줍니다. 건강보험 데이터를 이용해, 소득수준 산출이 되지 않은 군인 및 군인 피부양자를 제외하고, 5,000만 명(2015년 기준)이 넘는 한국인 전체 인구를 대상으로 전수 조사를 할 수 있었던 것이지요.

보고서에 따르면 2015년 기준으로 한국인의 평균기대수명은 82.45세입니다. 2015년에 한국에서 태어난 아이는 현재와 같은 연령별 사망률이 유지된다면, 평균 82.45세까지 살 수 있다는 의미입니다. 그러나 이 숫자를 자세히 나눠보면, 차이점이 보입니다. 2015년 소득수준 하위 20%인 사람들은 78.55세지만, 상위 20%는 85.14세입니다. 소득에 따라 6.59년의 차이가 납니다. 소득수준이 높은 어떤 사람들은 그렇지 않은 사람들보다 6.59년을 더 사는 것입니다.

보고서는 2004년부터 2015년 사이 평균수명의 변화를 보여줍니다. 2004년 소득수준 하위 20%는 기대수명이 74.64세였고, 상위 20%는 80.69세였습니다. 이후 12년 동안 그 변화량을 살펴보면 하위 20%는 3.91년이 증가하고, 상위 20%는 4.45년이 증가했습니다. 지난 10년 동안 그 격차가 6.05년에서 6.59년으로 더 벌어진 것입니다. 연구팀은 이 격차가 2025년에는 6.90세로 더 늘어날 것으로 예측하고 있습니다. 기대수명은 한 인간이 이 땅에서 희로애락을 누릴 수 있는 기회의 시간

을 뜻합니다. 소득수준에 따라 누군가는 그 삶의 전제 조건이
달라지는 것입니다.

가난과 뇌

건강불평등이나 소득불평등에 대해 문제 제기를 하고 개선
을 요구할 때, 일부 언론과 학자들이 하는 주장이 있습니다. 그
것은 현재의 불평등은 다름 아닌 개인의 능력 차이로 생겨난
결과이기에 피할 수 없는 현상이라는 점입니다. 미국 등의 나
라에서는 대중적인 호응을 얻는 내용입니다.

이 주장의 핵심에는 개인별로 능력이 다르고 그에 따라 사
회적 성취가 다르다는 점이 전제되어 있습니다. 부유한 집안에
서 태어난 아이들이 교육과 직업의 모든 영역에서 성공할 확률
이 높은 것은 부모로부터 유전을 통해 뛰어난 지능과 자기통제
력을 비롯한 여러 자질을 물려받았기 때문이라는 주장입니다.
교육 수준과 직업이 건강에 미치는 막대한 영향을 고려할 때,
이 주장은 건강불평등에도 적용 가능합니다. 그러나 최근 연구
결과는 이러한 주장이 잘못된 것이라고 말하고 있습니다.

위스콘신대학의 제임스 핸슨James L. Hanson 교수 연구팀은
다양한 사회적 배경을 가진 영유아 77명의 뇌를 시간 간격을
두고 자기공명사진MRI, Magnetic Resonance Imaging을 이용해 반복
적으로 촬영합니다. 그리고 연구 대상자의 가구소득을 낮음, 중

그림6 가구 소득수준에 따른 영유아의 대뇌 회백질 크기 차이[3]

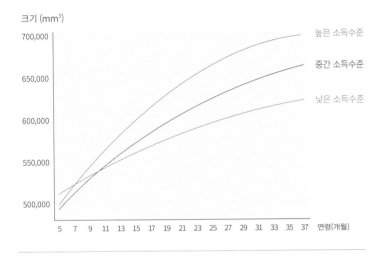

간, 높음 세 단계로 나누고, 소득수준에 따라 영유아의 뇌를 분석해 〈그림6〉과 같은 결과를 발표했습니다.[3]

그래프의 X축은 MRI를 찍었던 시기의 영유아 나이이고, Y축은 대뇌 회백질Total Gray Matter의 크기입니다. 대뇌 회백질은 뇌에서 정보 처리와 의사 결정을 담당하는 학습 능력에 있어서 핵심적인 역할을 하는 기관입니다. 그래프를 통해 볼 수 있는 결과는 명확합니다. 태어났을 때는 차이가 거의 없던 대뇌 회백질의 면적 차이가 시간이 지나면서 명확해집니다. 사회경제적 지위가 높을수록 대뇌 회백질의 크기가 더 크게 나타난 것입니다.

우리 몸이 세계라면

사회경제적 수준에 따라 차이가 나는 건 대뇌 회백질만이 아닙니다. 인간의 뇌에서 변연계Limbic System라고 불리는 기관은 대뇌 피질에 둘러싸여 있는 중심부를 말합니다. 변연계는 본능, 정서의 영역을 담당하는데, 그중 언어적, 의식적 기억을 담당하는 해마Hippocampus라는 기관이 있습니다. 학습에서 핵심적인 기능을 담당하는 이 해마는 스트레스 호르몬의 영향을 받습니다. 스트레스 호르몬은 고용불안, 왕따, 성희롱과 같은 사회적 폭력에 노출될 때 증가하는데, 해마의 세포를 변형시킵니다. 가난으로 인한 경제적인 궁핍은 물론, 집과 학교에서 일상적인 폭력에 시달리는 아이들은 이 해마의 크기가 작아지는 것입니다.[4]

가난은 대뇌 회백질과 해마를 모두 축소시킵니다. 일상적인 스트레스를 감당해야 하는 저소득층 아이들의 뇌는 가난으로 인해 자신의 잠재적인 역량 자체를 발휘할 기회를 박탈당하고 있는 것입니다. 가난의 문제에 국가가 적극적으로 개입해야 하는 이유입니다.[5·6·7]

유아 시절의 건강불평등과 응급실

이번에는 10세 이하 어린이들의 사망률 격차에 주목하고자 합니다. 성인의 건강불평등을 두고서는 여러 논쟁이 진행되기도 합니다. 가난한 사람들이 더 많이 병드는 이유를 두고서, 그

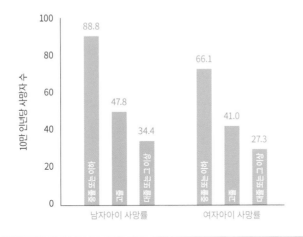

그림7 아버지 교육 수준에 따른 1~4세 영유아 사망률[8]

사회적 환경은 주목하지 않고 개인의 책임만을 묻는 경우도 있으니까요. 하지만 10세 이하 어린이의 사망을 두고서 그 어린이를 탓하는 일이 합당치 않다는 데에는 어렵지 않게 동의할 수 있을 겁니다.

정최경희 교수 연구팀은 통계청 자료를 이용해 1995년부터 2000년 사이에 태어난 아이를 추적 관찰한 데이터를 만들고, 1세부터 4세, 5세부터 9세까지 두 집단으로 나누어 어린이 사망률에 대한 연구를 진행했습니다.[8] 소득수준 자료가 없었기에, 아버지의 학력을 사회경제적 지위를 나타내는 지표로 사용했습니다. 〈그림7〉은 그중 1세부터 4세까지의 영유아 사망률을 보여주고 있습니다.

1세에서 4세인 남자 영유아의 사망률을 살펴봅시다. 한 사람을 1년간 관찰하는 경우를 1인년이라고 할 때, 아버지가 대졸 이상의 학력인 경우 10만 인년person-year당 34.4명이, 중학교 졸업 이하의 학력인 경우 10만 인년당 88.8명이 사망해, 2.58배의 차이를 보였습니다. 같은 상황에서 대졸 이상 학력인 아버지의 아이가 100명 사망할 때, 중졸 이하 학력인 아버지의 아이는 258명이 사망한다는 뜻입니다.[9] 같은 나이 여자 영유아의 사망률도 각각 10만 인년당 27.3명과 66.1명으로 2.42배 차이가 났습니다. 5세에서 9세까지 어린이의 사망률을 분석한 결과에서는 부모 학력에 따른 사망률 차이가 남자 어린이의 경우 2.82배, 여자 어린이의 경우 2.96배로 나타났습니다.

　　연구팀은 어린이 사망률의 차이가 어디에서 발생했는지를 분석합니다. 경사불평등지수Slope Index of Inequality로 측정된 지표를 기준으로, 1세에서 4세인 영유아의 경우 교통사고와 사고성 재해가 총 49.6%로 가장 큰 비중을 차지했고, 5세부터 9세인 어린이의 경우에도 그 비중이 60%가 넘었습니다. 이 격차는 단순히 보다 부유한 가정에 사는 아이들이 화상이나 교통사고를 덜 겪는다는 것만을 의미하지는 않습니다.[10] 사고를 당했을 때 즉각적인 치료를 하기 어려운 의료환경의 차이 역시 중요한 요인입니다. 예방하고 막을 수 있는 사망률 격차인 것입니다.

　　사망의 위험이 있는 중대한 사고를 경험하면, 가장 먼저 가게 되는 곳은 응급실입니다. 한국의 의료서비스는 세계적으로 높은 수준이지만, 응급 의료서비스는 그에 크게 미치지 못합니다. 김윤 교수 연구팀이 2007년 건강보험 데이터를 이용해 응급실 내원 환자를 분석했습니다.[11] 응급실 환자 115만 명 중 외상으로 사망한 환자의 숫자는 총 2만 8,359명이었고 적절한 구조 및 치료가 있었다면 사망을 막을 수 있었던 환자는 그중 32.6%인 9,245명이었습니다. 특히 같은 해 자료를 기준으로 응급실 내원 환자 중 외상으로 인한 사망률은 서울이 1.8%였지만, 전북은 4.3%로 2.5배가량 높았습니다. 중증 외상환자만을 비교하면 서울은 5.8%였지만, 전남은 13.0%, 경남은 11.3%로 지방이 이번에도 2배 이상 높았습니다. 같은 외상을 입어도 어느 지역에 사느냐에 따라 생사가 달라지는 것입니다. 외상환자 치료에는 골든 아워를 놓치지 않는 것이 중요한데, 응급실 접근성에서 거주 지역마다 큰 차이가 나는 것이지요. 그리고 그로 인한 피해는 사고가 발생했을 때 제대로 치료받지 못하는 지방 빈곤계층의 사람들이 가장 크게 보고 있습니다.

그렇다면 피할 수 있었던 아이들의 죽음은 왜 피하지 못한 것일까요? 그 원인으로 부모의 낮은 학력을 탓할 수 있을까요? 그럴 리 없습니다. 교통사고와 사고성 재해가 빈번하게 발생하는 위험한 거주환경과 낮은 의료접근성을 방치한 한국사회의 책임이겠지요.

우리 몸이 세계라면

경제가 성장하면 모두 건강해질까?

이러한 불평등에 대해 이야기할 때, 몇몇 사람들은 사회가 발전하면서 자연스럽게 해결될 수 있는 문제라고 답하기도 합니다. 현재 고소득층에 집중된 사회적 혜택이 시간을 두고서 점차적으로 모든 이들에게 배분될 것이라고요.

1980년대 미국의 레이건 대통령이 사용하면서 이후 수십 년간 거대한 힘을 발휘했던 낙수효과trickle down effect라는 단어가 있습니다. 이는 한 사회에서 고소득층의 소득이 먼저 증가하면 투자와 소비가 확대되어 결국에는 저소득층의 삶도 나아진다는 이론입니다. '성장이 복지다'라는 유명한 구호도, 대기업이 성장해야 중소기업도 함께 성장한다는 말도 모두 낙수효과에 기초한 주장이었습니다. 그러나 지난 30여 년간 낙수효과에 기초한 여러 정책들은 결국 심각한 불평등으로 귀결되었습니다. 대기업과 중소기업의 차이는 커졌고, 소득불평등도 심화되었지요. 보수적인 정치색으로 유명한 국제통화기금IMF의 경제학자들조차도 낙수효과가 존재하지 않는다는 보고서를 2015년 발간했습니다.[12]

박진욱 교수가 2017년 출판한 논문은 사망률의 측면에서 이러한 낙수효과와 관련해 중요한 통찰을 제공합니다.[13] 한국이 급격한 경제성장을 이룬 1970년부터 2010년까지, 40년 동안 평균기대수명은 61.9세에서 80.8세로 20년가량 증가했습니다. 이는 OECD 국가 중 가장 급격한 성장세로, 매년 0.47년씩

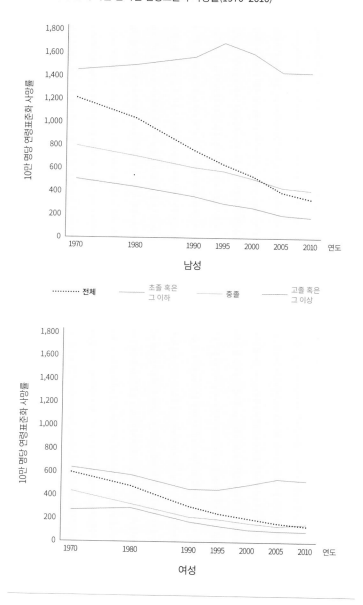

그림8 교육 수준에 따른 한국인 연령표준화 사망률(1970~2010)[13]

남성

········· 전체 ──── 초졸 혹은 ──── 중졸 ──── 고졸 혹은
　　　　　　　　그 이하　　　　　　　　　　　　그 이상

여성

　　　　　　　　　　　　　　　　　　　　　우리 몸이 세계라면

증가한 셈입니다.

연구팀은 이 기간 동안 연령 분포의 차이를 통제한 연령표준화 사망률이 25~64세 성인의 경우 남성은 71.8%, 여성은 78.0% 감소한 점을 먼저 지적합니다. 평균기대수명의 증가와 상응하는 현상이지요. 그러나 모든 집단에서 사망률이 이처럼 감소하지는 않았습니다. 1970년부터 2010년 사이, 초등학교 졸업 혹은 그 미만의 교육을 받은 여성의 경우 40년 동안 사망률이 18.1% 감소했을 뿐이고 남성은 1.6%만이 감소했습니다. 〈그림8〉에서 보듯이 초등학교 졸업 혹은 그 이하의 교육을 받은 집단의 경우 사망률이 거의 감소하지 않은 것이지요.

한 걸음 더 나아가, 연구팀은 초등학교 졸업 혹은 그 이하, 중졸 및 고졸, 대학교 졸업 이상, 이렇게 세 범주로 나누어 교육 수준에 따른 연령표준화 사망률의 불평등을 측정합니다. 한국에서는 1990년대를 거치며 특히 2002년부터 전국에서 중학교 의무교육이 시행되었기 때문에 초졸 이하 학력자의 비중이 줄어들게 됩니다. 그러한 인구학적 변화를 감안하기 위해 상대적 불평등지수relative index of inequality를 활용합니다. 분석 결과, 사망률에 대한 상대적 불평등지수는 1970년에서 2010년까지 여성은 5.38에서 5.44로 약간 증가하는 수준에 머물렀지만, 남성은 그 지표가 5.40에서 8.85로 악화되었습니다. 사망률을 이용해 측정한 교육 수준에 따른 건강불평등은 개선되지 않았던 것입니다.

지난 40년간 한국사회는 정치적 민주화와 경제성장을 포함해 많은 발전을 이루었습니다. 그러나 적어도 건강의 측면에서 그 혜택이 모두에게 골고루 돌아가지는 않았던 것이지요.

어느 사회에 사느냐에 따라 건강이 달라진다

어느 사회에서나 사회경제적 지위에 따른 건강 상태의 차이는 관찰됩니다. 고소득 집단이 저소득 집단에 비해 더 건강하게 더 오래 살고 있습니다. 그러나 모든 곳에서 그 차이가 동일하지는 않습니다.

1992년 《영국의학학술지》에 출판된 레온D. A. Leon 박사 연구팀은 영국과 스웨덴에서 생후 28일 미만 신생아의 사망율을 측정합니다. 그렇게 측정한 신생아 사망률neonatal mortality을 부모의 직업으로 분류한 사회계급social class에 따라 비교합니다. 영국의 경우 육체직manual 노동자 가정의 신생아 사망률은 10만 명당 582명으로, 비육체직non-manual 노동자 가정의 신생아 사망률인 10만 명당 458명보다 1.27배 높습니다. 아이가 태어난 가정의 사회계급에 따라 10만 명당 124명의 신생아가 더 죽고 있는 것입니다. 연구팀은 같은 계산을 스웨덴에서 진행합니다. 육체노동자 가정의 경우 신생아 사망률이 10만 명당 400명이고, 비육체노동자 가정의 신생아 사망률 10만 명당 332명입니다. 스웨덴에서는 사회계급에 따라 신생아 사망률이 1.20배 차이가 나고, 그 결과 10만 명당 68명의 신생아가 더 죽고 있습니다.[14] 영국과 스웨덴 모두에서 사회계급에 따라 신생아 사망률은 차이가 나지만, 그 차이의 규모는 스웨덴에서 확연히 작습니다.

2006년 《미국의사협회지》에 출판된 제임스 뱅크스James Banks 박사 연구팀의 논문은 미국과 영국의 55세부터 64세까지의 성인을 대상으로 소득수준을 상, 중, 하로 나누어 질병의 유병률을 비교하고 있습니다. 두 국가 모두 저소득군이 고소득군보다 당뇨와 뇌졸중의 유병률이 높게 나타났습니다. 그러나 그 차이는 확연히 다르지요. 당뇨의 경우, 영국은 고소득군 중 6.0%가 당뇨병 환자였고, 저소득군 중 8.0%가 당뇨병 환자였습니다. 소득수준에 따라 당뇨 유병률은 2.1% 차이가 나는데, 이는 고소득군에 비해 저소득군에서 당뇨 환자가 100명 중 2.1명 더 발생한다는 의미입니다. 그러나 미국은 고소득군 중 9.2%가 당뇨를 가지고 있고, 저소득군의 유병률인 16.8%와 비교할 때 7.6% 차이가 납니다. 미국에서는 고소득군에 비해 저소득군에서 당뇨 환자가 100명 중 7.6명 더 발생하는 것입니다.[15]

스웨덴과 영국과 미국 모두 사회경제적 지위에 따라 건강불평등이 존재합니다. 그러나 미국보다 영국이, 영국보다 스웨덴이 그 건강불평등의 규모가 훨씬 더 작은 나라라는 점을 주목했으면 합니다. 어느 사회에 사느냐에 따라 같은 사회적 지위를 가지더라도 건강 상태가 달라지는 것입니다. 한국사회의 건강불평등을 완전히 없애는 일은 매우 어려울 것입니다. 하지만 건강불평등 규모의 측면에서 한국사회가 어느 방향으로 가고 있고 또 가야 하는지는 절박하고 중요한 고민입니다.

소득불평등과 한국사회

건강불평등은 사람들이 살아가는 소득, 근무환경, 주거지역과 같은 사회적 조건의 불평등에서 기인합니다. 소득불평등은 그러한 사회적 조건의 차이를 측정하는 중요한 지표 중 하나입니다. 소득불평등을 표현하는 가장 대표적인 방법은 지니계수Gini index를 이용하는 것입니다. 지니계수는 0과 1사이의 수치로 표시되는데, 모든 사람이 동일한 소득을 얻는 경우 0이고 소득이 가장 불평등하게 배분된 상태가 1이 됩니다.

한국의 지니계수는 1990년부터 도시에 거주하는 2인 이상 가구를 대상으로 측정되었고, 2006년부터는 전체 가구를 대상으로 측정되기 시작하였습니다. 지난 26년간 지니계수 변화를 확인하기 위해 도시 거주 2인 이상 가구의 지니계수를 그려보면 다음과 같습니다. 1990년 0.256이었던 지니계수는 1997년 IMF 경제위기를 거치며 급격히 증가합니다. 이후 2009년 0.295로 가장 높은 수치를 기록한 후, 조금 하락해 2016년 0.278을 기록하고 있습니다.[16]

소득불평등을 측정하는 보다 직관적인 방법은 소득집중도

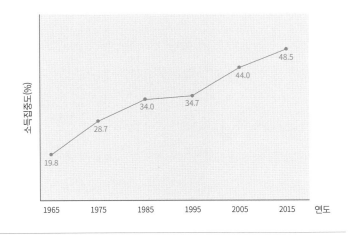

그림9 한국의 소득 상위 10% 소득집중도(1965~2015)[17·18]

소득집중도(%)

19.8 (1965)
28.7 (1975)
34.0 (1985)
34.7 (1995)
44.0 (2005)
48.5 (2015)

연도

를 측정하는 것입니다. 한 사회의 구성원이 1년 동안 벌어들인 소득 중에서 소득수준 상위 10%에 해당하는 사람들에게 소득이 얼마나 집중되었는지를 검토하는 것이지요. 이러한 관점에서 한국노동연구원의 홍민기 선생이 분석한 「2015년까지의 최상위 소득 비중」은 통계자료를 통해 한국의 경제적 불평등이 어떻게 변화했는지를 보여주고 있습니다.[17]

〈그림9〉는 1965년부터 50년 동안 한국사회에서 소득 상위 10%의 소득집중도가 어떻게 변화했는지를 보여줍니다. 1965년 19.8%였던 소득집중도는 1985년 34.0%까지 증가한 후 10여 년 동안 정체되어 있다가, 1997년 IMF 경제위기 이후 다시 급증하기 시작합니다. 2015년 기준으로 한국사회 총 소득의

48.5%는 상위 10%에 집중되어 있습니다. 이는 매우 높은 수치입니다. 비슷한 시기 상위 10%의 소득집중도는 일본 42%, 영국 39.1%, 프랑스 30.5%입니다. 한국은 상위 10% 소득집중도가 50%에 달하는 미국 바로 다음으로 높습니다. 한국의 소득불평등은 심각하기만 한 것이 아닙니다. 지난 20년 동안 급격히 그 격차가 커지고 있습니다.

2014년 리처드 레이트Richard Layte 교수는 소득불평등과 관련한 흥미로운 연구 결과를 발표합니다. 2007년 유럽의 31개 국가의 3만 4,000여 명을 대상으로 진행한 서베이 결과를 분석해 소득불평등과 '지위불안status anxiety'에 대해 분석한 것이지요.[19]

그림10 소득불평등 정도에 따른 소득수준별 지위불안 점수(2007)[19]

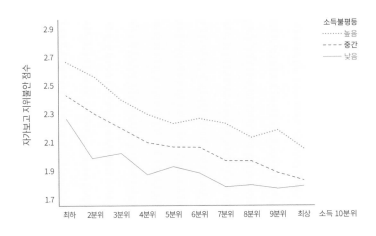

우리 몸이 세계라면

지위불안은 '어떤 사람들은 내 직업이나 소득 때문에 나를 무시한다'라는 질문을 통해 측정했습니다. 응답자가 '전혀 그렇지 않다'라고 생각할 때 1점, '매우 그렇다'라고 생각할 때 5점을 주는 방식으로 분류했습니다. 그리고 소득불평등의 수준은 지니계수로 측정해 국가별로 낮음, 중간, 높음으로 나누었습니다. 그 결과는 〈그림10〉과 같습니다. X축은 개인이 각 사회에서 소득을 10분위로 나눈 상황이고, Y축은 개인이 보고한 지위불안 수준입니다.

모든 사회에서 소득이 낮을수록 지위불안 점수는 높게 나타납니다. 하지만 소득불평등이 심각한 사회에서는 가장 가난한 사람부터 가장 부자인 사람까지 모든 집단에서 지위불안 점수가 2점이 넘었습니다. 소득불평등이 적은 사회에서는 가장 가난한 계층을 제외한 모든 집단에서 지위불안 점수가 2점 이하로 나타났습니다. 소득불평등이 심한 사회에서 살아가는 이들일수록, 상대방이 나를 무시할 수 있다는 불안 속에서 살아가고 있는 것입니다.

문화인류학자인 김찬호 교수는 한국사회를 분석하는 핵심 키워드로 모멸감을 말합니다. 모멸감은 상대방이 나를 '업신여기고 얕잡아보는 감정'을 뜻합니다.[20] 오늘날 직장과 가정에서 서로 모멸감을 주고받는 일이 잦아지고, 자신의 존엄을 지키기 어려운 상황이 많아지는 이유를 분석할 때, 지난 20년간 급격히 악화된 한국사회의 소득불평등을 빼놓을 수는 없을 겁니다.

많은 연구들은 소득불평등이 높은 사회에서 사회적 환경이 어떻게 달라지는지를 보여주고 있습니다.[21] 2010년《유럽공중보건학회지》에 출판된 한 연구는 한국을 포함한 33개 국가를 대상으로 지니계수를 통해 소득불평등의 정도를 측정합니다. 소득불평등 정도가 높은 국가일수록 타인이 나를 이용할 것이라는 의심을 더 많이 하고 상대방을 더 신뢰하지 않을 뿐 아니라 살인으로 인한 사망률 역시 높은 것으로 나타났습니다.[22]

이와 관련해 2013년 맥길대학의 프랭크 엘가Frank J. Elgar 교수 연구팀이 발표한 학교 폭력에 대한 연구는 인상적입니다.[23] 연구팀은 1994년부터 2006년까지 4년마다 세계보건기구가 전

그림11 국가별 소득불평등 정도에 따른 청소년 학교 폭력 발생 비율(1994~2006)[23]

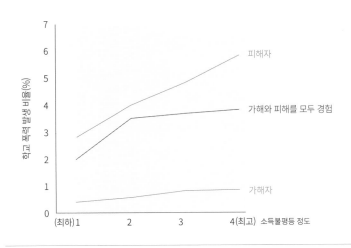

우리 몸이 세계라면

세계 11세, 13세, 15세 청소년을 대상으로 진행한 서베이를 분석해 〈그림11〉과 같은 결과를 발표했습니다. 총 59만 4,638명의 청소년이 포함된 이 연구에서 지니계수로 측정한 소득불평등을 4분위로 나누었습니다. 그 결과, 소득불평등 정도가 심각한 나라에 사는 청소년일수록 학교 폭력의 가해자나 피해자가 될 위험이 모두 높게 나타났습니다. 심각한 소득불평등으로 인해 사람들 사이의 신뢰 수준이 떨어지고 상대방이 나를 무시할까봐 전전긍긍하는 사회적 환경이 청소년들의 삶에도 영향을 준 것이지요.[24]

가난이 죽음의 불평등으로 이어져서는 안 된다

1912년 4월 10일 당시 전 세계에서 가장 거대하다고 알려진 여객선이 영국을 떠나 뉴욕으로 출발합니다. 여객선을 만든 회사는 이 배를 가리켜 '가라앉을 수 없는unsinkable'이라고 부르며, 그리스 신화에 나오는 거인족의 이름을 붙였습니다. 그러나 불과 5일 뒤, 빙하에 부딪쳐 배는 침몰하고, 배에 타고 있던 2,201명의 승무원과 승객 중 1,490명(67.2%)이 사망합니다. 타이타닉호의 침몰은 역사상 가장 비극적인 사고 중 하나로 기록되어 있습니다.

1986년 서호주대학의 웨인 홀Wayne Hall 교수는 이 비극 앞에 새로운 질문을 던집니다. '과연 타이타닉호에 탑승했던 사람들의 사망률은 평등했을까?'[25] 중요한 질문입니다. 승객 1,490명이 사망했던 비극적인 사건으로 타이타닉호의 침몰을 기록하는 게 과연 충분한지, 압도적인 재난 앞에서 과연 죽음은 평등하게 모든 사람의 삶을 잠식하는지 묻는 것이기 때문입니다.

타이타닉호에는 구명보트가 20개밖에 없었고, 그 구명보트로 구할 수 있는 최대 인원은 1,178명이었습니다. 승객의 2,201명 중 절반에 해당하는 1,023명은 배가 침몰했을 때 죽을 수밖에 없는 상황이었지요. 그리고 그 죽음은 공정하지 않았습니다.

논문은 성별에 따라, 머물던 객실에 따라 사망률이 어떻게 달랐는지를 보여줍니다. 〈표7〉에서 볼 수 있듯이 1등실에 머물던 사람과 3등실에 머문 사람의 사망률을 비교했습니다. 1등실에는 총 325명의 승객이 타고 있었고, 그중 남성이 175명, 여

표7 타이타닉호의 객실 등급별 승객 수와 사망자 수(1912)[25]

	1등실		2등실		3등실		선원		전체	
	남성	여성 어린이	남성	여성 어린이	남성	여성 어린이	남성	여성 어린이	남성	여성 어린이
승객 수	175명	150명	168명	117명	462명	244명	862명	23명	1667명	534명
사망자 수 (사망률)	118명 (67.4%)	4명 (2.7%)	154명 (91.7)	13명 (11.2%)	387명 (83.8%)	141명 (57.8%)	670명 (77.7%)	3명 (13.1%)	1329명 (79.7%)	161명 (30.2%)

우리 몸이 세계라면

성과 어린이가 150명이었습니다. 남성 중에서는 67.4%에 해당하는 118명이 죽었고, 여성과 어린이 중에서는 2.7%에 해당하는 4명만이 사망했습니다.

그러나 3등실의 사망률은 1등실과 확연히 다릅니다. 3등실의 남성 승객 462명 중에서는 83.8%에 해당하는 387명이, 여성과 어린이 승객 244명 중에서는 57.8%에 해당하는 141명이 죽었습니다. 1등실 승객과 비교할 때, 3등실 승객의 사망률은 남성의 경우 1.24배, 여성과 어린이의 경우 20.4배 높았습니다. 결코 받아들일 수 없는, 받아들여서는 안 되는 차이입니다. 더 많은 돈을 지불한 1등실 승객들이 더 나은 침대와 음식과 여가 시설을 구매한 것은 사실이겠지만, 목숨을 돈으로 산 것은 아닐 테니까요.

소득이 더 많은 사람이 더 큰 집에 살고 더 좋은 차를 타는 것이 부당한 일이라고 말할 수 있을지는 모르겠습니다. 하지만 가난하다는 이유로 살아가는 시간이 더 짧아지고 아프고 병드는 일이 더 자주 반복된다면, 그것은 부당한 일이라 생각합니다.

건강은 사랑하고 일하고 도전하기 위한 삶의 기본 조건입니다. 건강이 누구에게나 평등해야 하는 이유입니다.

차별이 투영된 몸
: 과학적으로 불투명한 인종이라는 개념

> 인종은 고정관념이다.
> 실제로 직접 알아보지 않고,
> 누군가에 대해 무엇인가를
> 알아내기 위해 사람들이
> 사용하는 많은 방법 중 하나다.
> ─조너선 마크스, 『인종주의에 물든 과학』

'32분의 3'의 흑인이면서 '32분의 29'의 백인은 아닌

1977년 미국 루이지애나에 살고 있던 수지 길로리 핍스Susie Guillory Phipps는 남편과 남미로 가족여행을 갈 계획이었습니다. 여권을 만들기 위해 생애 처음으로 출생증명서도 발급받았지만 그녀는 갑자기 몸이 아프다는 핑계로 여행을 취소합니다. 하지만 진짜 이유는 따로 있었습니다. 평생 스스로를 백인이라고 생각하며 살아온 그녀의 출생증명서에 흑인이라고 적혀 있는 것을 발견하고 충격을 받은 것이지요. 수지 핍스는 루이지애나 주정부에 자신의 인종 구분을 바꿔 달라는 청원을 접수합니다. 그로부터 5년 동안 그녀가 흑인인지 백인인지를 가려내기 위한 재판이 진행됩니다.

루이지애나 주정부는 계보학자genealogist를 고용해 그녀의 가계를 추적합니다. 그 결과 1760년 그녀의 할머니의 할머니의 할머니great-great-great-great grandmother가 마가리타Margarita라는 이름의 흑인 노예였고, 그녀의 할아버지의 할아버지의 할아버지는 백인 농장주였던 존 그레고리 길로리John Gregorie Guillory였다는 사실이 드러납니다.[1]

1983년 수지 핍스는 재판에서 패소하고 출생증명서는 정정되지 않습니다. 당시 루이지애나에서는 흑인 피가 32분의 1(1/32) 이상이 섞이면 흑인으로 분류되었는데, 계보학자에 따르면 220년 전 만남으로 인해 그녀의 몸에는 32분의 3(3/32)에 해당하는 흑인 피가 흐르고 있다는 것이었습니다.

당혹스러운 장면입니다. 무엇보다 인간의 몸에 흐르는 피의 비율을 부모의 인종에 따라 공식을 만들어 계산하는 것은 그 자체가 비과학적입니다. 32분의 1(1/32)이라는 근거를 알 수 없는 기준 역시 받아들이기 어렵습니다. 그 비과학적인 계산을 설사 따르더라도, 압도적으로 높은 비율인 32분의 29(29/32)에 해당하는 백인 피는 말하지 않고, 흑인 피의 비율만을 기준으로 삼는다는 점에서 당시 인종 간 권력관계를 반영하는 사고방식임을 알 수 있습니다. 인간의 몸에 흐르는 흑인 피의 양을 측정하고, 그 비율을 경계로 흑인과 백인을 구분했던 이 역사가 우리에게 말해주는 바는 무엇일까요?

스스로를 '단일 민족'이라고 생각하는 한국인에게 인종은 실체가 명확한 것입니다. 보통 피부색에 따라 상대방을 흑인, 백인, 황인종으로 구분하지요. 수지 핍스의 사례는 이러한 인종 구분에 대한 생물학적 근거가 얼마나 취약한 것인지 말해줍니다.

인종이 사회적으로 만들어진 개념이라는 사실을 명확히 보여주는 사례 중 하나는 인구조사에서 인종을 어떻게 측정하는가입니다.[2] 미국에서 처음으로 전국적인 인구조사가 시행된 것은 1790년이었습니다. 당시 인종 구분은 세 가지 항목으로 되어 있습니다. 백인 자유인Free White, 다른 자유인All other free persons, 노예Slave로 구분되었지요. 〈표8〉은 이 분류가 이후 100년의 간격을 두고 1890년과 1990년에는 각각 어떻게 바뀌었는지를 보여줍니다.

1890년 분류를 살펴보지요. 가장 먼저 눈에 띄는 것은 1863년 링컨의 노예해방 선언을 기점으로 노예 범주가 사라지고, 네 가지로 분화된 것입니다. 흑인Black, 물라토Mulatto, 쿼드룬Quadroon, 옥토룬Octoroon입니다. 물라토는 흑인과 흑인이 아닌 백인이나 아시아 인종 사이에서 태어난 사람을 말합니다. 그렇다면 1890년 처음 인구조사 항목에 등장한 쿼드룬과 옥토룬은 무엇일까요? 라틴어로 4와 8을 뜻하는 'Quad'와 'Octo'에서 짐작할 수 있듯이, 흑인 피가 각기 4분의 1(1/4)과 8분의

표8 미국 정부가 실시하는 인구조사의 인종 항목 변화[2]

년도	백인	흑인	그 외
1790	백인 자유인	다른 자유인, 노예	–
1890	백인	흑인, 물라토, 쿼드룬, 옥토룬	인디언, 중국인, 일본인
1990	백인	흑인	그 밖에 다른 인종, 알류트족, 에스키모, 인디언, 중국인, 일본인, 필리핀인, 한국인, 인도인, 베트남인, 하와이인, 사모아인, 차모르인, 멕시코인, 푸에트리코인, 쿠바인, 그 밖의 스페인인, 히스패닉인

1(1/8)이 섞인 경우를 말합니다. 예를 들어, 4명의 생물학적 할머니와 할아버지 중 1명이 흑인이라면 쿼드룬으로 분류되는 것입니다. '4분의 3(3/4)이 백인인 게 아니라 4분의 1(1/4)이 흑인'인 것이지요. 오랜 시간 미국을 지배해온, 흑인의 피가 조금이라도 섞여 있으면 실제 피부색과 관계없이 흑인으로 분류하는 '한 방울 법칙One drop rule'이 드러나는 장면입니다.

이보다 더 주목해야 할 것은 아메리카 대륙의 선주민인 '인디언'입니다. 콜럼버스가 아메리카 대륙을 '발견'하기 이전부터 그 땅에서 살았지만 본래 인구조사 항목에 존재하지 않던 그들이 처음 인구조사 항목에 등장하는 것은 1860년대입니다. 그러나 당시는 백인 커뮤니티에 살아가는 '인디언'들의 숫자만 포함되고, 부족의 영토에서 자신들의 공동체를 이루어 살아가는 사람들은 제외되었습니다. 그 모든 '인디언'을 포함하는 '인디언' 항목이 인구조사에 등장한 첫해가 1890년이었습니다. 그로부터 100년 뒤인 1990년 미국 인구조사의 구분은 오늘날 우리의 인식과 크게 차이가 나지 않지요.

이처럼 200년 동안 미국 인구조사에서 인종의 구분이 어떻게 변화했는가를 살펴보는 이유는 간단합니다. 인종이라는 개념이 역사적이고 정치적인 구성물이라는 점을 뚜렷하게 보여주는 사례이기 때문입니다.

과학적으로 불투명한 '인종'이라는 개념

사람들이 인종에 대해 가장 잘못 알고 있는 부분은 인종별로 유전자가 다르고, 그로 인해 지능을 포함한 생물학적 특성이 다를 것이라는 점입니다. 이는 과학자들 사이에서도 널리 퍼져 있는 편견입니다. 1962년 DNA 이중나선 구조를 발견해 프랜시스 크릭Francis Crick과 함께 노벨상을 받았던 제임스 왓슨James Watson은 2007년 영국의 《선데이타임스》와의 인터뷰에서 "우리 사회 정책은 아프리카의 사람들이 우리와 지능이 동일하다고 전제하고 있는데, 그것은 사실이 아니다"라는 인종차별 발언을 해 큰 비난을 받은 적이 있습니다. 왓슨 역시 이후 자신의 경솔한 발언을 철회하며 "그러한 (지능이 다르다는) 믿음에

대한 과학적 근거는 없다"라고 해명합니다.[3]

  2002년, 《사이언스》에 출판된 논문은 전 세계 52개 인구집
단에서 1,056명의 사람을 골라 377개의 유전자 분석을 한 결
과를 발표했습니다. 그 결과는 크게 두 가지입니다. 첫째, 유전
자의 차이 중 최소 93%는 집단 내부의 차이이고, 집단 간 차이
는 최대 5%에 불과하다는 것이었습니다.[4] 황인종이자 한국인
인 제 유전자의 구조가 같은 지역에 거주하는 한국인보다 한
번도 만난 적 없는 미국에 거주하는 흑인 노인과 더 유사할 가
능성이 있다는 이야기입니다. 둘째로, 유전자 변이에 따라 인류
를 6개 집단으로 나눌 수 있다는 결과입니다. 그러나 이러한 6
개의 인구집단 구분과 오늘날 우리가 피부색이나 국적에 따라
나누는 인종 구분은 연관성이 없습니다. 이러한 구분에 이름을
붙이자면 피부색이나 생김새로 구분되는 인종이 아닌 유전적
계통Genetic Ancestry이나 인구집단Population으로 부르는 게 마땅
합니다.

  이러한 연구들은 생물학적으로 인종Race이라는 개념이 왜
폐기되었는지를 보여줍니다. 2016년 《사이언스》에 출판된 논
문「유전 연구에서 인종을 제외하기Taking race out of human genetics」
에서, 드렉셀대학의 마이클 유델Michael Yudell과 그의 동료들은
유전적인 정보와 인종을 연관시키는 것은 좋은 연구를 방해하
고 사람들에게 악영향을 끼칠 수 있다고 말합니다. 연구자들은
인종별로 유전정보의 차이가 있을 것이라고 가정하는 경우가

많지만, 피부색으로 측정하는 인종 분류가 환자의 유전자에 대해 어떤 유용한 정보도 제공하지 않을 가능성이 크기 때문입니다.[5]

한 걸음 더 나아가, 대부분의 경우 '왜 흑인에게서 백인보다 특정 질병이 더 많이 발생하는가'와 같이 인종에 따른 건강 상태의 차이를 검토하는 건강불평등 연구에서 그 원인을 탐구할 때 유전정보는 주요한 고려대상이 아닙니다. 미국의 국립휴먼게놈연구소National Human Genome Research Institute의 소장인 프랜시스 콜린스Francis S. Collins 박사는 2004년《네이처 제네틱스Nature Genetics》에 출판한 논문에서 건강불평등의 원인은 유전정보가 아닌 사회경제적 지위, 교육, 의료 접근성, 환경 노출, 문화, 식이, 차별 등에서 찾는 게 맞다고 단호히 말합니다.[6]

황인종, 흑인종, 백인종이라는 단어에서 쓰이는 종이라는 단어는 생물 분류에 있어서의 종과는 다른 개념입니다. 지구라는 별에서 살아가고 있는 인간은 모두 20만 년 전 등장한 것으로 추정되는, 호모 사피엔스라는 하나의 종에 속하는 변이들이고, 피부색에 기초한 구분은 인류의 진화 과정에서 생겨난 피부색이라는 특정 형질, 즉 멜라닌 색소의 양 차이일 뿐이니까요.

왜 우리는 외국인과 범죄를 연결 지어 생각할까?

많은 한국인은 오랜 기간 단일 민족이라는 신화를 믿어왔습니다. 이러한 '단일 민족' 이데올로기는 일제강점기 독립운동의 동력이 되기도 했지만, 같은 민족으로 포섭되지 못하는 많은 이들을 배제하는 힘으로 작동하기도 했습니다.

2010년부터 2014년까지 진행한 제6차 세계가치조사에서 '나는 이주민이나 외국인 노동자를 이웃으로 받아들이고 싶지 않다'라고 답한 비율을 살펴보면 스웨덴 3.5%, 미국 13.6%에 비해 한국은 44.2%로 압도적으로 높습니다. 한국은 OECD 국가 중 다른 이주민이나 외국인 노동자에 대해 가장 적대적인 나라이지요. 인종과 국적은 다른 말이지만, 한국인을 하나의 단일 민족 혹은 단일한 인종으로 여기는 다수의 사람들에게, 다른 인종의 사람과 외국인에 대한 혐오는 밀접히 닿아 있습니다.

2018년, 큰 이슈가 되었던 제주도의 예멘 난민사태에서 보듯이, 한국사회에는 외국인들이 살인이나 강간 같은 범죄를 저지를 것이라는 두려움이 많이 퍼져 있습니다. 대다수의 사람들은 외국인에 의한 범죄를 경험한 적이 없을 겁니다. 그런데 어떻게 우리는 외국인과 범죄를 연결 짓는 생각을 하게 되었을까요?

2016년에 《한국언론학보》에 출판된 논문 「외국인 범죄에 대한 언론 보도가 외국인 우범자 인식 형성에 미치는 영향」은 이러한 문제의식에서 시작된 연구입니다.[7] 2011년부터 2012년까지 2년 동안 전국의 종합일간지와 주요 텔레비전 뉴스를 대상으로 살인, 강간, 절도, 사기의 4개 범죄를 키워드로 검색합니다. 그렇게 찾아낸 범죄 기사를 범죄자의 국적에 따라 분류한 것입니다.

〈표9〉는 그 결과입니다. 2만 1,866건의 범죄 기사 중 1,690건(7.7%)이 피의자가 외국인임을 명시한 기사였습니다. 같은 기간 경찰청 자료에 따르면 68만 6,629명이 범죄를 저질렀고 그중 6,508명(0.9%)이 외국인이었습니다. 보도 비율을 따져보면, 범죄자 수 100명당 범죄 기사 수가 한국인의 경우 3건이었던 반면 외국인의 경우는 26건이었습니다. 외국인 범죄에 대한 보도 비율이 8.67배 높은 것입니다.

실제 2011년, 2012년 내국인과 외국인의 범죄율을 비교해보면 어떤 기준으로 하더라도 내국인의 범죄율이 외국인보다

표9 범죄자의 외국인 여부에 따른 언론 보도 비율(2011.01.01~2012.12.31)[7]

	외국인		내국인		보도 비율		
	범죄기사 수	범죄자 수	범죄기사 수	범죄자 수	외국인	내국인	외국인/내국인 범죄 보도 비율
절도	64	3,197	3,755	210,417	2.0	1.8	1.11
사기	212	2,480	5,860	432,721	8.5	1.4	6.07
살인	1,030	178	4,884	2,132	578.7	229.1	2.53
강간·강제추행	384	653	5,677	34,851	58.8	16.3	3.61
전체	1,690	6,508	20,176	680,121	26.0	3.0	8.67

우리 몸이 세계라면

높습니다. 예를 들어, 2011년 1년 동안 경찰청 범죄 통계에 따르면 한국인은 100명 중 3.52명이, 외국인은 100명 중 1.83명이 범죄를 저질렀습니다. 살인, 강도, 강간·강제추행과 같은 강력범죄로 한정해 범죄자 비율을 살펴보더라도 한국인은 100명 중 0.84명, 외국인은 100명 중 0.58명입니다. 외국인이 범죄를 저지르지 않는다거나 한국인보다 선하다고 주장하는 것이 아닙니다. 다만, 한국인의 범죄율이 외국인보다 압도적으로 높은 상황에서 외국인 범죄에 대한 두려움이 한국사회에 널리 퍼진 데에는 언론의 편향적인 보도가 중요한 역할을 했을 수 있다는 이야기지요. 영화나 드라마에서 부정적인 모습으로 외국인을 묘사하거나 언론을 통해 외국인의 범죄가 더 부각되거나 빈번하게 보도되는 것은 이러한 편견을 강화했을 거라고 생각합니다.

제도적 차별

인종차별은 어떻게 차별받는 이의 삶에 영향을 미칠까요? 이 질문에 대해 2000년, 하버드대학의 카마라 존스Camara P. Jones 교수는 「인종차별의 수준: 이론적 모형과 정원사 이야기Levels of racism: a theoretic framework and a gardener's tale」라는 논문을 출판합니다.[8] 인종차별에 대한 보건학 연구가 태동하던 당시, 존스 교수는 다양한 층위의 인종차별이 차별받는 사람을 아프게 할 수 있다는 점을 어떻게 이야기 나눌 수 있을지 고민했습니다. 미국에서 흑인 여성 교수로서 살아가며 누구보다 그 문제를 절감했을 존스 교수는 차별을 세 층위인 제도적·개인적·내재적 차별로 나누고, 그 내용을 일상어와 비유로 풀어냅니다.

카마라 존스 교수는 논문에서 얼마 전 집에서 키우기 위해 화분을 두 개 샀다는 이야기로 시작합니다. 분홍 꽃이 피는 씨앗과 빨간 꽃이 피는 씨앗을 각각 심었다고요. 얼마 뒤 빨간 꽃은 싱싱하고 아름답게 피어납니다. 그런데 분홍색 꽃은 볼품없이 시들시들한 상태로 남아 있었습니다. 사람들은 분홍 꽃보다 빨간 꽃이 더 아름답다고 말합니다. 사람들은 점점 빨간 꽃을 선호하게 되고, 정원은 빨간색으로 가득해집니다. 두 꽃의 상태가 달랐던 이유는 화분에 들어간 흙이 달랐기 때문입니다. 새로 사온 거름이 가득한 흙을 빨간 꽃 화분에만 주었기 때문이지요.

제도적 차별Institutionalized Racism에 대한 비유입니다. 열악한 주거와 노동 환경은 물론이고, 흑인 교수나 흑인 국회의원 숫자가 부족한 현실 역시 미국의 흑인들에게 지대한 영향을 미칩니다. 흑인 공동체의 문제가 연구되지 않고 흑인들의 목소리가 정치권에 전달되지 않을 뿐 아니라, 주변에 성공한 롤모델이 없는 흑인 어린이들은 자신이 교수나 정치인이 될 수 있다는 생각을 하지 못하게 됩니다. 이런 상황에서 더 똑똑하고 유능한 흑인 학생들과 정치인이 나와야 문제가 해결될 수 있다고

우리 몸이 세계라면

말하는 사람들이 있습니다. 이는 피어난 꽃의 아름다움만을 보고 화분의 흙이 어떻게 달랐는지를 묻지 않는 사고방식입니다. 흑인의 주거와 교육 환경에 대해 질문하지 않는 것이지요. 제도적으로 열악한 환경에서 살아가는 흑인들이 자신의 능력을 발휘하기란 쉬운 일이 아닐 테니까요. 제도가 개선되지 않는 한 악순환은 반복될 수밖에 없습니다.

제도적 차별은 사회적 약자가 서 있는 무대가 얼마나 차별적인 것인가에 대한 이야기입니다. 한 무대에서 평생을 살아가는 사람은 제도적 차별을 인지하기가 상대적으로 쉽지 않습니다. 자신이 처한 상황을 비교해서 볼 수 있는 다른 세상을 경험하지 못했기 때문이지요. 하지만 당장 눈에 보이지 않더라도, 제도적 차별은 삶 전반에 상시적으로 영향을 미치고 있습니다. 그리고 보이지 않던 차별이 수면 위로 떠올라 부각되는 순간이 있습니다.

'카트리나'는 2005년 미국 남부를 덮친 허리케인의 이름입니다. 카트리나로 인해 미국의 남부 루이지애나에서는 6만 명이 넘는 이재민이 발생했고, 1,000명이 넘는 사람이 사망했습니다. 2008년 존 브룬커드Joan Brunkard 박사 연구팀은 「루이지애나의 2005년 허리케인 카트리나로 인한 사망Hurricane Katrina Deaths, Louisiana, 2005」이라는 논문을 출판합니다.[9] 급박한 재난의 시기가 지나고, 사망자 대다수의 신원이 파악되었을 때 과연 이 재난으로 가장 큰 피해를 입은 집단은 누구인지 자세히 들여다보기 위해 진행된 연구였습니다.

　여러 데이터베이스를 통해 카트리나로 인해 루이지애나에서 사망한 971명의 데이터를 연령별·인종별로 나누어본 것이지요. 그 결과 가장 사망할 위험이 높았던 집단은 다름 아닌 흑인 노인이었습니다. 전체 사망자의 절반이 넘는 682명이 사망했던 올리언스 지역을 기준으로 18세 이상 모든 연령대에서 흑인은 백인에 비해 1.7배에서 4배가량 사망률이 높았던 것이지요. 이러한 사망률의 차이에는 여러 이유가 있을 겁니다. 하지만 가장 근본적인 이유는 흑인이 태풍, 홍수로 인한 피해에 더 취약하고 위험한 지역에 살고 있었다는 점입니다.

　이처럼 지역별로 거주하는 인종의 비율이 다른 현상을 '인종분리racial segregation'라고 합니다. 미국을 예로 들면, 모든 지역에 같은 비율로 흑인과 백인이 있을 필요는 없고, 인종분리 자체는 나쁜 것도 좋은 것도 아닐 수 있습니다. 문제는 흑인이 많은 지역일수록 그 지역의 교육 환경이 나쁘고 좋은 일자리가 드물고 치안이 불안한 경우가 많다는 점입니다. 이는 지역별 인종 비율이 무작위로 정해진 것이 아니라 역사 속에서 인종 권력 관계를 반영해 생겨났기 때문입니다.

　1950년, 알프레드 얀쿠어Alfred Yankqauer 박사가 뉴욕시에서 흑인이 많이 거주하는 지역일수록 그 지역에서 흑인과 백인을 모두 포함해 영아 사망률이 높아진다는 결과를 보고한 이후[10], 여러 학자들이 인종분리 현상이 건강에 미치는 영향을 연구했

　　　　　　　　　　　　　　　우리 몸이 세계라면

습니다.[11·12] 특히 2000년대 이후로는 지역사회와 개인의 특성을 동시에 감안하는 다수준 분석multi-level analysis을 통해 거주지역의 인종분리가 그 지역 거주민들의 건강을 해친다는 연구들이 나오기 시작했습니다. 개개인의 학력, 소득, 인종 등이 동일하더라도 인종분리가 심각한 지역에 거주하는 사람의 건강이 더 나쁘게 나타났습니다. 흑인들이 많이 거주하는 지역일수록 그 지역의 사회적 환경이 열악하기 때문이지요.[13·14·15]

예일대학의 르네 메흐라Renee Mehra 교수 연구팀은 주거 지역의 인종분리에 대한 42편의 연구를 검토한 논문을 출판합니다. 흑인이 많이 거주하는 지역에서 살고 있는 흑인 산모는 흑인의 비율이 낮은 지역에 거주하는 흑인 산모에 비해 조산아를 출생할 위험이 1.2배, 저체중아를 출산할 위험이 1.17배 증가한다고 보고하고 있습니다.[16] 흑인이 모여 사는 지역에 거주하는 흑인일수록 조산아나 저체중아로 태어날 위험이 높아진다는 결과입니다.

이러한 제도적 차별을 인지하고 질문을 던지는 일은 간단치 않습니다. 많은 이들이 자신이 태어나고 성장한 조건을 주어진, 바꿀 수 없는 것으로 생각하기 때문입니다. 우리는 "제도가 사람을 모욕할 때" 그것을 모욕이라고 인지조차 하지 못하는 경우가 많습니다.[17] 그러나 사람이 태어난 장소에 따라 삶을 시작하는 신체적 조건과 사망률이 달라진다는 사실은 명백한 제도적 차별입니다. 우리가 쉽게 보이지 않는 사회적 폭력에

촉각을 세우고 질문해야 하는 이유입니다.

개인적 차별

카미라 존스 교수는 자신의 비유에 빨간 꽃을 선호하는 정원사를 등장시킵니다. 분홍 꽃을 싫어하는 것은 아니지만, 빨간 꽃이 훨씬 예쁘다고 생각하는 정원사는 빨간 꽃을 돌보는 일에 더 많은 시간과 정성을 쏟습니다. 어쩌다가 바람이 불어 분홍 꽃의 씨앗이 영양분이 많은 빨간 꽃 화분으로 날아가면, 정원사는 빨간 꽃 사이에 피는 분홍 꽃이 어울리지 않을 것 같아 그 씨앗을 걷어냅니다. 영양분이 가득한 화분에는 빨간 꽃만이 남게 되지요.

학교와 직장에서 인종차별을 경험하는 사람들은 스스로에 대한 자존감을 잃게 될 뿐 아니라, 자신의 역량을 발휘할 기회조차 박탈당하게 됩니다. 같은 노력을 기울여도 평가를 하는 이들이 인종에 대한 편견을 가지고 있다면 공정하게 인정받기 어렵기 때문입니다. 그런 경험이 반복되면서 결국 많은 이들이 원하고 사회적으로 선망의 대상이 되는 직업은 그 사회의 기득권인 '인종'들로 가득해집니다. 빨간 꽃만이 남게 되는 것이지요.

2003년 디바 페이저Devah Pager 교수는 「범죄기록의 흔적The Mark of a Criminal Record」이라는 논문을 《미국사회학회지》에 출판

우리 몸이 세계라면

합니다.[18] 미국사회에 큰 충격을 남긴 이 연구는 흑인 남성 2명과 백인 남성 2명을 고용하여 구직 과정의 인종차별을 측정합니다. 4명의 남성은 모두 23세로 같은 나이였고, 외모와 말투가 비슷한 같은 지역 출신 사람들이었습니다. 학력과 거주지역도 모두 동일한 것으로 설정했습니다. 그들에게 매주 무작위로 선정해 거짓 범죄기록을 부여합니다. 범죄 내용은 판매를 목적으로 코카인을 가지고 있다가 잡혀 18개월 동안 감옥에서 복역을 하고 나온 것입니다. 지역 신문과 인터넷 사이트에 나온 구인광고를 보고 총 350개 업체에 직접 찾아가 과거 범죄기록이 포함된 지원서류를 작성합니다. 주로 웨이터, 매장 판매직원, 운전기사와 같은 일이었습니다. 연구팀은 이후 고용주들이 누구에게 취업 제안을 하거나 면접을 위해 다시 전화를 주는지 확인하고 인종별로 비교합니다.

그 결과는 〈그림12〉와 같습니다. 범죄기록이 없는 백인은 34%가 연락을 받았고, 범죄기록이 있는 백인은 17%가 연락을 받았습니다. 백인의 경우 범죄기록이 있을 경우 고용 가능성이 절반으로 줄어든 것이지요. 흑인 구직자들의 결과는 놀라웠습니다. 범죄기록이 없는 경우 14%가 연락을 받았는데, 범죄기록이 있는 경우에는 그 수치가 5%로 떨어졌습니다. 고용 가능성이 3분의 1(1/3)로 줄어든 것입니다. 여기에서 주목할 점은 범죄기록이 있는 백인이 범죄기록이 없는 흑인보다 더 많은 연락을 받았다는 점입니다. 미국사회에서 흑인의 구직 활동은 범죄

그림12 인종별 범죄기록이 구직에 미치는 영향[18]

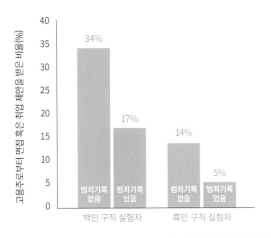

기록이 있는 백인보다 더 큰 어려움을 감수해야 한다는 결과입니다.

　몇 년 전 아프리카 가나 출신 방송인인 샘 오취리 씨가 방송에 나와 자신이 한국에서 겪었던 인종차별에 대해 이야기하는 걸 본 적이 있습니다. 처음 한국에 왔을 때 공용어가 영어인 환경에서 자란 오취리 씨는 영어 강사 일자리가 가장 먼저 눈에 들어왔다고 합니다. 그런데 매번 전화로 인터뷰를 잘 마치고 나면, 마지막에 물어오는 것은 흑인인지 백인인지에 대한 질문이었다고 합니다. 흑인이라고 밝히면 "죄송하지만 함께하기 어려울 것 같습니다"라고 답이 돌아왔습니다. "저희 학원에서 흑인 선생님은 원치 않습니다"라는 게 그 이유였습니다. 디

바 페이저 교수의 사례가 노동시장에서 편견에 기반을 둔 인종차별이 어떻게 구조적으로 작동하는지 보여주고 있다면, 오취리 씨의 사례는 구직 과정에서 고용주에게서 직접 경험하는 개인 수준의 인종차별Personally Mediated Racism의 사례를 보여주고 있습니다.

이처럼 피부색을 이유로 사람들로부터 거부당하고 배제당하는 인종차별 경험은 인간의 몸을 어떻게 바꿀까요? 스트레스 연구자인 브루스 매큐언Bruce S. Mcewen 교수는 1998년《뉴잉글랜드의학저널》에 출판한 「스트레스 매개체의 보호와 위해효과Protective and Damaging Effects of Stress Mediators」라는 논문에서 그 단서를 제공합니다.[19]

예를 들어, 10만 년 전 구석기 시대 인간이 밀림에서 사자와 같은 맹수를 만났다고 해보지요. 저 멀리 사자가 보이고 자신이 안전하지 않다는 사실을 지각할 때, 인간의 몸은 변화합니다. 싸우거나 도망가기에 적합한 몸이 되는 것이지요. 심장은 빨리 뛰기 시작하고, 근육이 최대한 움직일 수 있도록 피를 공급합니다. 도망가다가 몸에 상처가 생겨도 그걸 느끼지 못할 만큼 통각이 둔해지고, 당장 살아남는 데 필수적이지 않은 성욕이나 식욕은 줄어듭니다. 그런 과정을 거쳐 맹수와의 충돌을 피하는 데 성공하고 안전한 상태가 되면, 심박수는 원래대로 돌아오고 다시 식욕을 느끼게 됩니다. 잠시 잊었던 상처로 인한 고통도 찾아오지요.

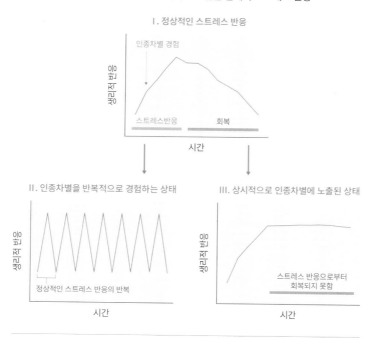

그림13 인종차별 경험과 같은 사회적 폭력으로 인한 신체의 스트레스 반응[19]

I. 정상적인 스트레스 반응

생리적 반응

인종차별 경험

스트레스반응　　　회복

시간

II. 인종차별을 반복적으로 경험하는 상태

생리적 반응

정상적인 스트레스 반응의 반복

시간

III. 상시적으로 인종차별에 노출된 상태

생리적 반응

스트레스 반응으로부터
회복되지 못함

시간

　　이 과정을 표현하면 〈그림13〉의 첫 번째 그림과 같습니다. 맹수와의 물리적 충돌은 없었지만, 스트레스 반응으로 인해 인간의 교감신경계와 내분비계에서 일련의 반응이 일어납니다. 그 위협이 지나가고 나면 인간의 몸은 다시 원래의 상태로 돌아오는 것입니다. 변화하는 환경에서 인간이 생명체로서 살아남기 위한 정상적인 반응입니다.

　　문제는 오전에 사자로부터 겨우 도망왔는데, 그날 저녁에 다시 사자를 만나는 상황입니다. 그리고 그다음 날 아침에 또다시 만나는 거지요. 그럴 때 인간의 몸은 〈그림13〉의 두 번째 그림처럼 변합니다. 인체의 스트레스 반응이 정상으로 돌아갈 틈 없이 계속 반복되는 것이지요. 그게 지속되면, 인간의 몸은 지금 당장 사자가 보이지 않아도 항상 사자와 함께 있는 것처럼 긴장하게 되고 준비를 하게 됩니다. 〈그림13〉의 세 번째 그림입니다. 스트레스로 인한 생리적 반응이 곧 정상으로 돌아갈 일시적 변화가 아니라, 상시적인 새로운 '정상' 상태가 되는 것입니다. 일시적 반응으로 끝나야 할 변화가 지속되면서 인간의 몸은 병리적으로 변화합니다.

기존 연구들은 만성적인 차별에 노출된 사람들의 스트레스 호르몬인 코티졸 수준이 올라가고,[20] 심혈관이 딱딱하게 굳는 석회화가 진행이 될 위험이 높고[21], 염증 반응 수치가 올라간다고[22] 보고하고 있습니다. 이러한 병리적 반응이 지속되면서, 차별을 받는 사람의 몸에는 고혈압, 당뇨병, 우울증 등의 여러 가지 병이 발생하게 됩니다.

저는 연구실 석사과정 김유균 학생과 2012년 정부가 시행한 '다문화 가족 실태조사'를 분석한 논문을 출간한 적이 있습니다. 조사에 참여한 결혼이주민 1만 4,406명 중 41%에 해당하는 5,880명이 외국인이라는 이유로 차별이나 무시를 경험했다고 답했습니다.[23] 차별이 가장 흔히 발생했던 장소는 직장/일터였고, 거리/동네, 상점/음식점/은행이 그다음이었습니다.[24]

한국사회에서 다른 '인종'으로 인식되는 사람들은 직장과 거주지역과 공공기관과 같은 일상생활 공간에서 차별을 경험하거나 차별을 당할 수 있는 환경에 노출되는 것입니다. 사자가 곳곳에서 출몰하거나 사자가 나타날지 모르는 두려움을 가지고 매일매일을 지내게 되는 것입니다. 다수의 한국인에게는 보이지 않는 인종차별이라는 '맹수'가 수많은 사람들의 몸에 상처를 입히고 있는 것입니다.

내재적 차별

마지막으로 내재적 차별Internalized Racism을 설명하기 위해 카미라 존스 교수의 비유에는 꿀벌이 등장합니다. 꽃이 피기 위해서는 수술의 화분이 암술에 옮겨 붙어야 합니다. 그 작업을 돕는 꿀벌이 분홍 꽃에게 다가갑니다. 자신과 닮은 꽃들을 세상에 퍼트릴 기회가 온 것이지요. 그때 분홍 꽃이 말합니다. "내게 오지 마, 분홍 꽃인 나는 아름답지 않아. 내 자손이 아닌 빨간 꽃으로 이 세상을 채워야 해."

사람들은 자신이 살아가는 사회의 질서를 내면화합니다. 그 사회의 권력을 가진 이들이 아름답고 뛰어나다고 규정하는 것들은 그 사회 전체의 표준이 되곤 합니다. 알제리 출신의 정신과 의사 프란츠 파농Frantz Fanon은 이 질문을 치열하게 던진 학자입니다. 그의 책『검은 피부 하얀 가면』은 알제리의 흑인들이 자신들을 식민지로 지배하는 프랑스 백인들의 사고방식과 질서를 내면화하는 과정을 아프게 보여줍니다. 알제리 흑인들은 스스로를 열등하고 아름답지 않은 사람이라고 생각하고, '하얀 가면'을 쓰는 것입니다.

한국에도 이러한 인종차별 질서를 내면화한 모습을 분석한 책이 있습니다. 박경태 교수의 『소수자와 한국사회』에는 당시 '혼혈'이라 불렸던 한국인들에 관한 이야기들이 나옵니다.

> '너는 이런 사람이다'라는 말을 매일 듣게 되면 나중에는 스스로 그것을 믿게 된다. 나는 다른 사람들이 나를 어떻게 대해도 괜찮다고 믿었다. 왜냐하면 나는 인간이 아니라 더러운 아이였기 때문이다. 나는 한국인이 될 수 없었다. 거리에서 살아남는다 해도 직업을 가질 수 없다는 것을 알고 있었다. 내게는 미래가 전혀 없었다.

한국사회는 '혼혈인'들에게 자신의 노력과 무관하게 피부색만으로 스스로를 열등한 2등 시민이라고 낙인찍게 만드는 사회였던 것입니다. 이러한 내재화된 인종차별은 교육, 노동, 사랑까지 삶의 전면에서 스스로의 삶을 옥죄는 효과를 가져옵니다. 자신이 가치 있는 존재가 아니라고 스스로 믿게 만드니까요.

카마라 존스 교수의 연구는 세상에 세 가지 유형의 인종차별만이 있다는 의미는 아닐 거예요. 차별받는 사람의 몸과 건강을 이해하기 위해서는 겹겹이 쌓인 다양한 층위의 차별 경험을 고려해야 한다는 것입니다. 거름이 가득한 화분에서 자라는 빨간 꽃의 아름다움에 감탄하는 일은 어려운 일이 아닙니다. 하지만 영양분이 부족해 싱싱한 꽃을 피우지 못하는, 정원사의 손길이 가닿지 못해 잡초에게 그 자리를 뺏기는, 그러면서도 스스로의 가치를 확신하지 못해 다가오는 꿀벌을 거부하는 분홍 꽃의 아름다움을 알아가는 일은 노력과 인내를 필요로 합니다.

인종은 존재하지 않지만, 인종차별은 강력한 실재입니다

인종은 오늘날 생물학적으로 폐기된 개념입니다. 인종은 인간을 이해하는 데 있어 편리한 개념이지만 과학적으로 근거 없는 잘못된 편견이기 때문입니다. 노스캐롤라이나대학의 인류학자인 조너선 마크스Jonathan Marks 교수는 그의 책 『인종주의에 물든 과학』에서 말합니다.[25]

인종이 사람 종의 자연적인 구분 단위가 아니라면, 그렇다면 인종이란 무엇일까? 인종은 고정관념이다. 실제로 직접 알아보지 않고, 누군가에 대해 무엇인가를 알아내기 위해 사람들이 사용하는 많은 방법 중 하나다.

하지만 인종차별은 인종과 달리 명백하게 실재하는 개념입니다. 전 세계적으로 인종차별은 정치적·사회적으로 거대한 힘을 발휘하고 인간의 몸과 삶을 파괴하고 있습니다. 한국도 예외일 리 없습니다. OECD 국가 중 다른 인종에게 가장 적대적인 한국인들이 한국사회의 인종차별을 심각한 문제로 생각하지 않는다면, 그것은 그 가해 행위가 문제로 인지되지 않을 만큼 한국사회에 인종차별이 깊게 스며들어 있기 때문일 것입니다.

이러한 차별이 극명하게 드러나는 지점은 언어입니다. 나쁜 의도가 아닐지언정 흑인 남성을 두고서 '흑형'이라고 부르는 일은 사라져야 합니다. 콩고 출신 난민인 한 젊은이는 '할아버지, 아저씨 할 것 없이' 흑형이라고 부르는 소리를 들을 때마다 상황에 맞지 않고 거북했다는 이야기를 털어놓기도 했습니다. 한국인과 외국인 사이에서 태어난 이들을 지칭하는 '혼혈'이라는 단어는 서로 다른 피가 섞였다는 뜻입니다. 이는 뒤집어보면, 한국인 부부 사이에서 태어난 아이는 다른 피가 섞이지 않은 순수한 한국인이라고 가정하고 있는 셈입니다. 잘못된 명칭이지요. '순수한 피'를 가진 사람은 존재하지 않으니까요.

어떤 사회에서도 소수자에 대한 인권 감수성이 그냥 주어진 역사는 없었습니다. 다수자로 살아가는 사람들은 그 사회의 많은 부분이 공기처럼 자연스럽게 존재하고 있다고 느끼기 때문에, 그 세계의 질서가 누군가를 상처 입힐 수 있다고 생각하지 못합니다. 하지만 때리는 줄 모르고 던진 돌도 맞는 사람 입장에서 아프기는 매한가지이지요. 그래서 다수자 입장에서는 과도하다고 생각되는 문제 제기가 계속되어야 합니다. 그것이 소수자 입장에서는 최소한의 자존을 지키기 위한, 절박한 생존의 문제일 수 있기 때문이지요.

혹시라도 왜 그리 불편한 긴장을 계속 감당해야 하느냐고 묻는 다수자인 한국인이 있다면, 한반도만 벗어나면 한국인은 전 세계 모든 곳에서 소수자라는 사실을 함께 기억했으면 합니다.

04

끝

죽음의 한가운데

끝

죽음의 한가운데

있는 삶

─────── 우리 모두는 언젠가 죽습니다. 죽음은 인간을 하나로 묶는 공통 분모이지요. 이 장에는 죽음에 대한 세 편의 글이 모여 있습니다. 첫 번째 글은 가장 많은 한국인을 죽음에 이르게 하는 질병인 암을 이야기합니다. 암의 발생 원인과 그로 인한 죽음의 원인을 이야기하면서, 죽음의 불평등과 사회의 역할에 대해 질문합니다. 두 번째, 중세 유럽 인구의 3분의 1을 사망에 이르게 했던 흑사병을 다루면서, 원인을 알 수 없는 죽음의 공포 앞에서 당시 사람들은 어떻게 대응했는지를 이야기합니다. 마지막으로, 죽음의 주도권을 의학에 넘겨주면서 죽음을 삶의 일부로 받아들이는 법을 잃어버린 현대인의 죽음에 대해 이야기합니다. ───────

가장 많은 이를 죽음에 이르게 하는 병

: 암으로 읽는 질병의 원인과 죽음의 원인

> 건강과 질병을 포함한 모든 생명현상은
> 유전자의 발현을 포함한다.
> 문제가 되는 것은 이 유전자가 발현되도록
> 만드는 사회 생태적 맥락에 대한 무지다.
> —낸시 크리거, 『사회역학』

일란성 쌍둥이가 서로 다른 환경에서 살아간다면

: 유전자가 암 발생에 미치는 영향

우리는 어떤 병으로 죽게 될까요? 물론 아무도 알지 못합니다. 다만, 통계를 통해 그 확률을 예측해볼 수는 있습니다. 한국인은 암에 걸려 죽을 가능성이 가장 높습니다. 2017년 통계에 따르면 한국에서 암은 압도적으로 높은 사망원인 1위이고, 그 뒤를 심장질환, 뇌혈관질환, 폐렴이 잇고 있습니다. 2위부터 4위까지의 원인으로 사망한 사람의 숫자를 합한 것보다 1위인 암으로 죽는 사람의 숫자가 더 큽니다.

폐암, 대장암, 유방암 등 다양한 이름으로 불리는 이 병들은 어떤 공통점이 있기에 모두 암으로 분류되는 걸까요? 암은 우리 몸에서 유전정보를 담고 있는 DNA에 변형mutation이 일어나 세포가 정해진 시기에 죽지 않고 계속 번식해서 생겨나는 병입니다. 암이 DNA 변형으로 시작되기 때문에, 많은 사람들은 DNA가 담고 있는 유전정보가 암 발생의 핵심적인 요인이라고 생각합니다. 일반적으로 이렇게 생각하는 이유는 가족력 때문이기도 합니다. 예를 들어, 부모님이 특정 암으로 사망했을 경우 많은 사람들은 자신도 그 암에 걸릴 수 있다는 것을 경험적으로 알고 있으니까요. 그런데 부모와 자식이 같은 병에 걸렸다고 해도, 그것이 유전 때문인지 밝혀내는 일은 간단치 않습니다. 부모와 자식은 유전정보의 일부를 공유하기도 하지만 생활환경도 공유하기 때문입니다. 같은 집에서 살고 같은 음식을 먹는 것은 물론이고, 가족 중 한 사람이 흡연자면 그 흡연으로 인한 영향도 함께 받습니다.

그렇다면 유전적 요인은 암 발생을 얼마만큼 설명할 수 있을까요? 2000년 《뉴잉글랜드의학저널》에 출판된 논문인 「암 발생에서의 환경적 원인과 유전적 원인Environmental and heritable factors in the causation of cancer」은 이 질문을 탐구한 연구 결과입니다. 연구팀은 유전자와 환경적 요인이 독립적으로 암 발생에 영향을 미친다고 가정한 채, 그 요인들의 영향력을 설명하기 위해 쌍둥이 데이터를 분석했습니다.[1] 일란성 쌍둥이 데이터는 유전자가 동일하기 때문에 유전적 요소를 통제한 데이터를 확보할 수 있다는 점에서 환경적 요인이 얼마만큼 질병 발생에 영향을 미쳤는지 검토하는 데 큰 도움이 됩니다. 그동안은 연구에 참여한 쌍둥이의 숫자가 충분치 않았고 또 그들의 암 발생을 측정할 만큼 오랜 기간 검토한 데이터가 없다는 게 큰 약점이었습니다. 이 연구는 오랜 기간 쌍둥이에 대한 건강 데이터를 수집해온 스웨덴, 덴마크, 핀란드의 세 개 국가 연구자들이 각자의 데이터를 모두 합쳐 4만 4,788쌍의 쌍둥이 데이터를 분석할 수 있었습니다.

쌍둥이 중에는 하나의 수정란에서 시작되어 유전자가 동일한 일란성 쌍둥이와, 처음부터 두 개의 수정란에서 시작되어 유전자가 50%만 일치하는 이란성 쌍둥이가 있습니다. 두 명의 쌍둥이가 모두 같은 부위에서 암이 발생할 확률을 '일치율 concordance'이라고 부를 때, 만약 암의 일치율이 일란성 쌍둥이가 이란성 쌍둥이에 비해 높은 경우, 암 발생은 유전자가 원인일 가능성이 높습니다. 유전자가 동일한 일란성 쌍둥이 집단에서 같은 부위에 암이 발생할 확률이 높다는 이야기이니까요.

만약 일란성 쌍둥이와 이란성 쌍둥이의 암 일치율이 동일하다면, 그것은 그 암들이 유전자가 아닌 다른 외부 요인에 의해 발생했을 것이라고 추정할 수 있습니다. 유전자의 차이가 있지만, 그 차이가 암 발생의 차이로 이어지지 않았기 때문이지요. 여기서 외부 요인은 쌍둥이가 '공유하는 환경 shared environment'입니다. 예를 들어 부모의 흡연으로 인한 간접흡연이나 건강하지 못한 식단 같은 것입니다.

마지막으로 일란성·이란성 쌍둥이 모두 암의 일치율이 낮다면, 즉 쌍둥이 중 한 명이 암에 걸리는 것이 나머지 한 명이 암에 걸리는 것과 연관성이 없다면, 그것은 유전적 요인도, 그 둘이 공유한 환경도 아닌 제3의 요인으로 인해 암이 발생했을 가능성을 뜻합니다. 연구팀은 이러한 요소를 '공유하지 않은 환경non-shared environment'이라고 부릅니다. 여기에는 성인이 되어 각기 다른 환경에서 일하다 한 명이 석면 노출 등으로 인해 폐암에 걸리는 경우는 물론이고, 나이가 드는 과정에서 DNA에 무작위로 변형이 생기는 경우도 포함합니다.

연구자는 주요 암의 발생 원인을 이처럼 유전적 요인, 공유하는 환경, 공유하지 않은 환경의 세 가지 요소로 나누어 각각의 비중을 보여줍니다. 그 결과는 〈표10〉과 같습니다. 암 발생에 있어 유전적 요인의 비중이 통계적으로 유의하게 높게 나타난 암은 유전적 요인이 42%인 전립선암, 35%인 대장직장암, 27%인 유방암 세 가지입니다. 기존의 여러 연구들과 일치하는 결과이지요. 연구자들은 이를 두고서 유전적 요인의 비중이 높은 질병이라고 생각되는 암의 경우에도, 환경적 요인의 비중이 모두 50%가 넘는다는 점에 주목합니다. 모든 암에서 두 쌍둥이가 공유하지 않는 환경적 요인의 비중이 50%가 넘고 모두 통계적으로 유의하게 나왔기 때문입니다. 이러한 결과를 바탕

표10 쌍둥이 연구에서 암 발생 변이를 설명하는 요인[2]

	유전적 요인(%)	쌍둥이가 공유하는 환경적 요인(%)	쌍둥이가 공유하지 않은 환경적 요인(%)
위암	28	10	62
대장직장암	35	5	60
폐암	26	12	62
유방암	27	6	67
전립선암	42	0	58

으로 연구자들은 대부분의 암 발생에서 가장 주요한 원인은 환경적인 것이라고 결론 내립니다.[2]

이 결과를 바탕으로 한국인의 암 발생에 대해 설명을 할 때, 주의할 점이 한 가지 있습니다. 암 발생에 미치는 유전적 요인의 비중은 사회마다 다르기 때문입니다. 예를 들어, 이 연구에서 유전적 요인은 폐암 발생을 26%가량 설명하는 것으로 드러났습니다. 그러나 흡연율이 높은 사회에서는 흡연으로 인한 폐암 발생이 늘어나기 때문에 상대적으로 유전적 요인으로 인한 폐암 발생 비중은 줄어들게 됩니다. 2016년 기준으로 스웨덴의 흡연율은 9%이지만 한국의 흡연율은 그 2.5배가 넘는 23.9%입니다. 즉, 한국인의 폐암 발생에서 유전적 요인의 역할은 스웨덴의 경우보다 훨씬 작을 가능성이 높습니다. 연구가

우리 몸이 세계라면

진행된 북유럽 국가에 비해 높은 흡연율뿐 아니라 대기오염이나 작업장 내 발암물질 노출 등과 같이 위험한 환경에 더 많이 노출되는 한국인을 대상으로 같은 연구를 진행한다면, 암 발생에서의 환경적 요인의 비중이 이 연구 결과보다 더 크게 나타날 것이라고 생각합니다.

운이 나빠서 암에 걸린 것일까

누군가 암에 걸렸을 때, 그 이유에 대해 가장 많이 하게 되는 생각 중 하나는 '운이 나빴다'라는 것입니다. 원인을 명확히 알 수 없는 고통스러운 상황에서 불운을 탓하는 것은 새로운 일이 아닙니다. 2015년 《사이언스Science》에는 「줄기세포 복제 횟수에 따라 암 위험은 설명될 수 있다Variation in cancer risk among tissues can be explained by the number of stem cell divisions」라는 제목의 논문이 발표됩니다.[3] 이 논문이 논란이 된 것은 암의 가장 큰 원인이 '불운bad luck'이라고 주장했기 때문입니다. 존스홉킨스대학의 응용수학자와 종양내과 의사가 발표한 이 논문의 핵심은 정상세포가 세포분화를 하는 총 횟수가 많을수록 암에 걸릴 위험이 높다는 통계 분석의 결과입니다. 이 결과를 두고 논문의 초록에서 저자들은 다음과 같이 말합니다.

이러한 결과들은 조직에서 암이 발생하는 위험 중 오직 3분의 1만이 환경적 원인이나 유전적 원인에 의한 것이라는 점을 시사한다.(These results suggest that only a third of the variation in cancer risk among tissues is attributable to environmental factors or inherited predispositions.)

즉, 우리가 암에 걸리는 이유는 유전도, 생활습관도, 환경도 아닌 무작위로 생겨난 불운 때문이라는 주장이었습니다.《뉴욕 타임스》는 이 연구를 〈암의 무작위 공격Cancer's Random Assault〉이라는 제목의 기사로 보도하고, 온 세상이 떠들썩해집니다. 흡연이 폐암이 원인이고 잘못된 식이습관이 대장암을 유발할 수 있다는 수많은 연구들과 충돌하는 것처럼 보였으니까요.

논란이 불거지자, 논문의 두 저자는 존스홉킨스대학 홈페이지를 통해 성명서를 냅니다.[4] 성명서에서 저자는 자동차 사고를 비유로 사용해서 암 발생을 설명합니다. 암 발생에 기여하는 유전적인 요인은 자동차의 내구성이 떨어지거나 타이어가 약한 것을 의미하고, 환경적 원인은 도로가 제대로 정비되지 않은 것에 해당합니다. 그 둘은 모두 사고의 위험을 높이지만, 그와 함께 자동차가 운전한 거리가 늘어날수록 사고가 날 위험 역시 늘어난다는 것입니다. 아주 짧은 거리를 운전하면 사고의 위험이 거의 존재하지 않을 테니까요. 이 비유에서 운전한 거리가 바로 세포 복제횟수에 해당합니다.

요약하자면, 자동차로 여행을 다니는 거리가 길어질수록 사고의 위험이 높아지는 것처럼, 우리 몸도 시간이 지나며 세포

우리 몸이 세계라면

가 더 많이 분화될수록 DNA 변형이 일어날 가능성이 높아지고 그로 인해 암에 걸릴 확률이 높아진다는 것을 의미한다는 것입니다. 연구진은 세포 분화 과정에서 무작위적으로 생겨나는 DNA 변형을 '불운bad luck'이라고 표현했던 것이지요.

그러나 여러 언론 매체를 통해 이 연구가 소개되면서 사람들은 '암은 어차피 운이 나쁜 사람이 걸리는 거야'라는 식으로 받아들입니다. 이런 현상을 우려한 세계보건기구 암연구센터 WHO International Agency for Research on Cancer는 논문이 출판된 직후 성명서를 발표합니다.[5] 그 성명서는 '운이 나빠서 암에 걸린다'라는 설명으로는 식도암이 서부 아프리카에서는 드물지만 왜 동부 아프리카에서는 흔한지, 지난 20년 동안 일본에서 대장 직장암 발생률이 왜 4배나 증가했는지는 설명할 수 없다고 지적합니다. 무엇보다도 기존의 연구 결과를 종합해볼 때 생활습관과 생활환경을 보다 안전하게 바꾸면 암 발생을 절반 가까이 줄일 수 있다는 점을 강조합니다.

왜 가난한 사람들이 나쁜 습관을 가지는가
: 음주, 흡연 등 생활습관이라는 원인에 관하여

암은 발암원에 오랜 기간 노출됨으로써 발생하는 만성질환으로서 많은 경우 예방이 가능하다. 사실 암을 예방하는 방안들은 이미 잘 알려져 있고 돈이 드는 일도 아니다. 대부분은 생활습관과 관련된 것이고,

실천을 하지 않는 게 문제이다.[6]

수십 년 동안 암 환자를 치료한 한 대학병원 종양내과 의사의 신문 기고글 중 일부입니다. 흡연, 음주 등과 같은 나쁜 생활습관이 암의 원인이고, 이러한 습관을 바꾸면 암을 예방할 수 있다는 의사의 충고는 신문과 방송에서 어렵지 않게 볼 수 있습니다. 그리고 수많은 연구들이 이 주장을 뒷받침하고 있습니다.[7·8]

하지만 저는 이 의사의 충고에 온전히 동의할 수 없습니다.[9] 흡연이나 음주가 위험하지 않기 때문이 아닙니다. 질병의 진짜 원인이 개인의 생활습관이라는 통찰은 보다 큰 그림에서 보지 않으면, 결국 당사자가 '실천을 하지 않는 게 문제'라는 결론에 도달하기 때문입니다. 그런 관점에서 병원에서 환자를 진료하는 의사 입장에서는 흡연과 음주와 같이 암의 원인이 되는 생활습관을 가진 이들이 답답할 수 있습니다. 흡연, 음주 등 나쁜 생활습관은 자신의 수명을 단축시키는 게 분명한 행동이니까요.

2005년 《중독Addiction》에 출판된 한 연구는 기존의 연구 19편을 분석해서, 왜 의사들이 환자들에게 금연을 권고하는 일에 대해 부정적인지를 정리했습니다. 의사들이 금연 권고가 효과적이지 않다고 대답한 이유는 시간이 너무 많이 소비되기 때문이라고 대답한 비율(42%)이 가장 높았고, 그다음으로 효과가 없기 때문이라고 대답한 비율(38%)이 높았습니다. 경험상 진료 시간 동안 만나는 것만으로 환자의 생활습관을 바꾸는 것이 어렵다는 것을 알기 때문이지요.[10]

인간의 모든 행동은 사회적 환경의 영향을 받습니다. 요크 대학의 힐러리 그라함Hilary Graham 교수는 장기간에 걸친 여성 흡연자에 대한 관찰연구를 통해, 저소득층 여성이 흡연을 하게 되는 이유를 정리합니다. 아이를 직접 돌보며 일을 해야 하고, 항상 경제적 압박에 시달리며, 인간관계에서 감정적 지지를 받기 어려운 상황에서, 저소득층 여성에게 흡연은 이러한 사회적 압박을 감당하기 위한 수단이라는 결론입니다.[11,12] 이러한 인식이 중요한 이유는 그라함 교수가 말하듯이, 흡연을 하게 되는 사회적 환경을 바꾸지 않고 저소득층 여성에게 금연을 권하는 것은 효과적인 대책이 될 수 없기 때문입니다. 이는 상대적으로 다른 선택이 가능한 고소득층 여성의 경우에만 효과가 있기에, 소득수준에 따른 흡연율의 불평등이 커지는 효과를 낳을 뿐인 거지요.[13]

가정의학과 의사이자 의료인류학자인 김관욱 선생이 흡연자를 비난하는 사회에 비판적인 이유도 그와 다르지 않습니다. 고된 삶 속에서 다른 사회적 대안이 없는 이들에게 흡연이 때론 유일한 선택지이기도 하니까요. 그의 글에 등장하는 여성 흡연자 중 병실을 이탈해서 담배를 피우던 60대 초반 김가람(가명) 할머니와 30대 초반 콜센터 상담사인 송수정(가명) 님의

이야기가 기억에 남습니다.[14]

> (빚 보증을 잘못 서서 우울증과 뇌경색을 앓고 나서) 남편이 내가 하도 우울하고 힘들어하니까 피우라고 했지…. 그래서 피웠는데 심리적으로 가라앉았다고 해야 되나? 그때는 그게 약이었지. 심리적으로 압박 받는데 누구한테 화를 낼 수도 없고, 그럴 때 담배를 피우면 피우자마자 주욱 하고 가라앉았지.
>
> ―김가람(가명, 60대)

> 여기는 근무 특성상 가려진 곳에서 혼자 전화를 받는다. 그래서 진짜 미친 고객이 마구 뭐라고 하면 '뭐, 어쩌라고'라며 혼자 속으로 삭힌다. 그리고 나서 전화를 끊고 바로 흡연장으로 온다. 전에 고객 서비스팀에서 6개월간 근무한 적이 있다. 불만을 접수하는 파트인데 아침 8시부터 밤 11시까지 근무했다. 너무 스트레스가 많아서 하루에 1갑씩 담배를 피웠다.
>
> ―송수정(가명, 30대)

이 두 사례를 두고, '(금연) 실천을 하지 않는 게 문제'라는 말을 할 수 있을까요? 누구에게도 화를 낼 수 없지만 도저히 감당할 수 없는 충격에 남편이 권하는 담배를 피운 할머니와, 고객과의 관계에서 감정노동에 시달리지만 충분한 여유 시간을 두고 스스로의 마음을 가라앉힐 여유가 없는 여성 노동자에게 담배는 무슨 의미일까요? 이들의 흡연을 미화하는 것이 아닙니다. 그들이 살아가는 삶의 조건에 대한 이해 없이 몸에 나쁜 담배를 피우는 당사자를 탓하는 사고방식으로는 효과적인 금연정책이 진행될 수 없기 때문입니다.[15]

인종차별이 암세포의 형태를 결정한다면
: 미국 짐 크로법과 인종별 에스트로겐 수용체 변화

오늘날 많은 과학자들이 진행하는 암의 원인과 치료에 대한 연구의 대부분은 세포 안에서 일어나는 일을 이해하고 개입하는 방식입니다. 유전자와 신호전달물질과 단백질에 대한 이야기이지요. 이러한 방식의 연구는 수십 년간 암이라는 질병을 이해하는 데 있어 크게 기여했지만, 한편으로는 사회 속에서 살아가는 인간이 겪는 질병을 세포 속 변화로, 분자생물학적 수준으로 제한하여 이해하도록 만들었던 의도치 않은 부작용도 있었습니다.

하버드대학의 낸시 크리거 교수는 2018년《미국 역학회지 American Journal of Epidemiology》에「생물학적 세대에 따른 유방암 에스트로겐 수용체 상태: 1915년에서 1979년 사이 출생한 미국의 흑인과 백인 여성 Breast Cancer Estrogen Receptor Status According to Biological Generation: US Black and White Women Born 1915-1979」을 출판합니다. 크리거 교수는 이 논문에서 유방암 예후 인자의 핵

심 요소 중 하나인 에스트로겐 수용체estrogen receptor의 분포가 1960년대를 거치며 인종과 거주지역에 따라 어떻게 변화했는지를 다루고 있습니다.[16] 암세포의 형태가 사회적 환경의 영향을 받을 수 있다는 가설을 검토한 논문입니다.

유방암이 발병했을 때, 암세포가 에스트로겐 수용체를 가지고 있을 경우에는 타목시펜tamoxifen과 같은 약이 치료에 있어서 탁월한 효과를 보입니다. 그 수용체가 없는 경우와 비교해 5년 생존율을 비롯한 예후가 좋고 완치될 가능성이 높기 때문에, 유방암이 발생했을 때 암세포에 에스트로겐 수용체가 있는지 여부는 치료에 있어서 중요한 요소이지요.

낸시 크리거 교수는 미국에서 1915년부터 1979년까지 출생한 여성 중 유방암 환자인 사람들의 에스트로겐 수용체 분포를 조사합니다. 이 연구에서 크리거 교수가 주목한 변수는 두 가지였습니다. 하나는 흑인non-hispanic black과 백인non-hispanic white으로 분류한 인종이었고, 또 하나는 짐 크로법이었습니다.

짐 크로법Jim Crow Laws은 1870년대 미국 남부 지역에서 제정되기 시작해 미국의 21개 주와 워싱턴DC에 존재했던 인종차별법입니다. 그 핵심 내용은 공중화장실, 음식점, 관공서, 학교 등 모든 공공시설에서 인종분리를 강제하는 것이었습니다. 짐 크로법은 미국에서 살아가는 흑인의 삶을 옥죄는 차별조항이었습니다.

로자 파크스Rosa Parks라는 흑인 민권운동가를 아시는지요?

그녀는 1955년 12월 1일 앨라배마의 몽고메리 지역에서 당시 버스 안에 백인들만이 앉을 수 있는 자리에 앉아 있다가, 그 자리를 다른 백인에게 양보하라는 버스 운전기사의 지시를 거부했습니다. 공공 운송 수단에서 인종분리를 명시한 짐 크로법을 어긴 것이지요. 그로 인해 그녀는 경찰에 체포되었고, 이는 이후 미국 전역을 뒤덮은 인종차별 반대운동의 시작이 되었습니다. 그 투쟁으로 인해 짐 크로법은 1964년 폐지됩니다.

크리거 교수는 짐 크로법이 1964년 폐지된 점에 주목합니다. 인간의 몸이 사회적 환경의 영향을 받고 그 속에서 재구성되는 것이라면, 짐 크로법처럼 흑인의 삶 전면에 영향을 주었던 차별법이 흑인 여성 유방암 환자의 에스트로겐 수용체 분포에 영향을 주지는 않았을까, 질문한 것이지요. 담대한 가설을 세운 것입니다.

〈그림14〉는 그 첫 번째 결과입니다. 1937년에 출생한 여성 중 유방암 환자인 백인 중에서는 70%가 에스트로겐 수용체를 가지고 있었고, 흑인은 50%가 가지고 있는 것으로 드러납니다. 그리고 출생연도의 변화에 따라 에스트로겐 수용체를 가진 암환자의 숫자가 점차 증가하는데, 특히 흑인 민권운동이 급격히 진행되던 1960년대에 태어난 흑인 여성에게서 그 증가 폭이 크게 나타납니다.

여기서 한 걸음 더 나아가, 크리거 교수는 흑인과 백인을 각기 짐 크로법이 존재하는 앨라배마 같은 주에서 태어난 경우와

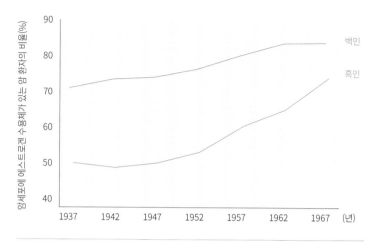

그림14 출생연도별 유방암 환자에서의 암세포 에스트로겐 수용체 비율[17]

그렇지 않은 매사추세츠 같은 주에서 태어난 사람들로 나누고, 에스트로겐 수용체를 가진 암 환자 비율의 변화속도를 관찰하기 위한 할데인 지수Haldane Value를 만듭니다. 이 지수가 0.3이 넘으면 급격한 변화가 있었다고 해석합니다.

〈그림15〉에서 1960년대 할데인 지수가 0.3이 넘는, 그러니까 에스트로겐 수용체를 가진 암 환자 수가 급격하게 증가한 집단이 보일 거예요. 짐 크로법이 존재하는 곳에서 태어난 흑인들입니다. 1967년이 되어 짐 크로법이 없던 곳에서 태어난 흑인의 할데인 지수도 0.3이 넘어 증가하지만, 짐 크로법이 있는 주에서 태어난 흑인들은 1950~1960년대에 가장 급격한 변화를 겪습니다. 1960년대를 거치며 에스트로겐 수용체를 가

우리 몸이 세계라면

그림15 출생연도에 따른 유방암 환자의 할데인 지수[18]

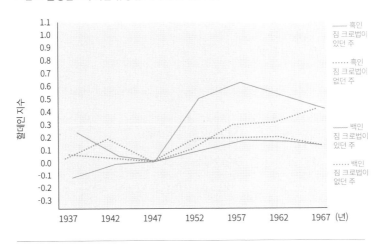

진 암 환자 수가 가장 급격하게 증가한 집단은 짐 크로법이 적
용되는 지역에서 태어나 법의 폐지를 포함한 흑인 인권운동의
결과로 삶의 환경이 가장 많이 변화된 흑인들이었던 것입니다.
크리거 교수는 이러한 결과를 보여주며 말합니다. 우리가 암
발생의 생물학적 과정에서 사회적 환경이 미칠 수 있는 가능성
에 대해 항상 열려 있어야 한다는 것입니다.[19]

2018년 출판된 이 논문을 두고 현재 여러 논의가 진행되고
있습니다. 이 연구 결과를 해석할 때 민주적인 환경으로의 변
화가 왜 이러한 수용체의 변화로 나타나는지는 아직도 미지수
입니다. 바람직한 사회적 환경의 변화를 겪는다고 해서 인간의
몸이 더 건강한 형태로 진화하지는 않으니까요. 다만, 우리는

이 연구를 보며 다음과 같은 질문을 던져볼 필요가 있지요. 우리가 살아가는 사회적 환경은 우리 몸 안 세포에서 어떤 변화를 일으키고 있을까요?

그렇다면 바꿀 수 있는 부분은 무엇인가
: 암 사망의 원인은 무엇인가

한국에서 유방암은 가난한 여성과 부유한 여성 중에 누가 더 많이 걸릴까요? 기존에 출판된 연구는 물론이고, 2013년도 건강보험 데이터를 분석한 한 연구에 따르면 유방암은 부유한 여성이 더 많이 걸립니다.[20] 이러한 현상은 한국만이 아니라 미국, 캐나다, 영국도 마찬가지입니다. 아이를 늦게 낳는다든가, 호르몬 보충제를 쓰는 것과 같은 유방암 발생을 증가시키는 요인들이 부유한 집단에서 더 많은 것도 사실이지만, 무엇보다 조기 검진을 통해 암을 발견하는 경우가 부유한 집단에서 더 많기 때문입니다.

그렇다면 한국에서 유방암으로 사망하는 사람의 비율은 가난한 여성과 부유한 여성 중 어느 집단에서 높을까요? 사망률은 교육 수준이 낮은, 저소득층 여성이 압도적으로 높습니다.[21] 이상한 이야기이지요. 병에 걸리는 사람은 부유한 계층에서 더 많은데, 그 병으로 죽는 사람은 가난한 계층에서 더 많은 것입니다.

우리 몸이 세계라면

유방암은 발견될 당시 종양의 크기와 전이 상태에 따라 0기부터 4기까지 5단계로 나뉩니다. 발견 당시 병기stage에 따라 5년 생존율에 있어 큰 차이가 납니다. 예를 들어, 종양의 크기가 2cm보다 작고 겨드랑이 림프절에 전이가 되지 않은 0기 혹은 1기 암이면 5년 생존율은 99%에 해당합니다. 이 시기에 발견할 경우, 유방암은 두려운 병이 아닙니다. 문제는 이 시기의 종양이 방치되어 그 크기가 5cm를 초과하거나 다른 림프절 전이가 4개 이상이 되는 3기가 되면, 5년 생존율은 72%로 떨어집니다. 간, 뼈, 뇌 등으로 암이 전이된 4기에는 5년 생존율이 22%로 떨어집니다. 1기에 유방암이 발견되면 100명 중 1명이 사망하지만, 4기에 발견되면 100명 중 78명이 사망합니다. 즉, 같은 유방암으로 불리는 질병이지만, 생존율의 측면에서 1기 유방암과 4기 유방암은 전혀 다른 병인 것이지요.

그래서 유방암의 조기 검진은 매우 중요합니다. 현재 한국에서는 40세 이상 여성은 2년마다 한 번씩 유방암 검진을 받도록 정하고 있습니다. 중요한 점은 모든 집단에서 유방암 검진 비율이 동일하지 않다는 점입니다. 2017년 한국보건사회연구원의 김동진 박사 연구팀은 지역사회건강조사와 사망원인 통계자료 등을 분석해 암 검진과 사망의 불평등에 대한 전체적 그림을 그리는 중요한 보고서를 출판합니다. 〈그림16〉은 소득 수준에 따라 유방암 검진에 참여한 비율을 비교한 결과입니다. 소득 상위 20%인 사람 중 66.6%가 검진에 참여했지만 하위

그림16 소득수준에 따른 40세 이상 여성 유방암 검진 비율(2014)[26]

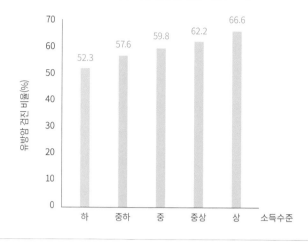

20%인 여성 중에서는 52.3%밖에 참여하지 못했습니다. 소득 상위 20% 여성 100명이 검진을 받을 때, 하위 20% 여성 중 79명만이 검진을 받고 있는 것입니다.[22] 이런 차이로 인해 2010년 국가 암 등록자료를 분석한 연구는 소득이 높은 집단은 낮은 사람에 비해 유방암을 초기에 진단받을 가능성이 7.2% 높은 것으로 나타납니다.[23]

이와 같은 사회적 불평등이 나타나는 것은 유방암만이 아닙니다. 40~64세 성인을 대상으로 교육 수준에 따른 위암 검진율을 살펴보면, 연령 분포의 차이를 보정했을 때 전문대졸 이상 집단에서는 63.3%가 검진을 받았지만, 초등학교 졸업 이하에서는 54.4%만이 받았습니다. 그리고 30~64세 사이의 위

우리 몸이 세계라면

암 사망률은 초등학교 졸업 이하 집단에서 10만 명당 18.9명으로 전문대졸 이상의 10만 명당 6.9명보다 무려 2.74배 높습니다. 이러한 교육 수준에 따른 사망률의 차이가 간암에서는 3.33배, 대장암에서는 2.60배입니다.[24]

한국에서의 암 발생율과 소득수준의 관계는 암의 종류마다 다릅니다. 출산과 조기 검진 등의 이유로 유방암은 고소득층에서 더 흔하게 발견되고, 흡연이 주요한 원인인 폐암은 저소득층에서 더 빈번하게 나타납니다. 그러나 암으로 인한 사망률은 그 종류를 가리지 않고 저소득층에서 높게 나타납니다.[25] 한국에서 암으로 인한 죽음은 일관되게 불평등한 분포를 보이고 있습니다.

이제 다시, 질문을 해보겠습니다. 검진을 받지 못해 유방암을 뒤늦게 발견해 사망한 저소득층 여성이 있다면, 이 여성의 죽음은 가족력, 즉 부모님으로부터 물려받은 유전자 때문일까요, 운이 나빠 생겨난 유전자 변형 때문일까요, 아니면 그 여성의 흡연이나 음주와 같은 생활습관 때문일까요? 여러 요인들이 이 여성의 유방암 발병의 원인으로 작용했을 것입니다. 하지만 국가가 운영하는 조기 검진 시스템이 여러 삶의 조건으로 인해 검진을 받지 못하는 이들을 위해 제대로 작동했고 온전한 치료를 받을 수 있었더라면, 이 여성은 죽지 않았을 것입니다. 그렇다면 이 여성이 사망한 진짜 이유는 무엇인가요.

인간이 암에 걸리고 그로 인해 사망하는 과정을 이해하는 일은 간단치 않습니다. 부모로부터 물려받은 DNA 수준의 유전정보, 세포 수준의 여러 변화, 개인 수준의 흡연, 음주와 같은 생활습관, 그리고 공동체 수준의 짐 크로법과 같은 차별적인 사회 환경이나 국가가 시행하는 조기 암 검진 같은 제도까지 다층적이고 복합적인 요소가 함께 작용합니다.

암의 원인을 유전자라고 생각하면, 우리는 그것을 어쩔 수 없는 일이라고 생각하기 쉽습니다. 그 원인을 흡연이나 음주와 같이 개인의 생활습관이라고 하면, 병이 발생한 환자 당사자가 잘못해서 걸린 게 되기도 하지요. 이 둘 모두 일정 부분 사실입니다. 그러나 이러한 관점이 지배적일 때, 암 발생 위험을 증가시키는 사회적 원인은 방치됩니다. 개인의 금연의지 부족으로 암에 걸린 것이라고 말하기 전에, 그 흡연을 암묵적으로 권장하는 사회적 환경은 없었는지 물어야겠지요. 누군가는 위험한 작업장에서 일하고, 누군가는 석면이나 라돈에 노출된 집에 삽니다. 어떤 아이들은 위험한 화학 첨가제가 들어간 식품을 먹습니다. 암의 사회적 원인에 대해 질문하지 않는다면, 이런 환경에는 주의를 기울이지 못하게 됩니다.

한 걸음 더 나아가, 암의 종류를 불문하고 가난한 사람들이 암으로 더 많이 죽는다는 점을 기억해야 합니다. 암 사망의 불평등이 명확한 한국사회에서 그 불평등에 영향을 미치는 사회적 요인은 쉽사리 눈에 보이지 않습니다. 그래서 암으로 사람이 죽었을 때, 개인의 불운으로 그 원인을 돌리는 이야기를 듣는 경우가 많습니다. 이렇게 말하는 이에게는 '왜 가난한 사람이 더 운이 나쁜지' 되물어야 합니다.

의사가 암에 걸린 환자를 진료하는 상황에서 이러한 암과 관련된 사회적 책임은 쉽사리 눈에 보이지 않습니다. 병원은 기본적으로 개인인 의사와 개인인 환자가 만나는 공간이기 때문입니다. 우리가 집요하게 캐묻고 대책을 요구하지 않으면, 운과 유전자와 개인의 생활습관만이 부각되고, 암은 어쩔 수 없는 일이거나 당사자의 잘못으로 인해 발생한 불행이 됩니다.

마지막으로 다시 한 번 물어보지요. 한국인 사망원인 1위인, 매년 8만 명에 가까운 목숨을 앗아가는, 아마도 당신과 나를 사망에 이르게 할 이 질병의 원인은 무엇일까요?

원인을 알 수 없는 병에 과학적으로 대응하기 위하여
: 흑사병, 죽음이 일상이 된 중세의 풍경

> 중세에 페스트는 모든 것을 몰살시키는 동시에
> 전혀 이해될 수 없는 존재였다.
> —데이비드 허릴히, 『흑사병과 중세의 대전환』

흑사병이란 무엇인가
: 14세기 과학자의 가정 vs 21세기 과학자의 증명

하느님의 아들이 태어나신 지 1348년이 되던 해, 이탈리아의 여러 도시 가운데 가장 빼어나고 고귀한 도시인 피렌체에 치명적인 흑사병이 돌았습니다. 천체의 영향이 인간에게 미친 것이라고도 하고 우리의 삶을 바른 곳으로 인도하시려는 하느님의 정의로운 노여움 때문이라고도 합니다만, 어쨌든 그 전염병은 몇 해 전 동쪽에서 시작되어 살아 있는 생명들을 셀 수도 없을 만큼 빼앗으면서 서쪽을 향해 처절하게 확산되었습니다.

(…)

병에 걸린 사람들이 아직 감염되지 않은 사람들과 섞일 때면 여지없이 마른 장작이나 기름종이에 불이 확 옮겨 붙듯 빠른 속도로 병이 퍼지는 것이 더 심각한 문제였습니다. 더 끔찍한 일도 있었습니다. 건강한 사람이라도 환자와 말을 주고받거나 접촉하기만 하면 이내 감염이 되거나 전염된 사람들처럼 똑같이 죽어 갔고, 뿐만 아니라 환자가 입었던 옷이나 사용했던 물건들을 만지기만 해도 병이 옮겨 가는 것 같았습니다.

(…)

자기 외에 다른 것에 대해서는 일체 신경을 끄고 남자건 여자건 살던 도시와 살던 집, 살던 땅과 더불어 살던 친척들, 쓰던 물건들도 모두 버리고 다른 땅이나 교외를 찾아 나섰던 겁니다. 하느님의 분노가 장소를 불문하고 모든 인간의 부패를 그 병으로 벌하시려는 것이 아니라, 마치 저희 도시의 성벽 안에 머무는 사람들만 응징하려 하신다는 듯이 말입니다. 그래서 도시에서는 누구도 살아남지 못할 것이고 최후의 시간이 도래할 것이라 믿는 듯이 말입니다.

—조반니 보카치오, 『데카메론』[1]

『데카메론』이라는 작품의 일부입니다. 조반니 보카치오 Giovanni Boccaccio가 이탈리아 피렌체에 흑사병이 휩쓸고 간 직후인 1350년부터 3년간 쓴 글입니다. 급속히 퍼져가는 전염병으로 인해 그 시기 당대인들이 느꼈던 무력감이 잘 드러나 있습니다. '환자와 말만 주고받아도' '기름 묻은 것에 불이 확 옮겨붙듯' 퍼져 나가는 흑사병으로 인해 자신이 살던 집과 땅은 물론이고 친척까지도 버리고 떠나가는 상황이었던 거지요. "인류의 마지막이 온 것" 같은 모습이었던 겁니다.

1347년 유럽 남부에서 시작된 흑사병은 당시에 '거대한 사망Great Mortality'이라고 불렸습니다. 중세 유럽 인구의 3분의 1 이상을 죽음에 이르게 했기 때문이지요. 유럽의 역사를 바꾸어 놓은 거대한 사건이었습니다.

오늘날 우리는 당시 유행했던 흑사병의 원인이 페스트균, 즉 '예르시니아 페스티스Yersinia pestis'라고 알고 있습니다. 전염병의 원인이 박테리아나 바이러스라는 게 밝혀진 것이 19세기 후반이고, 흑사병의 원인인 균을 처음 발견한 시기는 지금으로부터 불과 120여 년 전인 1894년입니다. 그러나 이 균이 발견되고 나서도 꽤 오랫동안 흑사병의 원인이 페스트균인지는 학자들 간에 논쟁이 있었습니다. 흑사병 유행 당시 쓰인 문헌들에 보면, 오늘날 흑사병의 원인균에 의한 증상과는 실제로 다른 묘사가 나오기 때문이지요.[2,3]

사람들은 질문하기 시작합니다. 그렇다면 흑사병의 원인인 균은 무엇이었을까? 독일 구텐베르크대학의 스테파니 핸쉬Stephanie Haensch 박사를 중심으로 구성된 유럽의 공동 연구팀은 영국, 프랑스, 독일, 이탈리아, 네덜란드의 묘지에서 흑사병으로 인해 사망한 76명의 유골을 찾아냅니다.[4] 그리고 그 유골에서 예르시니아 페스티스의 지표를 찾기 위한 실험을 진행합니다. 흑사병으로 사망한 인간의 유골에서 오랜 시간 퇴화를 견디고 흔적처럼 남아 있는 미량의 DNA를 찾아내 재구성하고 분석한 것입니다.

연구팀은 연구 결과를 종합해 결론을 내립니다. 다양한 유럽 국가에서 14세기 중엽 유행했던 전염병은 예르시니아 페스티스에 의한 것이 맞다고요. 다만, 오늘날의 페스트균과 증상에서 차이가 있는 건 당시 유행한 예르시니아 페스티스의 DNA가 오늘날 발견되는 균의 DNA와 온전히 동일하지 않기 때문이었습니다. 흑사병의 원인균에 대한 논쟁은 이렇게 종결됩니다. 2000년대 들어 꽃피우기 시작한 고고유전체학Paleogenomics의 힘이 느껴지는 순간입니다.

이처럼 과학자들은 집요하면서도 정밀한 노력으로 작지만 튼튼한 이야기들을 쌓아 올립니다. 이 글에서는, 중세의 의사들은 원인을 알 수 없는 질병에 어떻게 대처했는지, 당대의 사람들은 일상 깊숙이 들어온 죽음의 공포 앞에서 어떤 모습을 보였는지, 14세기 유럽의 흑사병 유행에 대해 21세기 과학자들은 무엇을 질문하고, 어떻게 답했는지에 대해 살펴보겠습니다.

원인을 알 수 없는 병과 그것을 설명하기 위한 중세의 노력

그러므로 우리는 이 질병의 가장 첫 원인으로 하늘에서 천체가 특정한 형태로 배열된 것에 대해 말하고자 한다. 서기 1345년 3월의 스무 번째 날, 정오에서 정확히 한 시간이 지난 시각, 물병자리에서 세 개의 고등 행성이 합^{conjunction}을 이루었다. 우리를 감싼 공기를 오염, 부패시키는 현 원인인 이 합과, 이 합에 이르기까지의 다른 합과 일식, 월식은 당연하게도 사망과 기근, 그리고 여기서 다루지 않을 여러 가지 다른 것들의 전조이다.[5]

이 글은 1348년 프랑스에서 당시 유행하던 흑사병의 원인에 대해 작성한 문서입니다. 당시 프랑스 국왕이었던 필리프 6세는 수많은 이들의 목숨을 앗아가던 흑사병에 대해 그 원인을 밝히는 보고서를 작성하라고 명령합니다. 이 글은 그 지시에 따라 당대 최고의 지성이었던 파리대학 의학부 교수진이 쓴 보고서의 일부입니다.

여기에서 언급하는 세 고등 행성은 화성, 목성, 토성입니다. 아리스토텔레스의 문헌을 이용해 토성과 목성이 만나면 그 효과로 재난의 규모가 9배 가까이 커지고 인구가 감소한다는 것을 근거로 삼습니다. 13세기 스콜라 철학자인 알베르투스의 책을 인용해 화성과 목성이 만나, 공기를 부패시키고 역병을 돌게 한다는 말도 합니다. 뜨겁고 습한 목성이 뜨겁고 건조한 화성과 만나면 불길이 일어나는데, 이 기운이 지구의 대기로 퍼진다는 주장입니다. 그러니 1345년 3월에 있었던 화성과 목성과 토성이 함께 모인 천체의 변화로 유럽에 엄청난 재앙이 왔

우리 몸이 세계라면

고, 그것이 바로 흑사병이라는 설명입니다.

1350년 독일에서 쓰인 한 저자 미상의 원고는 이 천체 변화로 인한 설명을 부정합니다. 두 가지 이유 때문입니다. 첫째, 지구에서 바라볼 때 화성과 토성이 만난 기간은 2년이 채 되지 않는데, 흑사병은 그보다 더 긴 기간 동안 지속되고 있다는 점을 이야기합니다. 둘째, 천체의 변화가 원인이라면 전 인류가 동일하게 영향을 받아야 하는데 흑사병의 영향은 지역마다 다르다는 점입니다. 흑사병을 하느님의 분노로 설명하는 이론을 논리적으로 반박하는 사고입니다만, 이 주장 역시 보다 나은 설명을 제공하지는 못했습니다. 대안으로 내놓은 가설은 지진으로 인해 유독한 가스가 나오고, 그로 인해 지구 내부에서 전염병이 터져 나왔다는 이야기였으니까요.[6]

질병의 원인에 대한 이해는 그 예방 및 치료와 직접적으로 닿아 있습니다. 폐암을 예방하기 위해 금연을 권하는 것도, 당뇨병 환자에게 혈당을 낮추기 위해 인슐린을 주사하는 것도, 그 원인에 대한 이해에서 시작된 예방과 치료입니다. 흑사병이 유행한 이유를 천체의 변화나 지진으로 인한 유독가스 발생으로 설명하는 사회에서 흑사병에 대한 효과적인 예방과 치료가 이뤄질 리 없었습니다. 중세 시기, 이해할 수 없지만 치명적인 질병에 대해 중세 유럽인들은 어떻게 대응했을까요? 이 이야기를 들으며, 중세 사람들을 어리석은 사람으로 치부하지 않았으면 합니다. 감당할 수 없을 만큼 거대한 죽음을 당대의 제한된 지식으로 어떻게든 설명하고자 노력했던 역사이니까요.

당시 의사들은 흑사병이 나쁜 공기가 몸에 들어와서 생긴다고 생각했습니다. 부패하고 오염된 공기, 즉 미아즈마miasma로 인해 병에 걸린다는 것은 당대의 일반적인 생각이었지요. 미아즈마가 병의 원인이라고 생각하는 의사들은 흑사병 예방을 위해 사람들에게 목욕을 피하라고 말했습니다. 목욕을 하면 모공이 열리고 그곳으로 부패한 공기가 들어간다는 게 이유였습니다. 오염된 부위를 통해 몸 전체가 감염될 수 있다고 생각한 거지요. 운동도 하지 말라고 했습니다. 피를 뜨겁게 하고 호흡이 증가해, 공기 중에 있는 독이 많이 들어온다는 게 그 이유였습니다. 그러나 목욕과 운동을 하지 말라는 것은 잘못된 진단에서 나온 잘못된 예방법이었고, 효과가 없었습니다.

그러나 미아즈마에 따른 설명은 당대 사람들이 관찰한 바에 부합하는 것이었습니다. 당시 상황을 생각해보지요. 사람들이 자꾸 설명할 수 없는 이유로 죽어나갑니다. 사망한 사람을 만나고 온 이들이 또 병에 걸려 죽습니다. 그리고 그 병은 다른 지역으로 퍼지고, 점점 흑사병으로 사람이 죽는 지역이 늘어납니다. 전염병의 원인인 균이나 바이러스에 대한 개념이 없던 시기에, 당시의 의사들에게 미아즈마, 즉 부패하고 오염된 공기가 병의 원인일 거라는 설명은 나름의 합리성을 가진 것이었습니다.

당시 의사들이 가장 적극적으로 진행한 흑사병 치료는 다

우리 몸이 세계라면

름 아닌 사혈입니다. 사혈은 영어로 'blood-letting', 즉 피를 뽑아내는 치료입니다. 당시에는 증상이 나타난 부위에 따라 피를 뽑는 부분과 횟수를 구체적으로 지시한 의학 지침이 있었고, 사혈은 흑사병 치료를 위해 널리 시행되었습니다. 전염병을 치료하기 위해 몸에서 피를 뽑는다는 건 오늘날의 시각으로는 이해하기 어려운 일입니다.

왜 사혈은 당대에 합리적인 치료로 받아들여졌을까요? 17세기 초 윌리엄 하비가 혈액이 신체를 순환한다는 사실을 밝혀내기 전까지, 유럽의 의사들은 혈액이 사지로 흘러가 사라진다고 믿었습니다. 그래서 팔과 다리에 사라지지 못하고 고여 있는 피가 있는 경우에는 사혈을 통해 피를 빼내는 게 치료법이라고 생각했습니다.

여기에는 당대 몸을 바라보던 시각이 반영되어 있습니다. 인간의 몸을 구성하는 혈액blood, 점액phlegm, 황담즙yellow bile, 흑담즙black bile, 이 네 가지 체액 간의 균형이 깨지면 질병이 발생한다고 생각했습니다. 혈액이 많아 생기는 병은 사혈을 통해 체액 간 균형을 회복시켜 질병을 치료한다고 생각했던 거지요. 사혈은 중세는 물론이고 근대 초기까지도 거의 모든 질병에 적용되는 대중적인 치료법이었습니다. 예를 들어, 1833년 한 해 동안, 프랑스가 사혈을 위해 수입했던 거머리leeches 숫자가 4,200만 마리였다고 합니다.[7] 19세기 초 실제로 사혈이 폐렴 환자를 치료하는 데 효과가 있는지를 검토한 루이 박사Pierre

Charles Alexandre Louis의 실험이 진행되고 나서야, 사혈은 의학에서 점차적으로 그 입지를 잃게 됩니다.[8]

전염병조차 여성에게 더 가혹했을까
: 15세기 문헌으로 유추하고, 현대 과학으로 증명하기

악을 버리고 선한 일을 하며, 죄를 자백해야 … 그럼에도 불구하고 오염된 곳을 피해서 도피하는 것 또한 진정 좋은 방책이다. 그러나 일부는 거주지를 바꿀 수 없을 것이다. 그렇다면 부패와 악취의 모든 원인을 최대한 삼가야 한다. 그리고 여성에 대한 모든 육체적 욕망도 삼가야 한다. 또한 전염시키는 남풍도 피해야 한다. 그러므로 남향의 창을 꼭 닫아두고, 오후 1시가 지난 후에 북향의 창을 열어야 한다. 같은 이유에서 모든 불결한 악취 등을 삼가야 한다.[9]

유럽 북부에 있는 스웨덴도 흑사병으로부터 자유로울 수는 없었습니다. 1350년 흑사병이 스웨덴에 퍼지기 시작하고 수많은 사람들이 사망합니다. 위의 이야기는 그로부터 수십 년 뒤 15세기 스웨덴에서 주교로 일했던 크누트손Bengt Knutsson이 남긴 기록입니다.

그의 조언에서 우리는 여러 가지를 읽을 수 있습니다. 일단 가장 먼저 언급한 흑사병에 걸리지 않기 위한 대책은 종교적 반성입니다. 그리고 좀 더 실질적으로 오염된 곳을 피해 병을 일으키는 불결한 공기, 즉 미아즈마로부터 떨어져 있어야 한다는 조언을 하지요. "남향의 창"을 닫고, "전염시키는 남풍"을 피해야 한다고 말하는 데서는 흑사병이 유럽의 남부 이탈리아에서 시작해 점점 중부, 북부로 올라가며 퍼져 나갔다는 사실도 알 수 있습니다.

"여성에 대한 모든 육체적 욕망"을 삼가야 한다는 말은 어떤가요? 크누트손 주교가 이 글을 써서 흑사병으로부터 보호하고자 했던 사람들이 남성들임을 알 수 있습니다. 당대의 성별에 따른 권력관계가 어떠했는지 엿볼 수 있는 대목이지요.

흑사병 유행 당시 여성들의 삶에 대한 기록을 하나 더 살펴보지요. 흑사병 환자가 발생하면서, 이들을 보살피는 간병인도 필요했을 겁니다. 흑사병에 걸린 환자를 돌보는 일은 모두에게 두려운 일이었겠지요. 그렇다면 환자를 돌보는 일은 누가 했을까요? 이 일이 아니면 생계가 막막했던 "늙은 노파나 허드렛일을 하던 하층 계급의 여성들"이 간병을 도맡았습니다.[10] 타인의 건강을 돌보는 그들의 건강은 누구도 보살피지 않았습니다. 당연히 이들이 흑사병에 걸릴 위험은 높을 수밖에 없었지요.

크누트손의 기록도, 여성 간병인의 이야기도 실은 여성이 흑사병 예방과 치료에 있어 상대적으로 소외되었을 거라는 암시를 주지만, 이 내용만으로 과연 여성이 더 큰 피해를 입었는지를 알 수는 없습니다. 그렇다면 '14세기 유럽에서 흑사병으로 인해 여성이 남성보다 더 많이 사망했을까?'라는 질문에 오

표11 흑사병 유행 시기(1349~1351)와 흑사병이 없던 시기(1349~1450)의 남녀 사망비[11]

	전체	남성	여성	사망자 성비(남성/여성)
흑사병 유행이 없던 시기 (1349~1450) 사망	13,034	6,960	5,925	1.18:1
흑사병 유행 시기 (1349~1351) 사망	865	342	383	0.89:1

늘날의 과학자들은 어떻게 답할 수 있을까요?

이 질문에 답하는 연구가 2017년에 발표됩니다. 네덜란드 레이던대학의 대니얼 커티스Daniel R. Curtis 박사 연구팀은 1349년부터 1351년까지의 흑사병 유행 시기 벨기에의 한 지방에서 사망 시 작성하는 부동산 영구양도 데이터mortmain dataset를 분석합니다. 〈표11〉은 1349년부터 1351년까지의 흑사병 유행 시기와, 1349년부터 1450년까지 102년의 기간 동안 흑사병 유행이 없던 시기의 남녀 사망비를 비교한 것입니다. 흑사병이 없는 일상적인 시기의 남성과 여성의 사망비는 1.18:1입니다. 여성 1명이 사망할 때, 남성은 1.18명이 죽는 것이지요. 세계적으로 같은 나이의 남성이 여성에 비해 사망할 위험이 높다는 일반적인 현상과 일치하는 결과이지요. 그런데 흑사병이 유행하는 시기를 보면 0.89:1입니다. 여성 1명이 사망할 때, 남성은 0.89명이 죽습니다. 즉, 흑사병 유행 시기에 그 사망 비율이 역전된 것이지요. 흑사병 유행이 없던 시기와 비교하면 여성이

남성에 비해 사망할 위험이 더 높아진 것입니다.[11]

　오늘날 과학자들이 중세 흑사병에 대해 묻는 또 다른 질문은 '사회계층에 따라서도 흑사병으로 인한 사망에 차이가 있었을까?'입니다. 오랫동안 사람들은 전염병인 흑사병이 사람을 가리지 않고 모두를 죽음에 이르게 한다고 생각했습니다. 실제로 당시 성직자나 귀족 집단의 사망기록을 찾는 일은 어렵지 않습니다. 그렇지만 당시 정부는 지역별 인구 분포와 사망자의 나이, 성별, 소득에 대한 체계적인 기록을 남기지 않았기에, 이 질문에 답하기 위해서는 앞서 성별에 따른 사망률 차이 연구처럼 적절한 데이터를 새롭게 찾아내야 하는데 그런 데이터는 아직까지 존재하지 않습니다.

　이러한 상황에서 미국 알바니대학의 새논 드위트Sharon N. DeWitte 교수와 동료들이 던진 질문은 다음과 같습니다. "흑사병으로 인한 사망은 흑사병 유행 이전의 건강 상태에 영향을 받았을까?"이 질문에 답하기 위해 연구팀은 영국 이스트 스미스필드East Smithfield 공동묘지에 묻힌 490개의 유골들을 조사합니다. 이스트 스미스필드 공동묘지는 1348년과 1349년 흑사병으로 인한 사망자들을 묻기 위해 만들어졌습니다. 그 이후로 다른 시기에는 사용된 적이 없는 공동묘지입니다. 물론 이 공동묘지에는 흑사병이 아닌 다른 질병으로 사망한 사람도 묻혀 있겠지만, 당시 흑사병으로 인한 압도적인 사망률 증가를 생각한다면, 이 묘지의 사체들 대부분은 흑사병을 사망원인으로 볼 수 있을 것입니다. 그리고 당시 영국과 사회·경제적으로는 물론 유전적인 부분까지 유사한 덴마크에서 흑사병 이전의 유행병이 없던 시기에 만들어진 공동묘지의 시신 291구를 조사해서 비교하고 발표합니다. 연구자는 대퇴골이 짧거나 주요한 뼈의 성장이 부족한 경우 등을 이용해서 '취약성frailty'을 측정하고, 이러한 취약성이 높을수록 사망할 확률이 높았다는 결과를 발표합니다. 이 결과에서 영양 상태가 취약했던 하층 계급 사람들이 흑사병으로 더 많이 사망했을 가능성을 엿볼 수 있습니다. 이 연구 내용은 2008년 《미국국립과학원회보PNAS》에 논문으로 출판됩니다.[12]

흑사병 유행 시기에 그 이전의 건강 상태에 따라 사망률에 차이가 생겼다는 연구나 남성에 비해 여성의 사망위험이 더 높았다는 연구는, 어찌 보면 결과 자체가 놀랍지는 않을 수 있습니다. 이렇게까지 집요하게 이 질문들에 답해야 하는지 의문이 들 수도 있을 거예요. 그러나 이들의 연구가 있어 우리는 중세 유럽을 바꾸어놓은 대규모 재난 앞에서 더 큰 위험을 감수해야 했던 사람이 누구인가에 대해 보다 나은 답을 가지게 되었습니다. 그리고 과학자들이 밝혀낸 이러한 죽음의 불평등은 세계적으로 대규모 재난이 끊이지 않고 발생하는 오늘날, 그에 대해 보다 적절히 대응하고 또 그 피해 상황을 분석하는 데 있어 중요한 함의를 제공합니다.

채찍질 고행단, "이 잘못된 광신도들을 조롱하기란 쉬운 일이다"

흑사병이 잠잠해지지 않고 계속 퍼져 나가자 중세 유럽에서는 오늘날 우리에게 중요한 질문을 던지는 두 가지 사건이 일어납니다. 이 두 사건은 인간이 질병의 원인에 대해 충분한 지식을 가지고 있지 못할 때, 질병의 전파와 치료에 대한 과학적 관점을 견지하지 못할 때, 죽음의 전염병을 인류가 어떻게 대처했는가에 대한 상징적인 사건입니다. 하나는 채찍질 고행단Flagellants이고 또 하나는 유대인 학살입니다.

> 이제 형제단은 땅에 쓰러졌다가 다시 일어나 계속 벌을 받았고, 다시 쓰러졌다가 최후의 자기 매질을 위해 일어섰다. 그들은 각기 옆 사람들보다 더 경건한 고통에서 우월해지기 위해 문자 그대로 자기에게 매질을 가하다가 고통을 느끼지 못하는 광란 상태로까지 갔다. 마을 사람들은 이들을 동정하며 울고 신음하다가 형제단에게 그 이상을 감행하라고 격려했다.[13]
>
> —필립 지글러, 『흑사병』

채찍질 고행단, 십자가 형제단으로 불리는 사람들이 흑사병의 광풍 속에 등장합니다. 머릿속에 중세 유럽 마을을 떠올려 보세요. 오늘날과 비교해 중세 유럽은 인구밀도도 낮고 고요했을 거예요. 흑사병으로 인해 이웃들이 계속 죽어나가고, 사람들은 어찌할 바 모르는 공포와 무력감에 휩싸여 있습니다. 그런데 이때, 등에 십자가가 그려진 옷을 입은 200명 정도 되는 사람이 두 줄로 서서 조용히 마을 입구로 들어옵니다. 조직의 대장으로 보이는 맨 앞에 서 있는 사람들은 자주색 벨벳과 황금색 깃발을 들고 있습니다. 이들은 주로 시장 같은 곳에서 공개적으로 예배를 드리고 집단 매질을 했습니다. 고행단은 원을 이루어 돌다가 대장이 신호를 보내면 땅바닥에 누웠습니다. 대장은 '죄인에게 자비를 베풀어달라'라며 하느님께 기도를 하라고 말합니다. 사람들은 금속 징이 박힌 가죽 채찍으로 스스로에게 매질을 시작했지요.

이 고행단의 모습을 당시 사람들은 어떻게 받아들였을까요? 초창기에는 많은 사람들이 고행단을 환영했다고 합니다. 그들은 부패한 교회 조직을 가혹하게 비판했으니까요. 성직자들은 고행단의 대장이 되거나 비밀회의에 참여할 수 없었고, 채찍질 고행단의 지도자들은 부패한 교회로부터 독립되어 있다는 자부심이 있었습니다. 그리고 고행단은 내부 구성원들에게 엄격한 규율을 지키도록 요구했습니다. 신참자는 일곱 살 이후 자신이 지었던 모든 죄를 고백해야 했고, 서른셋에 죽었던 예수가 살았던 1년을 하루로 계산해서, 33일과 8시간 동안 하루에 세 번 자신에게 매질을 하겠다는 약속도 했습니다. 이성과의 대화나 성교도 금지했습니다.

사람들은 이런 금욕적인 십자가 고행단을 반가운 마음으로 맞아들였습니다. 독일 농부들의 단조로운 삶에 채찍질 고행단의 행렬은 대단한 사건이었던 거지요. 하느님의 분노를 누그러 뜨리는 데 도움이 되지 않을까 기대도 되었을 겁니다. 아직 흑사병이 오지 않았더라면 값싼 보험의 역할도 했겠지요. 효과가 있을지는 모르지만 이걸 하고 나면 병에 걸릴 가능성이 줄어들지 않을까 하는 마음으로 드는 심리적인 보험이었던 거지요.

그런데 점점 사람들에게 고행단이 환영받고 인정받으면서 힘이 생겨났고, 본래 추구하던 모습과는 달리 점점 변질되어 갑니다. 어느 시점부터 이들은 메시아를 흉내내기 시작합니다. 이 운동이 33년간 계속되면 기독교 국가가 다시 찾아오고 천년 왕국이 도래할 거라고 주장합니다. 인간의 죄를 속죄하기 위한 고행단이 아니라, 스스로를 성스러운 군대처럼 여기기 시작한 것입니다. 자신들의 피가 묻은 천을 성물처럼 여기면서 교환하기도 하고요. 기존 교회와 교황의 특권을 침범하기 시작합니다. 교황이 아닌 자신들에게 악마를 물리치고 병자를 치유하고 죽은 자를 살릴 수 있는 능력이 있다고 말합니다. 사람들의 죄를 사면하며 구원을 팔기 시작했던 거지요. 예수와 술을 마셨다거나 성모 마리아와 이야기했다는 사람들이 나오기 시작합니다.

이에 1348년 5월 당시 교황이었던 클레멘스 6세는 공공장소에서 회개하는 행위를 금지하고 파문을 경고하며 고행단의 순례를 금지시킵니다. 그렇지 않아도 교회의 부패를 비판하고 다니던 이들이 달갑지 않았던 교회에서는 이즈음부터 이들 고행단을 처벌하기 시작합니다. 몇몇 지역에서는 고행단 대장이 화형을 당하고, 수백 명의 단원들이 투옥되고 고문을 당하기도 합니다. 나중에 고행단은 영국으로도 건너가지만, 더 이상 그 누구도 이들을 환대하지 않습니다.

설명할 수 없는 압도적인 재앙에 맞닥뜨려, 스스로에게 채찍을 휘둘렀던 고행단의 이야기는 무지와 야만의 상징처럼 여겨지기도 합니다. 필립 지글러는 이런 태도를 경계하며 다음과 같이 말합니다.

> 이 잘못된 광신도들을 조롱하기란 쉬운 일이다. 그들의 미신은 우습고 그들의 행위는 외설적이며 그 동기는 불길하기까지 하다. 그러나 이들을 비난하기에 앞서 이 고행단들이 극단으로 치달을 수밖에 없었던 절망적인 공포를 기억해야만 한다. 이들은 극심한 고통과 불편함에 헌신한 사람들이다. 자신의 영혼과 영광을 위한 측면도 있지만, 자신이 희생하면 하느님이 그의 백성을 멸망의 저주에서 덜어주지 않을까 하는 희망도 있었다. 성인은 거의 없었지만, 전체적으로 악한도 없었다. 재난이 협박하자 죽음이 그를 덮칠 때까지 비참한 절망 속에서 기다리느니 아무리 헛되더라도 뭔가 저항하는 몸짓을 하려는 이에게 공감하지 않을 수 없다.[14]

오늘날의 시각이 아니라, 14세기 중엽 끊임없이 다가오는 죽음의 위협에 놓여 있던 무력한 당사자의 눈으로 우리가 십자가 고행단을 바라볼 필요가 있다는 지적입니다. 그럴 때에 당대를 살아가던 그들의 행동을 가장 잘 이해할 수 있지요. 필립 지글러의 말처럼 흑사병이 균에 의한 전염병이라는 점을 알고 있는 오늘날의 시각으로 "이 잘못된 광신도들을 조롱하기란 쉬운 일"일뿐더러, 이 행동으로부터 우리는 어떠한 교훈도 배울 수 없을 테니까요.

희생양, 질병의 책임을 약자에게서 찾은 사람들

두 번째 사건은 오늘날 한국사회에 함의가 큰 이야기입니다. 공동체가 위기에 처하거나 감당하기 어려운 일이 생겼을 때, 그 책임을 떠넘길 수 있는 희생양을 찾아 분노를 표출하는 경우가 종종 있지요. 그런 경향은 중세에도 다르지 않았습니다. 당시 어떤 사람이 희생양이 되었을까요? 짐작할 수 있듯이 사회적 약자입니다. 권력으로부터 멀리 떨어져 있고, 사회적으로 인기가 없는 소수파 사람이어야 합니다. 그런 존재가 피부색이나 성별 등으로 쉽게 식별 가능하다면, 더욱 희생양으로 선택되기 쉽겠지요. 흑사병 유행 당시 유럽에서 나병 환자와 유대인은 이런 조건을 모두 충족시키는 사람들이었습니다.

나병Leprosy은 나균Mycobacterium leprae에 의해 발생하는 만성 감염병입니다. 병이 진행되면 통각 능력이 상실되어, 신체 말단이 감염되거나 썩는 일이 반복되었습니다. 과거 나병은 불치병으로『구약성서』에서 신의 저주처럼 묘사되던, 그 병에 걸렸다는 이유 하나로 공동체에서 추방되던 병이었습니다. 흑사병의 유행 시기, 불결하고 오염된 공기를 나병 환자들이 전파시킨다는 근거 없는 이유로 그들을 비난하는 사람들이 있었습니다. 그러나 가장 큰 희생양은 나병 환자가 아니었습니다. 유대인이었지요. 유대인과 나병 환자는 모두 사회적 약자이지만, 사람들은 후자에 대해 시기하거나 질투하지는 않았기 때문입니다. 흑사병이 유행하던 당시, 유대인들의 모든 공직 진출은 금지되어 있었습니다. 땅을 소유할 수도 없었고, 장인으로 일할 수도 없었지요. 그들에게 허용된 주요 직종 중 하나는 높은 이자로 돈을 버는 사채업이었습니다. 셰익스피어의 희곡 「베니스의 상인」에 잔혹하고 사악한 인물로 묘사되는 고리대금업자 샤일록도 유대인입니다. 사채업의 성격상 돈을 받는 과정에서 유대인들은 무자비하게 행동하는 경우가 종종 있었습니다. 그런 경험이 수백 년 쌓인 유럽에서 그들은 증오의 대상이었던 것이지요. 소수자라는 낙인, 사채업으로 형성된 증오에 더해 경제적인 이유도 함께 작동합니다. 사채업자인 그들이 처벌받거나 사망한다면 빚을 갚지 않아도 될 테니까요.[15]

유대인들에게 흑사병 유행에 대한 책임을 묻는 폭력적인 과정에 기여한 요소가 하나 더 있습니다. 유대인들은 실제로 병에 덜 걸렸던 것이지요. 게토Ghetto에 고립되어 생활했기 때문에 외부와 접촉이 상대적으로 적었고 유대인의 생활규칙에서 손을 자주 씻도록 하는 위생습관이 있었던 것이 그 이유 중

우리 몸이 세계라면

하나였습니다.

사람들은 질문하기 시작합니다. 왜 유대인들이 상대적으로 적게 죽는 거지? 이런 상황에서 1348년 독일에서 한 유대인 의사가 체포됩니다. 잔혹한 고문을 받은 그는 마침내 '자백'을 합니다. 랍비의 지시로 우물에 흑사병을 퍼트리는 독을 풀었다는 것이었습니다. 이 자백을 계기로 유대인 학살이 자행되기 시작합니다. 모든 사람이 이 자백을 믿지는 않았겠지요. 가해자들은 그렇게 의식적으로, 무의식적으로 그 자백의 타당성에 대해 '무지'해집니다. 그렇게, 양심의 가책을 덜어낸 것이지요.[16]

1348년 4월, 프랑스 툴롱에서 유대인 40명이 자신의 집에서 살해당합니다. 그렇게 유대인 학살은 유럽 전역으로 퍼져 나가지요. 1349년 2월, 유럽 최대의 유대인 공동체가 있던 스트라스부르에서는 수백 명의 유대인이 공개적으로 화형을 당합니다. '스트라스부르 대학살Strasbourg massacre'이라고 부르는 사건이 있은 후에, 살아남은 유대인들은 모두 그 도시에서 추방됩니다. 그들이 남기고 간 재산은 기독교인들이 탈취하지요. 스트라스부르의 유대인 공동체는 말 그대로 사라집니다. 학살은 독일 전역으로 퍼지고 반복해서 일어납니다.[17]

수많은 사람이 죽어가는 흑사병의 공포 앞에서 사람들은 당시 사회적 약자인 유대인을 희생양으로 삼았던 것이지요. 그 과정에서 유대인은 죄가 없지만 있다고 인정해야만 하는 희생양이 되었고, 공동체의 공포와 분노 표출의 대상이 되어야 했습니다. 광기 어린 학살의 제물이었던 것입니다.

이탈리아 피스토이아 정부의 대응

모든 도시에서 채찍질 고행단이나 유대인 학살과 같은 광기 어린 대응이 있었던 것은 아닙니다. 몇몇 도시들은 흑사병에 맞서 보다 합리적으로 대응할 수 있는 길을 찾아갑니다. 이탈리아 도시들의 행정서류를 분석한 박홍식 교수는 이탈리아에서 흑사병에 가장 잘 대응한 도시로 피스토이아를 뽑습니다.[18]

피스토이아는 흑사병으로 인한 피해를 줄이기 위해 '보건위생규정Ordinamenta sanitates'이라고 이름 붙인 법령을 만들고, 이를 두 달 동안 세 차례나 개정하며 적극적으로 대응합니다. 그 내용을 살펴보면 다음과 같습니다.

23개 조항으로 구성된 이 법령에서 가장 먼저 등장하는 조치는 피사나 루카와 같이 이미 전염병 발생이 확인된 지역을 방문하거나 그곳으로부터 도시로 진입하는 행위를 금지한 것이다. 문지기들은 어느 누구도 비밀리에 잠입하지 못하도록 철저히 경계를 서야만 했으며, 불법적으로 들어온 자는 발각되면 '500데나리우스'라는 엄청난 금액을 지불해야 했다. 시민들이 불가피하게 감염 지역을 여행해야 할 경우에는 (시민을 대표하여 법령을 제정하고 도시를 통치하는) 시참사회의 특별허

가가 필요했다. 외부에서 들어오는 물품도 통제했으며, 특히 직물의 반입을 경계했다.[19]

가장 인상적인 변화는 장례와 관련된 내용입니다. 본래 이탈리아에서 장례식은 중요한 행사였습니다. 당시에는 사람이 죽으면 다들 모여서 함께 슬퍼했고, 그 마을에서 가장 인정받던 사람이 시신을 교회로 운반했습니다. 고인이 선택한 교회에서 장례를 치렀고, 그를 기억하는 사람들이 모여 촛불을 들고 의식을 거행했습니다. 그런데 흑사병으로 인해 주변 사람이 죽는 일이 흔해지고 일상의 도처에 죽음이 있게 되자, 사람들은 이제 누군가의 죽음을 슬퍼하지 않게 됩니다. 더 이상 존경받는 사람이 시신을 운반하지도 않습니다. 병에 감염될 수 있으니까요. 하층민에서 고용된 사람이 돈을 받고 이 일을 하게 됩니다. 고인이 선택한 교회가 아닌 가장 가까운 곳에서 장례식을 치렀지요.

행정적으로도 흑사병 유행 기간 동안 피스토이아에서는 장례식에 사람을 소집하는 것 자체가 금지됩니다. 사망한 사람의 집에 조문객이 들어가는 것이 금지되고, 교회에서 이루어지는 장례미사 참석은 가족으로 제한하고, 조문객들은 교회의 입구까지 오는 게 허용된 전부였습니다. 장례식을 알리는 타종조차 금지되었으니까요.

원인을 알 수 없는 병에 과학적으로 대응하기 위하여

우리는 600년 전 중세 유럽에서 유행했던 흑사병에 대해 왜 공부할까요? 흑사병이 다시 인류의 재앙이 될 가능성은 매우 낮다고 생각합니다. 우리는 흑사병의 원인균과 그 전파 경로에 대해, 감염된 이후 어떻게 치료해야 하는지에 대해 알고 있으니까요. 그렇다면 중세 흑사병과 관련된 현상들이 오늘날 다시 나타날 가능성은 있을까요? 원인을 정확히 알지 못하거나 원인이 밝혀졌어도 치료법이 없는 치명적인 전염병이 유행할 때마다 '흑사병'이라는 단어는 역사 속에서 소환됩니다. 1980년대 초 처음 등장했을 때, 사람들이 계속 죽어가지만 그 원인을 알지 못하는 공포 속에서 '현대판 흑사병'이라고 불렸던 HIV/AIDS에 대해 생각해보지요.

질병의 원인에 대한 비과학적 설명이 정치적인 이해관계와 맞물려 당시 사회적 소수자였던 유대인 학살로 이어졌던 사례를 보며, 저는 오늘날 한국에 만연한 HIV 감염에 대한 공포와 낙인을 떠올립니다. 지난 30년간 의학의 발전으로 인해 HIV 감염은, 20세에 HIV에 감염되더라도 평균 70세까지 살 수 있고 약을 꾸준히 먹어 체내 바이러스 농도가 일정 수준 미만으로 떨어지면 콘돔 없이 성관계를 해도 상대방에게 전염되지 않는 관리 가능한 만성질환이 되었습니다.[20·21·22] 하지만 오늘날 한국의 HIV 감염인은 AIDS 합병증이 아닌 자살로 죽고 있습니다. 한국의 HIV 감염인들의 자살로 인한 사망은 동일 연령

비감염인에 비해 10배 이상 높습니다.[23] 질병에 대한 비과학적인 낙인과 혐오 때문입니다.

앞으로도 원인을 파악할 수 없는, 설사 원인을 알더라도 당장은 치료법을 가지고 있지 못한 치명적인 전염병이 계속해서 등장할 것이라 생각합니다. 그리고 그때마다 우리는 그 무지의 공포 속에서 계속해서 선택을 해야 할 겁니다. 그때 흑사병과 제2의 흑사병이라고 불리며 등장했던 수많은 전염병 유행의 경험을 기억하며 우리가 조금 더 윤리적이고 과학적인 대응을 할 수 있었으면 합니다.

병원에서 죽는다는 것

자기 죽음의 주도권을 잃은 시대: 병원에서 죽는다는 것

환자에게 진실을 밝혀서는 절대로 안 됩니다. 환자는 자신이 암에 걸렸다는 사실을 알게 되는 순간 삶의 의욕을 잃고 급격히 악화됩니다. 자칫 생명이 단축될 수도 있습니다. 무엇보다 더 이상 도와줄 수 없을지도 모른다는 식으로 말하는 것 자체가 너무 죄송스러운 일 아닐까요? 1분 1초라도 더 살게 해드리는 것이 지금으로서는 최선의 방법이라 생각합니다.

야마자키 후미오가 쓴 『병원에서 죽는다는 것』에서 나오는 장면입니다.[1] 환자에게 말기 식도암에 걸렸다는 말을 하지 말라는 의료진의 충고를 듣고, 아내는 갈등합니다. 남편은 본인이 곧 죽을 수 있다는 사실을 모르는 상태로 나날이 야위어가고 있고, 아내는 이러다가 마지막 이별인사를 할 기회조차 잃어버리게 될 것 같아 두렵습니다. 모든 걸 남편에게 털어놓고 말하고 싶습니다.

하지만 마음에 걸리는 게 있지요. 다름 아닌 '나보다는 전문가인 의사들이 남편에게 무엇이 최선인지 더 잘 알겠지'라는 생각입니다. "모든 것은 선생님께 맡기겠습니다"라고 의사에게 말했지만, 마음이 점점 불편해집니다. '과연 남편은 이 상태가 계속되는 것을 원할까'라는 질문이 떠나지 않습니다. 이미 스스로 말을 할 수 없을 만큼 상태가 악화되어버린 남편을 두고 결국 결심합니다. "남편의 고통만 길게 늘려줄 뿐이니 더 이상 치료는 하지 말아주세요." 의사들은 이해할 수 없다는 듯이 답합니다. "사모님의 소중한 남편을 하루라도 더 오래 사실 수 있게 해드리려고 열심히 노력해왔습니다."

남편이 오래 살기를 바라는 마음은 그녀도 의료진과 다르지 않습니다. 다만, 이런 삶의 모습을 남편도 원하지 않았을 것 같습니다. 치료가 중단되고 며칠 지나지 않아 남편은 세상을 떠납니다. 결국 가까운 지인은 물론이고 사랑하는 아내와도 마지막 이별의 시간을 갖지 못한 채, 병원에서 생을 마감한 것입니다.

이 일화가 씁쓸했던 것은 질병과 죽음의 당사자인 환자가 철저하게 자신의 몸에 대한 주권을 의학에 빼앗긴 채로 마지막 순간을 맞이했기 때문입니다. 의사들은 마지막까지 죽음의 순간을 조금이라도 미루기 위해 더 많은 의료서비스를 제공하기를 원했습니다. 그로 인해 환자는 마지막까지 자신의 몸 상태에 대해 정확히 알 수 없었을 뿐 아니라, 자신이 어떤 형태로 죽음을 맞이하고 싶은지에 대해서도 이야기할 기회를 잃어버렸지요.

오늘날 많은 사람들이 병원에서 죽음을 맞이합니다. 그리고 병원에서의 죽음은 마지막 순간까지 피해야 하는 나쁜 것으로 취급받지요. 설사 이 이야기 속 환자와 달리 자신의 병명을 정확히 알고 있고 죽음이 다가오고 있다는 사실을 인지하는 경우에도, 어떻게 죽을지에 대해 이야기를 나누는 경우는 매우 드문 일입니다. 사람들은 어떻게 죽음을 피할지에 대해서만 말합니다. 그렇게, 현대 사회에서 죽음은 삶의 일부이면서도, 말할 수 없는 무엇이 되었습니다.

죽음의 죽음: 우리의 죽음은 언제부터 스스로를 소외시켰을까?

오늘날 우리에게 익숙한 병원에서의 죽음은 그리 오랜 역사를 가지고 있지 않습니다.[2] 현대 의학 문명이 등장하기 전, 문화권마다 차이가 있지만 인간은 오랜 기간 죽음을 어떻게 받아들여야 하는지에 대한 방법을 알고 있었습니다.

프랑스의 역사학자 필립 아리에스는 『죽음 앞의 인간』에서 18세기 이전 유럽에서 받아들여지던 죽음의 가장 본질적인 모습 중 하나로 일상성을 이야기합니다.[3] 피할 수 없는 죽음이 다가오는 것을 아는 사람들은 죽음을 준비했고, 그런 죽음으로부터 도피하고자 하는 일은 조롱거리처럼 여겨지던 때였습니다. 물론 당시에도 죽어가는 사람들은 자신이 사랑하는 이들을 두고 떠나야 하는 것을 슬퍼했지만, 그러한 감정의 바탕에는 임박한 죽음을 인정하고 받아들이는 태도가 있었습니다. 그리고 삶의 마지막 순간에는 가까운 이들을 불러 자신의 잘못을 고백하고 용서를 구하며 작별인사를 하는 일이 의식처럼 행해졌습니다. 그렇게 죽음은 삶의 일부로 존재하는 일상적인 것이었습니다. 필립 아리에스는 이러한 대표적인 사례 중 하나로 17세기에 활동했던 우화 작가 라 퐁텐의 작품에 나오는 농부의 사례를 언급합니다.

마지막 순간이 다가오고 더 이상 어찌해볼 도리가 없음을 알게 되는 즉시 입장을 바꾼다. 그는 삶에 집착하는 태도를 버리고 죽음의 편에 선다. 그리고 죽어가는 자들의 전형적인 역할을 수행한다. 즉, 예전에 직접 보았던 조상들의 행동 그대로 침대 가까이로 자식들을 불러 모으고 마지막 당부와 작별인사를 한다. 그는 다음과 같이 말했다. '사랑하는 내 아이들아, 나는 조상들이 계신 곳으로 간다. 잘들 있거라. 형제간에 의좋게 지내겠다고 약속해다오.' 그러고는 그곳에 모인 사람들의 손을 일일이 잡은 다음 숨을 거두었다.[4]

이 작품에 드러나는 죽음을 맞이하는 풍경은 한국에서도 낯선 것이 아니었습니다. 대형병원 중환자실에서 19년을 일하며 수많은 죽음을 지켜본 김형숙 간호사는 오래전 경험했던 할아버지의 죽음을 책에서 묘사합니다. 어린 시절 산골에서 만났던 죽음의 모습은 훗날 중환자실에서 만났던 환자의 죽음과는 많이 달랐습니다.

> 위암 말기라는 진단을 받고 돌아오신 할아버지의 첫 말씀은 "범이 내 방에 들이지 마라. 범이랑 지금까지 잘 지내왔다. 마지막에 추한 모습으로 기억되고 싶지 않다"라는 것이었다. 내 남동생은 태어나던 날부터 할아버지 방에서 할아버지와 함께해온, 할아버지의 분신 같은 존재였다. 갓 태어난 핏덩이를 당신 방으로 데려다 손수 먹이고 재우며 키우기 시작한 이후 할아버지 당신의 세상은 남동생을 중심으로 흘러갔다. 할아버지와 큰 남동생의 관계에는 할머니나 아버지와도 나눌 수 없는 특별한 것이 있었다. 그런 손자가 문 밖에서 발을 구르며 서 있는데도 할아버지는 끝내 남동생을 방에 들이지 않으셨다고 한다. … 아마 할아버지가 생을 마무리하시는 데 있어서도 손자와의 품위 있는 이별이 무엇보다 중요한 일이었던가 보다.[5]

이 일화에서 할아버지는 자신이 선택한 죽음의 모습을 지켜내고 있습니다. 더 이상 피할 수 없는 죽음의 순간이 다가왔을 때, 의료인이나 보호자가 아니라, 죽음을 맞이하는 당사자가

우리 몸이 세계라면

죽음의 주도권을 가지고 있는 것이지요.[6] 오늘날 병원에서 죽음을 맞이하는 모습과는 다른 형태입니다.

언제부터 죽음의 주도권을 당사자가 아닌 의학이 가지게 된 것일까요? 필립 아리에스는 19세기 후반부터 죽음을 둘러싼 사회적 인식이 변화하기 시작했다고 이야기합니다. 산업화를 거치고 공중위생의 개념이 사회적으로 널리 퍼지면서, 죽음에 땀과 고름과 배설물의 이미지가 덧씌워진 것입니다. 임종의 시간은 더 이상 일상적으로 존재하며 삶 속에서 사람들과 함께 치러내는 의식이 아니라, 숨기고 피해야 하는 일이 되었습니다. 그리고 병원은 그런 '추한' 죽음을 사회적으로 은폐하기에 가장 적절한 공간이 되었습니다. 그렇게 이상적인 죽음은 자신의 품격을 지키며 불가피한 운명을 받아들이는 일이 아니라, 마지막까지 생명연장을 위해 최선을 다하다가 '의료적 처치의 중단으로 인한 기술적 현상'이 되었습니다.[7] 철학자 이반 일리치는 이러한 변화를 두고 '죽음의 죽음'이라고 표현합니다.[8]

현대 의학이 죽음을 바라보는 방식과 고통을 살아낸다는 것

의학과 보건학 모두 그 근저에는 중요한 가치판단이 깔려 있습니다. 그것은 '아픈 것 보다는 건강한 게 낫고, 죽음보다는 삶이 낫다'라는 것입니다.

언뜻 당연한 말처럼 들리지만, 간단치 않은 이야기입니다.

언젠가 우리 모두는 죽을 것이고, 또 어느 시점에는 병들 수밖에 없기 때문입니다. 그러나 사회적 차원에서 질병을 예방하는 것을 목표로 하는 보건학과 개인의 질병을 치료하고자 하는 의학 모두에서 질병은 기본적으로 없어져야 할 '나쁜 것'입니다.

> 내 몸을 전쟁을 벌이고 있는 두 편으로 나눌 수는 없었다. 종양은 나쁜 놈들이고 이에 맞서 건강한 원래의 내가 싸우고 있는 것이 아니었다. 종양까지도 포함하는 오직 하나의 나, 하나의 몸만이 있었다. 내가 여전히 하나의 몸이라는 사실을 받아들이자 마음이 편해졌다.[9]

이 문장은 사회학자인 아서 프랭크가 고환암에 걸려 수술과 화학요법을 통해 회복되는 과정을 묘사한 책 『아픈 몸을 살다』의 한 구절입니다. 이 책의 훌륭한 점은 나는 이렇게 해서 암을 이겨냈다는 식의 영웅서사가 아니라, 병을 겪는, 좀 더 정확히 말하면 고환암이라는 질병을 가진 몸을 살아내는 환자 당사자의 목소리를 충실히 적었다는 것입니다.

얼마 전까지 내 몸의 일부였던 어떤 조직이 의사에게서 고환암 진단을 받는 순간 제거해야 할 '나쁜 놈'이 됩니다. 치료를 담당하는 의사와 환자는 같은 질병을 두고서 어쩔 수 없이 다른 생각을 하게 됩니다. 환자인 아서 프랭크에게는 종양까지도 포함하는 하나의 몸만이 존재한 것이지요.

많은 경우 환자는 자신의 질병에 대해 말할 수 있는 언어를 가지고 있지 못합니다. 의사가 고환암을 바라보는 시각으로 환자도 자신의 몸을 바라보게 됩니다. 하지만 질병이 발생한 현장이 의사에게는 외부의 공간이지만, 환자에게는 자신의 몸입니다. 의사의 눈을 통해 자신의 몸을 바라보는 환자에게 몸은 자신의 것인 동시에 자신의 것이 아닌 무엇인가가 됩니다. 환자는 질병과 고통으로 인해 자신이 맺어온 여러 관계가 변화되고 그 속에서 고통을 살아내야 하지만, 의학은 환자의 그러한 경험에 관심이 없습니다.

> 의학은 통증이 삶에서 갖는 의미에는 전혀 관심이 없다. 통증은 질환의 증상일 뿐이다. 의학은 아픈 사람의 통증 경험 안으로 들어오지 못하며 치료법이나 관리법에만 관심을 둔다. 의학은 분명 몸에서 통증을 줄여주지만, 그러면서 몸을 식민지로 삼는다. 이것이 우리가 의학의 도움을 구하면서 맺는 거래 조건이다.[10]

이러한 거래 속에서 환자의 몸은 측정 가능한 외부의 영토이고, 의학을 통해 분석하는 대상이 됩니다. 의사들은 물론이고, 환자 자신조차 자신의 몸을 의학의 시각으로 바라보게 되는 것입니다. 환자의 몸이 '의학의 식민지'가 되는 순간이기도 하지요. 이런 모순을 이반 일리치는 다음과 같은 언어로 지적했습니다.

의학 문명은 고통을 기술의 문제로 변모시켰고, 그때 괴로움으로부터
그 고유한 개인적 의미를 뺏는 경향이 있다.[11]

의학의 입장에서 고통은 기술적으로 측정하고 제거해야 하
는 무엇입니다. 이러한 고통의 수량화는 그 고통을 직접 몸으
로 겪고 있는 이들의 입장에서 진행되는 것이 아닙니다. 제거
해야 하는 질병을 대하는 의사가 필요로 하기 때문이지요. 그
과정에서 그 고통을 직접 겪는 당사자들, '아픈 몸을 살'아야 하
는 환자의 입장에서 고통은 그 고유한 의미를 잃어버립니다.
　이반 일리치는 이러한 현상을 '의학의 복수Medical Nemesis'라
고 불렀습니다. 이반 일리치의 질병과 죽음에 대한 물음은 우
리에게 중요한 질문을 던집니다. 오늘날 우리가 어떻게 해야
고통과 죽음을 삶의 일부로 끌어안고, 그 과정에서의 주도권을
외부인이 아닌 죽어가는 사람 자신이 가질 수 있을지에 대해
묻는 것이지요.[12]
　현대 의학은 인간의 질병과 고통에 대한 유용한 정보를 제
공하고 인간의 고통을 줄이고 질병을 치료하는 과정에서 가장
효과적인 방법을 제공합니다. 오늘날 사람들이 질병과 고통 앞
에 무력했던 과거와 다른 태도를 가지는 것은 당연한 일입니
다. 현대 의학이 인간이 보다 존엄하게 살고 존엄하게 죽는 과
정을 보조할 수 있는 유용한 방법임을 부정할 수는 없지요. 하
지만 의학의 몸에 대한 판단이 그 몸으로 살아가는 환자 자신

의 판단보다 우선할 수는 없습니다.

2002년 이반 일리치가 사망했을 때, 캘리포니아 주지사였던 제리 브라운Jerry Brown은 《뉴욕타임스》에 기고한 글에서 그의 삶과 사상을 이렇게 요약합니다.

> 오래 사는 일과 고통을 없애는 일에 모두가 집착하는 세상에서, 일리치는 고통을 살아내는 일을 공부하고 실천했다.(In a world obsessed with longevity and freedom from pain, Mr. Illich studied and practiced the art of suffering.)[13]

누구든 삶의 어느 순간에는 불가피하게 고통과 죽음을 만나게 됩니다. 그 불가피한 죽음과 고통을 외부의 것으로 밀어내지 않고, 그것을 삶의 일부로 받아들이며 살아내는 길을 이반 일리치는 찾으려 했던 것이지요.

05

시기
질문되어야
하는 것들

시작
질문되어야
하는 것들

─────────── 과학에서는 무엇보다 좋은 질문을 하는 게 중요합니다. 잘못된 질문에는 아무리 노력해도 좋은 답을 하기 어렵기 때문이지요. 그리고 질문에 대한 답을 찾아가는 과정 역시 중요합니다. 합리적 사유에 따른 검증 가능한 절차만을 말하는 게 아닙니다. 역사 속에서 과학자들이 '효율적인' 연구를 위해 사회적 약자를 착취하고도 자신의 잘못을 인지하지 못하는 경우를 종종 발견합니다. 자신이 가진 기득권과 연구 과정의 윤리성에 대해 질문하지 않았기 때문입니다. 결론과 성과만을 주목하는 세상에서 '쓸모없는' 질문으로 시작해 과학적 사유의 토양을 다진 그리스의 성취와, 자신의 권력에 질문하지 않았던 과학자들이 남긴 한 비극적인 역사에 대해 이야기하고자 합니다. ───────────

'쓸모없는' 질문에서 시작된 과학
: 세상은 무엇으로 이루어져 있는가

칼로 수술할 때 주문을 왼다면
좋은 의사는 못 되오.
—소포클레스, 『아이아스』

과학이란 무엇인가

'2010년 천안함은 어떻게 침몰했나?' 이 질문에는 여러 대답이 존재할 수 있습니다. 한국사회에서 가장 예민한 정치적 이슈 중 하나인 이 질문에 대답할 때 가장 중요한 점은 무엇일까요? 그것은 결론이 무엇인지가 아니라, 결론에 이르기까지의 사고 과정이 얼마만큼 합리적이었는가 따지는 것이라고 생각합니다. 그것이 바로 과학적 태도이기 때문입니다. 조사 과정의 합리성을 따지는 것은 천안함에서 사망했던 고귀한 생명들과 살아남은 장병들의 아픔에 대해 한국사회가 마땅히 갖춰야 하

우리 몸이 세계라면

는 예의와는 별개의 문제입니다.

많은 사람들이 '과학은 진리를 찾아내고 질문에 대한 정답을 알려준다'라고 생각합니다. 그러나 우리가 과학의 목소리를 신뢰하는 것은 결론에 도달하기까지의 합리적 사고 과정 때문이지, 그 결론이 진리를 담보하기 때문이 아닙니다.

2010년도 남아프리카 공화국에서 열린 월드컵 때 파울이라는 이름을 가진 문어가 전 세계적으로 유명해졌습니다. 독일의 한 수족관에 있던 문어가 유명해진 이유는 월드컵 경기에서 누가 이길 것인지를 맞히는 신기한 예언 때문이었습니다. 놀랍게도 문어는 월드컵에서 독일이 치른 경기에서 5승 2패의 결과를 매번 정확히 맞췄습니다. 문어의 예측은 결과적으로 매 순간 진리에 가까웠습니다. 그렇다면, 문어의 예측은 과학일까요?

인류 역사상 가장 뛰어난 과학자로 평가받는 만유인력의 법칙을 발견한 아이작 뉴턴을 모두 아실 거예요. 정교한 수학적 체계로 이루어진 그의 증명으로 우리는 이 땅에서 일어나는 많은 현상을 설명할 수 있었습니다. 그런데 20세기 들어 특수 상대성이론과 양자역학의 등장으로 인해 극단적인 여러 상황에서 뉴턴의 법칙은 유효하지 않다는 점이 밝혀집니다. 뉴턴의 법칙을 활용하면 우리는 어떤 상황에서는 잘못된 예측을 하고 또 틀린 결과를 내놓게 됩니다. 그렇다면, 뉴턴의 법칙은 과학이 아닌 걸까요?

저는 문어 파울의 예측은 과학이 아니고, 뉴턴의 법칙은 과학이라고 생각합니다. 과학은 확고한 진리의 묶음이 아니라, 기존의 지식에 질문을 던지는 비판적 사고와 그 질문에 답하기 위한 합리적 사유 방식이니까요. 그래서 우리가 과학의 눈으로 세상을 바라볼 때면, 그 결과가 올바른 것인지 그 예측이 맞았는지보다도 그 과정이 어떠했는지를 더 중요하게 여깁니다. 그러한 과학적 접근은 인간 인식의 지평을 넓혀온 가장 든든한 도구였습니다. 이 글에서는 그러한 비판적 사고와 합리적인 사유 방식으로서 과학이 탄생했던 시기에 대한 이야기를 하고자 합니다. 2,500년 전 그리스에서는 세계의 작동 원리를 합리적으로 이해하고자 하는 문화가 꽃피고 있었습니다.

신의 저주로 병에 걸린 사람들

그럼 대체 어느 신께서 이들(그리스인들)에게 이러한 불행을 가져다주었단 말인가? 그것은 아폴론 신이니, 아가멤논이 자신의 사제 크리세스에게 불경하게 대한 데에 분노한 아폴론이 아가멤논에게 경고하는 뜻으로 역병을 보냈던 것이다. … 아폴론은 분노를 참지 못해 어깨에 활과 화살통을 메고는 올림포스산에서 내려왔다. 등에서는 떨리는 노여움에 화살이 덜거덕거렸다. 아폴론은 밤처럼 어두운 얼굴을 하고는 그리스 함대로부터 저 멀리 자리를 잡았다. 그리고 함대 한복판으로 은으로 된 화살을 날리니 죽음의 소리가 났다.

―호메로스, 『일리아드』

호메로스가 쓴 『일리아드』의 한 장면입니다. 아폴론 신이 분노에 휩싸여 어깨에 화살과 활을 메고 올림포스산 정상에서 내려와 그리스군을 향해 화살을 날립니다. 그리스의 왕 아가멤논이 자신의 사제를 모욕했기 때문입니다. 그 화살을 맞은 사람들은 역병에 걸리고, 그리스군은 몰살됩니다. 『일리아드』는 기원전 1194년부터 1184년까지 10년 동안 진행된 트로이 전쟁을, 그로부터 400여 년이 지난 뒤 구전으로 내려오던 내용을 바탕으로 상상력을 발휘해 만든 작품입니다. 인용한 부분은 역병으로 인해 그리스군이 몰살되는 장면으로, 당대 사람들이 질병의 원인에 대해 어떤 생각을 가지고 있는지 잘 보여줍니다. 분노한 신이 징벌을 내려 사람들이 역병에 걸리게 된 것입니다. 초자연적인 관념에 기초해 세상의 작동 원리를 바라보던 당대 사람들의 관점이 잘 드러나 있습니다.

> 그도 신당을 헐지 않아 백성들이 계속 거기에 가서 제사를 지내며 분향하였다. 여호와께서 그에게 벌을 내리셨으므로 그가 죽는 날까지 문둥병자가 되어 별궁에서 지냈으며 그의 아들 요담이 대신 나라를 다스렸다.
>
> —열왕기하 15장, 『성경』

전 세계에서 가장 많이 읽힌 책 『성경』의 구약성서에 나오는, 지금으로부터 2,500여 년 전 쓰인 것으로 추정되는 기록입니다. 여기서 말하는 문둥병자가 앓고 있는 병은 오늘날의 용어로 한센병Hansen's disease 또는 나병이라고 부르는 병입니다. 과거 한센병은 무서운 질병이었습니다. 균에 감염되고 나면 피부에 각종 염증을 일으키고 이후에는 통각이 약해지면서 결국 피부와 신체 말단부가 썩는 병입니다. 신체 외형의 변화가 심하고 고약한 냄새까지 풍기다 보니, 사람들은 이 질병을 신의 저주로 여겼습니다. 『성경』에 나오는 것처럼, 회개할 줄 모르는 인간에게 여호와가 벌을 내린 것으로 생각했습니다. 동양에서는 이 병을 하늘이 내린 벌이라고 해서, '천형병天刑病'이라고 불렀습니다.

고대 그리스에서는 한센병에 걸리면 공동체에서 격리되어 살아야 했습니다. 가족도 만날 수 없었고, 병에 걸리지 않은 사람이 자신의 근처로 오면 가까이 오지 않도록 소리를 쳐야 했습니다. 한센병은 마이코박테리움 렙프래Mycobacterium leprae라는 박테리아 감염에 의해 생겨나는 만성병이지요. 오늘날의 눈으로 보면 치료 가능한 특정 박테리아에 감염되었을 뿐인데 균의 존재도 몰랐고 치료할 수 있는 항생제도 없던 시절에는 신의 분노로 인한 천형으로 인식되었던 것입니다. 한 인간으로서 존엄한 대접을 받지 못했던 것이지요.

동서양을 막론하고 오랜 시간 인류는 질병이 신이나 귀신의 분노와 같은 초자연적 원인에 의한 것이라고 생각했습니다. 의학사가인 황상익 선생님은 역사 속에서 수백 년 동안 의학의

우리 몸이 세계라면

의미를 두고 '毉(의)'와 '醫(의)', 두 글자가 경쟁을 했다고 이야기합니다. 두 한자를 자세히 살펴보면, 하나는 밑변에 무당을 가리키는 '무巫'가 들어가 있고, 후자는 술을 가리키는 '유酉'가 들어가 있습니다.[1] '의학' '의술'을 의미하는 '의'는 후자인 '醫'입니다. 하늘의 뜻을 받아 땅에 전달하는 무당과 인간이 만들어 종종 약으로 쓰이던 술이 질병 치료를 놓고서 각축을 벌였고 결국 신의 분노와 같은 초자연주의적 원인을 이야기하던 의毉가 경험적 근거에 기초해 자연주의적 원인을 말하던 의醫에게 패배한 것입니다.

그 변화의 시작점에는 히포크라테스의 의학이 있었습니다. 이들이 남겨놓은 저작들은 고대 그리스의 과학이라는 풍요로운 토양 위에서 피어난 경이로운 결과물입니다.

'쓸모없는' 질문에서 시작된 과학, 세상은 무엇으로 이루어졌는가?

많은 이들이 고대 그리스에서 과학이 시작되었다고 말합니다. 이 말을 들으면 그리스 이전에 꽃피웠던 이집트, 메소포타미아, 인더스, 황허 문명에는 과학이 없었단 말인가 하는 의문이 들기도 합니다. 당연히, 다른 문명권에도 훌륭한 과학적 성과가 있었습니다. 예를 들어, 매년 범람하는 나일강을 관리하는 능력은 이집트 문명이 성립하기 위한 핵심 조건이었습니다. 그

때마다 토지를 재조사하는 과정에서 정교한 측량이 필요했고, 기하학이 발전했습니다. 인류 역사에서 가장 큰 석조 건축물인 쿠푸 피라미드를 만들어낸 이집트인의 수학은 그 거대한 건축물을 정교하게 짓기 위한 필수적인 도구이기도 했습니다. 이처럼 고대 과학의 핵심이라 할 수 있는 수학과 천문학은 다른 문명에서도 모두 뛰어난 나름의 성과를 거두었습니다.

그런데 왜 그리스의 과학을 사람들이 특별하게 생각할까요? 그것은 그들이 실용적인 목적에서 벗어나 세계의 본질에 대해 질문을 던졌기 때문입니다. 즉, 그 질문의 '쓸모없음'과 닿아 있습니다.[2] 최초의 과학자로 불리는 탈레스는 물론이고 플라톤, 아리스토텔레스까지 그리스의 과학자들은 국가의 지원 없이 세계에 대한 탐구를 진행했습니다. 과학을 위한 국가의 제도적인 지원이 없는 상황에서 그리스의 과학자들은 놀라운 발걸음을 내딛습니다. 토지 측량이나 피라미드 건설과 같은 실용적인 목적 없이 세계의 구성원리에 대한 추상적인 질문을 던지고 답하기 시작합니다. 그리고 그 쓸모없어 보이는 질문들이 모든 걸 바꾸어놓았습니다.[3]

오늘날 우리가 자연철학이라고 부르는 학문이 생겨난 것입니다. 최초의 과학자로 알려진 탈레스의 질문은 그런 것이었어요. '세상은 무엇으로 이루어져 있는가?' 탈레스는 이 추상적인 질문에 세상은 물로 이루어져 있다고 답합니다. 현대인은 이 대답을 듣고 감탄하지 않을 거예요. 우리는 현대 물리학이 기본 입자인 분자나 원자를 그리고 더 작은 단위인 쿼크를 발견해나간 역사를 알고 있으니까요. 그러나 이 질문이 인류 역사에서 가지는 함의는 결코 가볍지 않습니다. 『과학과 기술로 본 세계사 강의』를 쓴 매클렐란 교수는 탈레스의 질문과 대답을 두고 이렇게 말합니다.

> 매우 단순해 보이는 이 주장은 우리 주변의 세계를 구성하는 물질적인 '질료'에 관해 진술하려는 최초의 시도이다. 이 주장은 물질 이론의 출발점, 즉 일상적인 지각의 수준 밑에 있는 물리적 세계의 구조에 관한 과학적 이론의 출발점이다.[4]

당대의 시각으로도 탈레스의 생각에는 명백한 문제점이 있었습니다. 모든 물질이 물로 이루어져 있다면, 상극의 성질을 지녀 물과 접촉하면 사라지는 불 역시 물로 구성되어 있다고 말하는 것이기 때문입니다. 받아들이기 어려운 설명입니다. 한 세기 뒤, 아낙시만드로스는 이 모순에 답하기 위해 새로운 가설을 내세웁니다. 물보다 훨씬 추상적인 개념인 '무한'을 세상의 근본 물질로 이야기한 것이지요. 그렇게 생각하면, 물과 불을 모두 설명할 수는 있지만, 과도하게 추상적인 내용이 되어 버립니다. 그다음 세대 학자인 아낙시메네스는 세상의 원초적인 물질은 공기(프네우마pneuma)라고 주장하기도 합니다. 그리고 마침내 엠페도클레스가 등장해 앞서 말한 이야기보다 당대 사람들에게 더 설득력 있는 가설을 내놓습니다.

엠페도클레스의 주장은 히포크라테스 의학을 비롯한 그리스인의 세계관에 지대한 영향을 끼친 이론입니다. 세상이 네 가지 원소, 물, 불, 흙, 공기로 이루어져 있다는 가설입니다. 그의 이론은 직관적일뿐더러, 많은 현상을 설명할 수 있었습니다. 예를 들어, 아리스토텔레스는 사과가 나무에서 땅으로 떨어지는 이유를 흙의 성분을 많이 가지고 있는 과일이 흙으로 이루어진 땅으로 다가가는 힘으로 설명했습니다. 그 과정을 자신의 본성을 실현하는 과정이라고 표현했습니다.

탈레스부터 엠페도클레스까지 이어지는 이들을 오늘날은 그들이 거주했던 지역의 이름을 따서 밀레투스학파라고 부릅니다. 그들의 이론을 공부해보면 '세상은 무엇으로 이루어져 있는가'라는 추상적이고 근본적인 질문에 답해가면서, 앞의 가설이 가지고 있던 한계를 뒤의 가설이 넘어서고 극복해가는 과정이 반복됩니다. 같은 질문에 답하는 여러 가설이 경쟁하면서 더 합리적이고 설득력 있는 지식이 살아남는 것입니다. 제가 생각하는 과학적 사유의 핵심 요소입니다.[5]

세상의 근본 물질이 무엇인가라는 이 추상적인 질문에 대한 탐구는 소크라테스 시대를 거치며 질적인 도약을 이룹니다. 물론 이데아를 중심으로 인간이 감각으로 도달할 수 있는 세계 너머의 원리를 이야기한 플라톤과, 상대적으로 감각과 관찰에 기초한 저술로 중세 과학의 원형을 확립했던 아리스토텔레

우리 몸이 세계라면

스가 바라본 세상이 동일하지는 않습니다. 하지만 이 둘은 각기 다른 방식으로 자연철학자들의 한계를 넘어, 세상을 일관된 체계로 인식하는 수준에 도달합니다. 흔히 '그리스의 기적'이라 불리는 성취입니다.

하지만 이러한 성과를 '기적'이라고 부르는 일을 불편해하는 학자들도 있습니다. 『과학의 민중사』를 쓴 클리포드 코너 교수는 '그리스의 기적'이라는 말이 그리스가 주변 문명권에 빚진 적이 없다는 함의를 가지고 있다고 지적합니다. 20세기 초부터 '그리스의 기적'이라는 명칭이 통용되기 시작했는데, 이는 당시 유럽에서 유행했던 인종주의 이데올로기와 닿아 있다고 코너 교수는 주장합니다. 당시 유럽, 특히 독일의 인종주의 과학자들은 그리스인을 자신들의 조상들로 여겼는데, 백인 우월주의를 주장하며 식민지의 유색인종을 지배하려던 제국주의 국가 입장에서는 그리스인의 놀라운 성취가 유색인종인 이집트나 메소포타미아 문명권의 영향을 받았다는 사실을 지우고 싶었기 때문이지요.[6]

물론, 이러한 지점을 인정한다고 해도 그리스인이 이루어 낸 성취를 폄하할 이유는 없습니다. 그들은 비판적 사고와 합리적 사유 과정이라는 과학문화를 만들어냈고, 그 위에서 오늘날까지도 과학의 주요 화두인 '세계는 무엇으로 이루어져 있고, 어떻게 움직이는가?'라는 물음에 체계적으로 답했던 최초의 인물들이니까요. 신의 존재를 배제하고 세계를 설명했던 그리스의 과학문화는 인간의 질병을 이해하는 데에도 거대한 공헌을 합니다. 그 합리적 사유의 토양 위에서 인류 역사상 가장 유명한 의사인 히포크라테스와 그의 동료들, 즉 히포크라테스 학파가 등장합니다.

히포크라테스 학파,
초자연적인 원인을 배제하고 질병을 생각한 최초의 사람들

내가 생각하기로는, 최초로 이 질병을 신성화한 사람들은 오늘날의 주술가들이나 정화사들이나 떠돌이 사제들이나 돌팔이들과 같은 이들이며, 자신들이 꽤나 경건하고 뭔가를 아주 많이 알고 있는 체한다. 더 나아가 그들은 (환자를) 돕는 데 이용할 치료법을 갖고 있지 못한 무대책 상태를 변명하는 구실로 신적인 것을 내세워서, 그리고 자신들이 전혀 알지 못한다는 것이 드러나지 않도록 하기 위해서 이 질병을 신성한 것이라 불렀다.[7]

히포크라테스 학파의 저작인 『신성한 질병에 관하여Peri hieres nousou』의 한 구절입니다. 2,500여 년 전 그리스 시대에도 여전히 많은 사람들은 신의 분노로 질병이 발생하고 나쁜 기운이 몸에 들어와서 아픈 거라고 생각했습니다. 그런 이들은 주술사들이나 떠돌이 사제 같은 사람들에게 의존했지요. 이 글에서 등장하는 신성한 질병이란 무엇일까요? 이 병은 한센병과

우리 몸이 세계라면

반대로 신이 특별히 선택한 이들에게 나타나는 병이라고 여겨졌습니다. 알렉산더 대왕이나 카이사르가 이 병을 갖고 있었다고 전해지기도 합니다. 오늘날 흔히 뇌전증이라고 부르는 병입니다. 근육경련과 발작을 동반하는 이 병의 정확한 원인은 아직까지도 밝혀지지 않았지만 뇌질환으로 알려져 있습니다.

그런데 이 병을 두고 당대의 주술사들은 신성한 병이라고 부르며, 그 원인을 신에게서 찾았습니다. 주술사들은 치료를 위해 죽음을 의미하는 검은 옷을 입지 못하게 하고, 주문을 외우도록 권했습니다. 히포크라테스 학파에게 주술사들의 설명과 치료는 '자연적 기원'을 갖는 이 질병을 두고서 신을 끌어와 사람을 현혹시키는 '사이비 과학pseudoscience'이었습니다.[8]

당시는 번개가 치면 제우스 신이 화가 난 것이라고 생각하고 아폴론 신의 분노로 전염병이 유행한 것이라고 생각하던 시절이었습니다. 당시 대다수의 사람들이 자연현상을 초자연적인 신의 의도로 설명할 때, 히포크라테스 학파는 단호하게 초자연적인 원인을 배제하고 질병 발생을 설명했던 것입니다. 그들은 인간의 몸과 질병의 발생에 대해 그들만의 사고 체계를 가지고 있었습니다. '세계는 무엇으로 이루어져 있는가'라는 질문에 답하고자 했던 자연철학자들처럼, '인간의 몸은 무엇으로 이루어져 있는가'에 대해 그들은 답하고자 했습니다. 히포크라테스 학파의 저술 중 하나인 『인간의 본질에 관하여Peri physios anthropou』를 보면 다음과 같은 구절이 있습니다.

나는, 인간(의 구성요소들)이라고 내가 내세울 것들이 관습적으로나 자연적으로나 언제나 동일한 것들로 이루어져 있음을 밝힐 것이라고 말한 바 있다. 나는 피와 점액과 황담즙과 흑담즙이 그 구성요소들이 라고 주장한다.[9]

인간의 몸은 네 가지 체액으로 이루어져 있고, 그 균형과 조화가 무너질 때 병이 발생한다는 4체액설에 대한 내용입니다. 특히, 세계가 네 가지 원소로 이루어져 있다고 주장했던 자 연철학자 엠페도클레스의 영향이 보입니다.[10,11] 4체액설은 로 마 황제 주치의였던 갈레노스 의학 이론의 핵심이 되고, 이후 1,000년이 넘는 시간 동안 중세 서양의학을 지배합니다.

히포크라테스 학파의 저작 중 보건학 분야에서 가장 많이 언급되는 책은 『공기, 물, 장소에 관하여Peri aeron, hydaton, topon』 입니다. 제 전공이기도 한 역학Epidemiology은 인구집단에서 질 병의 원인을 탐구하는 학문인데, 다음은 제가 역학 수업을 할 때면 첫 번째 시간에 인용하는 글입니다.

의술을 올바로 추구하고자 하는 자는 다음과 같이 행해야 한다. 먼저 한 해의 계절들 각각이 무슨 영향을 미칠 수 있는지를 고려해야 한다. 계절들은 서로 간에 전혀 비슷하지 않으며 계절 자체에서뿐 아니라 그 변화에 있어서도 많이 다르기 때문이다. 또한 찬 바람과 더운 바람, 특 히 모든 사람에게 공통적인 바람과 각 지방에 특유한 바람도 고려해야 한다. 물들의 성질에 대해서도 고려해야 한다. 왜냐하면 이들은 맛과 무게에서 다르듯이 또한 각 성질에 있어서도 많이 다르기 때문이다. 그래서 어떤 의사가 낯선 나라에 도착하면, 그는 그곳의 위치에, 다시 말해 그곳이 바람과 태양의 떠오름에 대해 어떻게 위치하고 있는지에 대해 주의를 기울여야 한다.

여기서 낯선 나라는 그리스의 작은 도시국가를 뜻합니다. 새로운 공간에 의사가 가게 되면, 그 지역의 질병을 이해하기 위해서 그 지역의 공기와 물과 장소에 대해 먼저 이해해야 한다는 이야기입니다. 여러분은 몸이 아플 때, 그 원인이 무엇이라고 생각하나요?

2,500년 전 히포크라테스 학파는 사람들이 건강하게 지내기 위해서 의사가 가장 먼저 봐야 하는 것들은 공기와 물과 장소라고 말한 것입니다. 물론 사회적 맥락에서 많은 차이가 있지만, 오늘날로 가져온다면 미세먼지 없는 공기와 깨끗한 물을 공급하는 상수도 시설과 안전한 주거공간이라고 말할 수 있을까요?

『공기, 물, 장소에 관하여』가 중세에는 주목받지 못하다가 19세기를 거치며 히포크라테스의 저작 중 가장 많이 읽히게 된 것은 바로 이러한 현재성 때문입니다.[12] 아픈 당사자의 행동을 비난하는 것이 아니라, 사람들이 보다 건강하게 살 수 있도록 환경을 어떻게 바꾸어나가고 그 과정에서 사회가 어떤 역할을 해야 하는지를 논하는 이 글은 중요한 역사일 수밖에 없습니다.

왜 우리는 2,500년 전 인물에 대해 말하는가

오늘날 현대 의학이 이뤄낸 놀라운 성취는 대부분 지난 200년 동안 거둔 것입니다. 결핵이나 콜레라의 원인이 세균이라는 점을 알게 된 것은 불과 150여 년 전이고, 그러한 감염병을 치료하기 위한 항생제가 개발된 역사는 100년이 채 되지 않습니다.

2,500년 전 히포크라테스 학파는 질병이 인간의 몸을 이루는 4체액 간의 균형이 무너졌기 때문에 발생한다고 가정했습니다. 따라서 치료는 체액 간의 균형을 맞추는 형태로 진행됩니다. 점액이 너무 많으면 구토를 유발하는 약을 줘서 점액을 몸에서 빼내고, 피가 너무 많다면 바늘로 찔러 피를 빼내는 사혈을 하는 것이지요. 이 작업은 효과가 있었을까요? 현대 의학이 밝혀낸 인간 몸의 생리학 지식을 기초로 볼 때, 치료 효과는 없었거나 있더라도 매우 미비했을 것으로 생각됩니다. 엄밀히 말해서, 2,500년 전 히포크라테스 학파가 당시에 사용했던 질병의 치료법 중 오늘날에도 사용하고 있는 것은 없습니다.

따라서 치료 효과의 측면만 본다면, 히포크라테스 학파의 조언은 질병이 발생했을 때 자신의 죄를 참회하며 신을 찾아

예배당에 가 기도를 드리는 것과 별반 다르지 않은 행동으로 보일 수도 있습니다.

하지만 두 행위는 질적으로 다른 것입니다. 질병의 원인을 초자연적인 신의 분노로 설명하는 가설은 검증될 수도, 검증될 필요도 없습니다. 인간이 할 수 있는 일은 계속 죄를 뉘우치는 것뿐이지요. 그러나 4체액설은 초자연주의적 원인을 배제한 상황에서 인간이 질병을 설명하기 위해 만든 검증 가능한 가설입니다. 물론 실제로 사혈의 효과를 검증하는 과학적인 실험은 2,000여 년이 지난 후에서야 가능했지만요.[13] 과학철학자 칼 포퍼가 이야기했던 반증 가능성falsifiability, 즉 검증하고 논박될 수 있는지 여부는 과학과 과학이 아닌 것을 나누는 중요한 요소입니다.

그것이 2,500년 전에 쓰여진 히포크라테스의 저작에 대해 우리가 공부하는 이유입니다. 그건 그들이 질병의 원인에 대해 초자연적 원인을 배제하고 인간의 질병에 대해 과학적으로 사고했던 최초의 사람들이기 때문입니다. 2,500년 전 그리스 사람들은 질병이 신의 분노와 같은 초자연적 원인에 따라 설명된다는 당대의 관념에 맞서, 기초적인 해부학과 생리학의 지식조차 없던 시기에 인간의 질병을 자연적 원인에서 찾기 위해 노력했습니다.

그들이 주장했던 4체액설을 비롯해 질병의 원인에 대한 설명은 이후 후대 과학자들에 의해 반박되고 더 나은 가설로 대체되지만, 초자연적인 원인을 제외하고 검토 가능한 가설을 세우고 보다 나은 설명을 찾아간 그들의 사유 방식은 오늘날까지도 수천 년을 건너 살아남습니다. 그 위에서 우리는 질병의 원인에 대한 더 나은 설명과 보다 효과적인 치료법을 찾아가고 있습니다. 과학의 힘입니다.

질문하지 않은 과학이 남긴 것
: 비윤리적 지식 생산 과정을 말하다

> 터스키기 실험은 국가가
> 민주주의의 가장 근본이 되는
> 국민과의 신뢰를 무너뜨린 사건입니다.
> —빌 클린턴

치료 대신 관찰의 대상이 된 환자들
: 미국 터스키기 사건

1936년 《미국의사협회지》에는 「흑인 남성의 치료되지 않은 매독, 치료자와 비치료자 비교 연구Untreated Syphilis in the Male Negro, A comparative study of treated and untreated cases」라는 제목의 논문이 출판됩니다.[1] 매독에 걸렸지만 치료받지 못한 흑인 환자 399명과 매독에 걸리지 않은 흑인 201명의 질병 발생을 비교한 연구입니다.

〈표12〉는 그 논문에 실린 결과입니다. 매독에 걸리지 않은

표12 치료받지 못한 매독 환자와 매독에 걸리지 않은 흑인의 심장병 유병률 비교[1]

발견된 질병	치료받지 못한 매독 환자 (399명)			매독에 걸리지 않은 흑인 (201명)		
	25~39세(%)	40세(%)	전체(%)	25~39세(%)	40세(%)	전체(%)
심장병	25.3	63.1	46.6	5.7	37.7	23.9
대동맥염이 의심되는 경우	30.5	18.2	23.6	7.0	3.5	5.0

흑인은 심장병 유병률이 23.9%인데, 치료받지 못한 매독 환자는 46.6%로 2배가량 높다는 결과이지요. 대동맥염이 있을 것으로 의심되는 경우도 치료받지 못한 매독 환자는 23.6%로 매독에 걸리지 않은 흑인의 유병률인 5.0%에 비해 4배 이상 높습니다. 당혹스러운 연구입니다. 매독 환자를 치료하지 않았을 때, 매독이 없는 사람에 비해 합병증에 걸릴 위험이 높다는 결과를 보고하고 있으니까요.

이 연구는 의학 역사상 가장 비윤리적인 연구 중 하나로 알려진 터스키기 매독 실험Tuskegee syphilis experiment입니다. 20세기 초 미국 남부 앨라배마 메이컨 카운티Macon County의 면방직 공장의 사장이었던 부커 워싱턴Booker T. Washington은 여러 자선사업가들의 자금을 모아 흑인들의 삶을 개선하고자 학교, 공장, 기업 등을 건설하는 프로젝트를 지원합니다. 그 프로젝트를 진행하는 과정에서 메이컨 카운티의 성인 흑인 중 35%가 매독에 걸려 있다는 사실을 알게 되고, 이 프로젝트에 함께하던 로젠월드 펀드Rosenwald Fund의 자금 일부를 이용해 1929년부터 매독 치료 계획을 세웁니다.

그러나 같은 해 미국에서 경제 대공황이 발생하고, 매독 치료를 위한 지원금이 사라집니다. 프로젝트 책임자인 탈리아페로 클라크Taliaferro Clark와 레이먼드 본더러Raymond Vonderlehr는 고민 끝에, 치료받지 못한 이들을 추적·관찰하기로 결정합니다. 이들은 터스키기대학과 함께 1932년부터 399명의 매독에 감염된 흑인과 감염되지 않은 흑인 201명을 추적·관찰하는 터스키기 매독 실험을 진행합니다. 연구진은 매독 환자들에게 주기적인 검진과 치료를 받게 될 거라고 말합니다.[2]

하지만 실제로 매독 치료는 이루어지지 않고 있었습니다. 당시 매독 치료제는 수은mercury과 창연bismuth이라는 물질을 조합한 것으로 효과가 불확실했습니다. 그러나 의료진은 그조차도 제공하지 않은 상태로 흑인 환자들을 계속해 추적·관찰합니다. 치료하지 않은 상태로 어떤 합병증이 발생하고 어떻게 사망하는지를 관찰한 것이지요. 흑인 환자들은 자신의 몸을 이용해 어떤 실험이 진행되고 있는지 전혀 알지 못했습니다. 백인 의사들은 대다수가 정규교육을 받지 못한 문맹에 가난한 소작농인 흑인 환자들에게 '나쁜 피bad blood'라는 병에 걸려 있어서 치료를 해야 한다고 말하며, 정작 치료는 제공하지 않았습니다.[3]

그 과정에서 의료진은 주기적으로 흑인 환자의 혈액과 뇌척수액을 뽑아 매독의 진행 상태를 확인했습니다. 두통과 구토를 유발할 수 있는 뇌척수액 검사가 진단이나 치료 목적이 아닌 오직 연구를 위해 진행된 것이지요. 한 걸음 더 나아가 의료진은 환자들이 치료받는 것을 막기 위해 적극적으로 행동했습니다. 제2차 세계대전에 참전한 터스키기 지역의 청년들이 군에서 매독 치료를 받을 수 있게 되자, 터스키기 공중보건국은 그들을 매독 치료에서 제외해달라는 요청을 합니다. 군은 이 요청을 수용합니다.[4]

1947년 페니실린이 효과적인 매독 치료제로 공인된 이후에도 터스키기의 매독 환자들은 치료를 받지 못하고 죽어갑니다. 연구진은 1932년부터 40년간 흑인 매독 환자들이 사망할 때마다, 환자가 매독 합병증으로 죽었다는 과학적 근거를 확보하기 위해 그 시신을 부검합니다. 장례식이 중요한 의미를 지녔던 터스키기의 흑인들에게 장례식 보조금을 지급하는 대가로 부검의 동의를 받았던 거지요. 가난한 그들에게 장례식 보조금으로 지급되는 50달러는 큰돈이었습니다.[5]

1972년 이 연구의 폭력성을 폭로한 신문기사가 나오고 나서야 연구는 종료됩니다. 1932년부터 1972년까지 40년간 진행된 비윤리적이고 폭력적인 연구의 실상이 언론을 통해 세상에 드러나자 전 세계 사람들은 큰 충격을 받습니다.

우리 몸이 세계라면

옳은 일을 한다고 믿었던, 간호사 리버스

그런데 흑인들은 왜 그토록 많은 검사에 계속 협조했을까요? 미국 흑인들 사이에는 노예제 시절부터 계속되는 백인 의사에 대한 뿌리 깊은 불신이 널리 퍼져 있었습니다. 과거 백인 의사들이 동의 없이 노예의 몸을 해부하거나 실험 대상으로 쓰는 일이 흔했기 때문입니다. 1835년 미국을 방문한 영국 사회학자 해리엇 마티노Harriet Martineau는 "볼티모어에서 해부에 이용되는 건 흑인들의 시신이다. 백인은 시신이 해부되는 것을 좋아하지 않고, 흑인들은 그 요구에 저항할 수 없다"[6]라고 말한 바 있습니다. 1863년 미국에서 노예제가 폐지된 이후에도 상황은 크게 변하지 않았습니다. 흑인들 사이에서는 여전히 백인인 '야간 의사night doctor'가 흑인을 납치해 살해하고 의학실험의 대상으로 이용한다는 루머가 널리 퍼져 있었습니다.[7]

이런 상황에서 메이컨 카운티의 흑인들이 터스키기 매독 연구에 적극적으로 협조했던 이유 중 하나로 연구자들은 미국 공중보건국 소속의 간호사로 일했던 유니스 리버스 로리Eunice Rivers Laurie의 존재를 말합니다. 메이컨 카운티에서 태어나고 자란 흑인 리버스는 연구가 진행되는 40년 동안 중간매니저로서 연구를 관리하는 역할을 담당합니다. 1953년 리버스 간호사가 출판한 논문「장기 의학 연구에서 진행된 20년간의 추적 경험Twenty Years of Followup Experience In a Long-Range Medical Study」에는 그녀가 자신의 일에 얼마나 큰 자부심을 가지고 있었는지 곳곳에

서 드러납니다.[8]

리버스는 이 논문에서 연구의 가장 중요한 부분은 사망 후 시신 부검을 할 때까지 환자들이 꾸준히 연구에 참여하도록 만드는 일이었다고 말합니다. 연구가 진행되며 환자를 진료하는 의사는 계속 바뀌었지만, 리버스 간호사는 40년 동안 이 프로젝트를 관리하며 흑인 환자들과 친밀한 관계를 쌓아갔습니다. 교통수단이 마땅치 않았던 흑인 환자들을 위해서 그녀는 자신의 차를 이용해서 그들의 병원 이동을 도왔습니다. 그리고 당시 대부분의 흑인들에게 병원에서 진료받는 것은 낯선 경험이었기 때문에, 그녀는 그들의 마음을 섬세하게 헤아려 모두가 검사에 응할 수 있도록 했습니다. 그녀는 1932년 연구가 시작되고 첫 20년간 사망했던 145명의 흑인 환자 중 단 한 건을 제외한 144명의 시신 부검 동의서를 받아내는 데 성공합니다.[9] 부검 성공률 99%는 그녀가 연구에 참여한 흑인 환자들과 어떠한 신뢰 관계를 맺어왔는지 짐작할 수 있는 수치입니다.

리버스 간호사의 존재를 이해하는 일은 단순하지 않습니다. 혹자는 이 잔혹한 실험에서 그녀가 없었다면 흑인 환자들이 연구진을 신뢰하지 않았을 것이라며 그녀가 주요한 가해자라고 말합니다. 또 누군가는 흑인 여성인 그녀가 인종차별이 만연한 시대에 상사인 백인 의사의 지시에 반대하는 것은 불가능했을 것이기에 그녀 역시 피해자라고 이야기합니다.[10,11]

한 가지 분명한 것은 리버스 간호사는 진심으로 자신의 행

우리 몸이 세계라면

동이 흑인 환자들을 위하는 것이라고 생각했다는 점입니다. 당시 상황을 고려할 때 아무런 검사조차 받지 못하고 죽었을 흑인 환자들이 병원에 와서 다양한 검사를 받을 수 있었던 것은 혜택이었다는 것이지요. 연구가 중단된 1973년 리버스는 다음과 같이 말합니다.

> 나는 어떠한 후회도 없다. 과거에 자신이 옳다고 생각해서 했던 일을 후회할 수는 없다. … 나는 사람들과 일하면서 내가 좋은 일을 하고 있다고 느꼈고, 누군가를 잘못된 길로 이끌었다고 생각하지 않는다.[12]

질문의 의무를 잊은 과학자들

1973년 연구가 종료되고 터스키기 실험의 폭력성을 조사하기 위해 청문회가 열립니다. 실험에 참여한 연구자들은 이 자리에서 자신들의 잘못을 인정하지 않았습니다. 연구 대상이었던 흑인들은 어차피 죽어갈 사람들이었고, 오늘날 매독이 조기사망을 초래하고 심장질환과 정신질환을 유발한다는 사실을 알 수 있는 것은 40년이 넘는 기간 동안 치료 없이 실험을 했기 때문이라고 말합니다. 이렇게 흑인 매독 환자들이 합병증에 걸려 죽는 과정을 관찰해서 얻은 의학지식으로 인해 새로운 흑인 매독 환자들을 치료할 수 있게 되었다고 주장했습니다. 자신들이 진행했던 연구가 비윤리적인 인종차별 행위였다는 사

CDC/National Archives

실을 인정하지 않았던 것입니다.[14·15]

　이러한 시각은 낯선 것이 아니었습니다. 연구가 시작되던 1932년 당시 미국 보건부 장관이었던 휴 커밍H. S. Cumming이 터스키기 연구소의 소장인 모턴R. R. Moton 박사에게 지역 병원이 연구에 협조해줄 것을 요청하며 보낸 서한에는 다음과 같은 말이 등장합니다.

　최근 메이컨 카운티에서 진행된 매독 연구는 이 지역의 비정상적으로 높은 매독 유병률을 보여주었다. 더 놀라운 것은 그중 99%의 환자가 한 번도 치료받은 적이 없다는 것이다. 이 두 가지 상황은 당신 병원의 협조와 함께, 과학적 연구를 진행할 수 있는 비할 바 없이 좋은 기회를 제공한다. 이 연구는 세계 어느 곳에서도 진행되기 어려울 것이다.[16]

메이컨 카운티 지역에서 99%의 흑인 매독 환자가 한 번도 치료받지 않은 것에 대해 보건부장관이 과학적인 연구를 진행하기 더없이 좋은 지역이라고 말합니다. 치료받지 못하는 흑인 당사자의 시각에서 한 번이라도 생각해봤다면, 입 밖에 꺼낼 수 없는 이야기입니다.

터스키기 연구가 폭로되고 미국사회는 이 연구가 죽어가는 흑인을 관찰한 잔혹한 인종차별 행동이었다고 비판합니다. 그 비판에 미국 공중보건국에서 일하며 이 연구가 진행될 수 있도록 적극적으로 협조했던 존 헬러John R. Heller 박사는 이 실험이 사회적 문제가 되던 1972년 한 기자와의 인터뷰에서 다음과 같이 말합니다.

> 나는 그들이 왜 충격을 받고 놀라는지 이해할 수 없다. 여기에 인종 문제란 없다. 그저 흑인들이 모인 동네에서 일이 발생했을 뿐이다. 나는 이 연구가 비교집단을 가지고 있는 명확한 연구이고 또 온전히 윤리적이라고 느낀다. 질병을 가지고 있는 경우와 그렇지 않은 경우에 어떤 일이 발생하는지를 알아내는 것은 의사로서 우리의 임무 중 하나이다.[17]

메이컨 카운티에 모여 있던 치료받지 못한 매독 환자가 우연히 흑인이었다는 이야기, 장례비 50달러를 지원해주면 매독 합병증으로 죽은 것인지 확인하기 위한 부검에 그 시신을 넘겨주던 가난한 가족들이 우연히 흑인이었다는 이야기입니다. 왜 흑인들이 더 많이 매독에 걸리게 되었는지, 왜 흑인들을 상대로 이 연구가 가능했는지에 대해 질문하지 않은 것이지요. 흑인 매독 환자가 치료받지 못했을 때 어떻게 병들고 어떻게 죽어가는지를 기록한 연구 논문들이 40년간 지속적으로 발표되었지만, 학계에서는 이 연구를 문제 삼지 않았습니다. 환자들이 백인이었어도 그랬을까요? 아닐 겁니다.

청문회에서 연구자들은 자신들이 윤리적으로 잘못한 점이 없다고 증언합니다. 진심이었겠지요. 그들은 메이컨 카운티의 환경이 과학 연구를 하기 위한 더없이 좋은 환경이라고 생각했고, 자신들의 논문이 유의미한 과학지식을 생산하고 있다고 믿었으니까요.

그러나 인지하지 못했다고 죄가 없을 수는 없습니다. 그들 대다수는 백인 과학자였습니다. 치료받지 못한 흑인 환자의 입장에서 한 번도 생각하지 않았고, 그런 잔혹한 행위를 과학 연구라는 이름으로 허용한 세상에 대해 질문하지 않았습니다. 1973년 터스키기 매독 실험이 종료된 후, 생존한 흑인들은 치료를 받고 소송을 거쳐 보상을 받게 됩니다. 하지만 터스키기 실험이 남긴 상처는 여기서 끝나지 않습니다.

비윤리적 지식 생산이 만든 불신

미국의 흑인들에게 터스키기 매독 연구는 거대한 집단적

트라우마로 남게 됩니다.[18] 오래전부터 백인 의사들이 흑인을 실험 대상으로 삼고 있다는 소문이 있었는데, 이 연구는 그 소문을 사실로 확인시켜준 셈이 되었으니까요. 보건당국의 승인 하에 진행된 터스키기 실험은 흑인들에게 백인이 장악한 정부 기관이 시행하는 '흑인 말살 프로그램Black genocide'으로 다가왔습니다. 흑인들은 미국 정부가 시행하는 보건 프로그램을 더 이상 신뢰하지 않게 됩니다.

1990년대 초 미국의 AIDS 환자 중에는 흑인이 많았습니다. 1991년 5월 기준으로 미국의 17만 9,136명의 AIDS 환자 중, 29%에 해당하는 5만 1,190명이 흑인이었습니다. 당시 미국의 흑인 인구 비중이 전체 인구의 12%에 불과하다는 점을 생각하면, 흑인의 AIDS 유병률은 백인에 비해 2배 이상 높았던 것이지요.[19]

그런데 이 시기 흑인들 사이에서는 AIDS의 원인 바이러스인 HIV를 미국 정부가 흑인을 말살시키기 위해 고의적으로 유포한 것이라는 음모설이 급격히 퍼져 나갑니다. 당시 뉴욕에서 종양외과 의사로 일했고 훗날 AIDS 치료에 적극적으로 참여했던 흑인인 바버라 저스티스Barbara Justice 박사조차 1990년 기고한 글에서는 "이 바이러스가 흑인들과 유색인종의 숫자를 제한하기 위해 생산되었을 가능성이 있다"라고 말했을 정도입니다.[20]

1997년《뉴욕타임스》의 기사 〈실험은 새로운 AIDS 치료약에 대한 불신의 전통을 남겼다Experiment Leaves Legacy of Distrust Of

New AIDS Drugs〉는 그 상징적인 장면을 보여줍니다.[21] HIV에 감염된 흑인인 월터 윌리엄스Walter Williams는 당시 미국 식약청이 승인한 AIDS약인 '지도부딘AZT, zidovudine'을 거부합니다. 약 대신 허브차와 같은 민간요법에 의존하기로 한 것이지요. 이러한 현상은 월터 윌리엄스만이 아니라, 미국 전역에서 HIV에 감염된 흑인들을 치료하는 과정에서 반복되어 나타납니다. 심지어 몇몇 흑인들은 정부 기관이 흑인을 죽이기 위해 HIV를 유포한 상황에서, 그런 정부가 제공하는 약을 먹는 것은 그저 실험실 쥐guinea pig가 되는 것이라고 믿고 치료를 거부하지요. 그런 의심의 한가운데에는 40년 동안 흑인을 대상으로 실험을 했던 터스키기 연구의 유산이 자리하고 있었습니다.[22]

AIDS로 인한 흑인의 사망률은 백인의 2배가 넘는 상황이 계속되었습니다. 어떠한 의학적 혁신이 있더라도, 환자들의 신뢰를 잃어버린 사회에서 제대로 된 치료는 진행될 수 없습니다. 아무리 의사가 진정성을 가지고 말해도 소용이 없는 것이지요. 1997년 빌 클린턴 대통령이 실험의 피해자와 그 가족들을 백악관으로 초청해, 미국 정부의 과오를 공식적으로 사과한 것 역시 그러한 신뢰를 회복하기 위한 노력이었습니다.

오늘날 AIDS가 흑인 학살을 위한 미국 정부의 프로젝트라고 믿는 흑인은 찾기 어렵습니다. 하지만 이 사례가 보여주는 것은 사회적 약자의 몸을 착취해 과학 연구를 진행한 역사가 그 사회에 남긴 상처에 대한 것입니다. 그 상처는 집단적 트라

우마가 되고 불신의 근거로 남아 수십 년 동안 흑인들이 국가
와 의학을 신뢰하지 못하게 만들었습니다.[23]

06

상식

지식인의 전쟁

상식

지식인들의 전쟁터

많은 사람들이 경험을 바탕으로 생각합니다. 자신의 경험은 우리가 일상에서 가장 자주 인용하는 판단의 근거이지요. 사람들은 상식에 의지하는 경우가 많습니다. 오래전부터 당연하게 생각해온 대다수의 사람이 신뢰하는 상식을 따르는 일은 편안하고 안전하니까요. 그러나 과학의 역사는 인간의 경험이 편향될 수 있다는, 사회의 상식이 잘못된 것일 수 있다는 점을 말해줍니다. 과학은 '당연한' 것들에 질문하며, 인간 인식의 지평을 넓혀왔습니다. 인간의 질병을 치료하기 위한 가장 나은 방법을 찾기 위해 경험이 아닌 데이터로 말하는 역학 연구와, 1,000년이 넘는 시간 동안 범접할 수 없는 상식으로 존재했던 갈레노스의 의학에 도전했던 과학자들에 대한 이야기입니다.

자신의 경험을 믿지 않는 일
: 데이터 근거 중심 의학에 관하여

> 지금 진행하는 치료의 근거는 무엇인가요?
>
> —아치 코크란

'경험'은 근거인가: 의사 스폭의 아기 엎드려 재우기 권고와
영아돌연사증후군의 관계

1946년 미국에서 처음 발간된 『영유아 돌봄Baby and Child Care』은 오늘날까지도 영유아 육아에 대한 가장 인기 있는 대중서입니다. 임신 시기와 출산 이후 아이의 건강을 위해 부모가 해야 할 일에 대해 소아과 의사인 스폭이 쓴 책입니다. 한때 성경과 판매량이 비슷할 만큼 인기가 있었습니다. 첫 번째 책이 나오고 70년이 지난 2018년 10월에는 그 저자의 이름이 제목에 들어간 『의사 스폭의 영유아 돌봄Dr. Spock's Baby and Child Care』

10판이 출판되기도 했습니다.

많은 이들의 호응을 얻은 책이지만, 지난 70년간 이 책이 항상 올바른 정보만을 담고 있었던 것은 아닙니다. 스폭은 1958년 발간된 『영유아 돌봄』에서 아이를 배가 바닥에 닿도록 엎드려 재우라고 권고했습니다. 아이가 구토를 할 때 기도가 막힐 확률이 줄어들어 더 안전하다고 생각했던 것이지요. 그 근거는 데이터에 기초한 분석이 아니라 소아과 의사인 스폭의 경험이었지요. 물론 당시에도 논쟁이 있었지만, 이런 조언은 스폭만이 아니라 많은 전문가들이 동의했던 내용입니다.

그러나 이후 아기를 엎드려 재우는 것이 아기에게 위험할 수 있다는 주장이 제기됩니다. 영아돌연사증후군Sudden Infant Death Syndrome 때문이었습니다. 영아돌연사증후군은 1세 이하의 건강한 아기가 갑자기 알 수 없는 이유로 사망하는 현상인데, 그 해부생리학적 원인은 명확치 않습니다. 그 원인을 알기 위해 수많은 연구를 진행하던 의사들은 1970년대 초부터 엎드려 재우는 경우에 영아돌연사증후군의 발생 위험이 급격히 높아질 수 있다는 생각을 하기 시작합니다. 하지만 그런 우려를 보여주는 연구 결과가 쌓이는 동안에도 결정적인 증거가 나타나기 전까지 사람들은 여전히 아이를 엎드려 재우는 게 아이를 죽음으로 몰고 갈 수 있다는 사실을 받아들이지 않았습니다.[1]

1990년 7월 플레밍Peter J. Fleming 박사는 영국 에이번Avon 지역에서 1987년부터 1989년까지 영아돌연사증후군으로 사망한 모든 아이의 부모를 사망 며칠 내로 인터뷰하고 대조군을 찾아 분석합니다. 그렇게 역사적인 연구인 「아이의 침대에서 누워 자는 자세와 영아돌연사증후군 사이의 상호작용: 인구 집단 수준의 환자 대조군 연구Interaction between bedding and sleeping position in the sudden infant death syndrome: a population based case-control study」가 출판됩니다. 연구 결과 엎드려 자는 아기는 등으로 누워 자는 아기에 비해 영아돌연사증후군으로 사망할 위험이 8.8배 높은 것으로 나타났습니다.[2] 이후 1991년 11월부터 영국에서 아이가 천장을 보고 누워 자도록 하는 바로 눕혀 재우기 캠페인Back to Sleep Campaign이 진행됩니다. 〈그림17〉은 그러한 변화 이후 영아돌연사증후군으로 인한 사망률의 감소를 보여주고 있습니다.[3]

2005년 《국제역학회지International Journal of Epidemiology》에 출판된 한 논문은 1940년부터 2002년까지 미국의 영유아 육아 관련 책에서 추천하는 아기를 재우는 자세가 시간에 따라 어떻게 바뀌었는지 분석합니다. 책마다 다르지만 1988년까지는 아이를 엎드려 재우라는 권고가 계속해서 등장하다가 1990년 이후로 아이를 등으로 눕혀 재우거나, 옆으로 재워도 괜찮지만 엎드려 재우지는 말라는non-front 권고만이 남았습니다. 논문은 만약 1970년 처음 엎드려 재우는 것의 위험성이 드러났을 때, 현재와 같은 권고를 적극적으로 했다면 미국에서만 1만 명이 넘는 아이를, 유럽에서는 5만 명이 넘는 아이를 살릴 수 있었

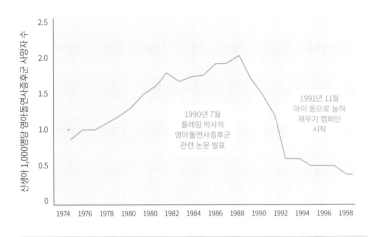

그림17 영국의 영아돌연사증후군으로 인한 사망률 변화[3]

영아돌연사증후군 관련 그래프

1990년 7월
플레밍 박사의
영아돌연사증후군
관련 논문 발표

1991년 11월
아이 등으로 눕혀
재우기 캠페인
시작

을 것이라고 분석합니다.[4] 이 비극적인 사례는 데이터가 아닌 개인의 직관과 경험을 근거로 판단하는 일이 가진 문제점을 명확히 보여줍니다.

한국의 '안아키'와 미국의 디즈니랜드 홍역 사건

'안아키'는 '약 안 쓰고 아이 키우기'의 약자로 2013년 시작된 인터넷 커뮤니티의 이름입니다. 한때 회원수가 5만 명이 넘을 정도로 인기가 있었던 안아키는 극단적인 자연주의 육아를 표방하며 그릇된 의료정보를 제공했습니다. 예를 들어, 필수 예방접종을 맞히지 말라고 하거나 화상에는 온찜질을 하라는 식으로 의학적 상식과 어긋나는 권고를 하고, 그로 인한 피해가 이어졌습니다.

안아키를 만든 한의사 A 씨는 모 신문과의 인터뷰에서 당신이 주장하는 치료법을 검증할 수 있는 논문을 왜 발표하지 않느냐는 질문에, "내가 논문을 쓴 적은 없지만 화상을 입었을 때 37도의 물로 응급조치를 하면 훨씬 잘 낫더라. (중략) 대신 카페에 완치 후기가 많이 있다. 논문이 필요하면 내겠지만 그거 없다고 아동 학대라고 할 사람은 없다"라는 대답을 내놓았습니다. 데이터에 기초한 검증 가능한 연구 없이 '카페에 완치 후기가 많이 있다'라는 경험을 근거로 치료법의 효과를 논하는 주장입니다. 특히 A 씨의 주장 중 "홍역이나 수두는 자연적으로 치유되므로 예방접종을 하지 않아도 된다"라는 주장은 사회적으로 큰 논란이 되었습니다.[5] 예방접종을 맞지 않은 아이들은 물론이고 그 주변의 아이들 역시 전염병에 걸릴 위험이 높아지기 때문입니다. 이러한 안아키의 권고사항을 두고서 대한한의사협회는 "안아키의 방법은 한의학적 치료와 무관하다"라며 사이트 폐쇄를 요청하기도 했습니다.[6]

이처럼 비과학적인 근거를 들어 백신 접종을 거부한 유사 사례가 미국에서도 있었습니다. 미국 캘리포니아에서 2015년 1월 한 달 동안 홍역 환자가 110명 발생합니다. 그 이듬해인 2016년 한 해 동안 미국 전역에서 발생한 홍역 환자 숫자가 86명인 점을 감안하면 놀라운 숫자이지요. 미국질병관리본부는 역학조사 결과, 110명 환자 중 39명(35%)이 전년도 12월 17일부터 20일까지 디즈니랜드를 방문했고, 그 놀이공원이 홍역 바이러스가 퍼졌던 장소라는 점을 밝혀냅니다. 홍역 유행은 백신을 접종하지 않은 사람들이 바이러스에 감염되고 또 주변에 바이러스를 퍼트리면서 시작된 것입니다. 홍역을 예방하기 위해 두 차례 접종하도록 되어 있는 MMR^{Measles, Mumps, and Rubella} 백신을 모두 맞은 사람은 110명의 환자 중 8명에 불과했습니다. 그중 49명(45%)은 MMR 백신 접종을 한 차례도 하지 않은 사람들이었습니다.[7]

〈그림18〉에서 볼 수 있듯이 캘리포니아의 유치원생 기준으로 1998년도 홍역백신 접종률은 95%였지만, 이는 점차 감소해 2013년 92.3%로까지 떨어집니다.[8] 이러한 변화는 그 지역사회의 홍역 예방에 매우 중요한 함의를 갖습니다. 예를 들어, 면역력 저하와 같은 의학적인 이유로 백신을 접종할 수 없는 아이들이 있습니다. 그런 경우에도 주변의 모든 사람이 백신을 맞는다면, 그 당사자를 둘러싼 주변 사람들이 백신 전파를 차단하는 방패로 작동해 홍역은 유행할 수 없습니다. 제3자가 홍역에 걸렸다 하더라도 내가 만나는 모든 이들이 백신을 맞아 홍역에 걸리지 않는다면, 그 홍역 바이러스는 내게 오지 못하니까요. 이를 집단면역^{herd immunity}이라고 합니다. 2015년 디즈니랜드에서는 집단면역이 작동하지 않아 홍역이 퍼졌던 것입니다. 사람들은 왜 홍역백신을 맞지 않았던 걸까요?

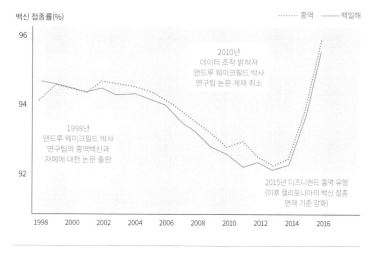

그림18 캘리포니아의 유치원생 백신 접종 비율[10]

백신 접종률(%)

········ 홍역 ──── 백일해

2010년
데이터 조작 밝혀져
앤드루 웨이크필드 박사
연구팀 논문 게재 취소

1998년
앤드루 웨이크필드 박사
연구팀의 홍역백신과
자폐에 대한 논문 출판

2015년 디즈니랜드 홍역 유행
(이후 캘리포니아의 백신 접종
면제 기준 강화)

백신을 반대하는 논리는 다양합니다. 백신이 개발된 직후인 19세기에는 신이 인간에게 내리는 징벌을 피해서는 안 된다는 교조적인 기독교 논리가 있었습니다. 오늘날에는 극단적 자연주의를 추구하는 사람들 사이에서 인간의 몸에 '자연적이지 않은 외부 물질'이 들어오는 것을 거부하는 비과학적인 논리가 통용되기도 합니다.

여기에 더해 MMR 백신에 대한 거부감이 증가된 결정적인 계기는 다름 아닌 영국의 의사인 앤드루 웨이크필드 박사 연구팀이 1998년 《랜싯》에 발표한 논문이었습니다. 12명의 어린이를 대상으로 한 연구에서 MMR 백신이 자폐증상의 원인이 될 수 있다는 결론을 발표한 것이지요.[9]

우리 몸이 세계라면

전 세계적으로 큰 주목을 받은 이 논문의 발표 이후, 국가가 강제하는 백신 접종이 내 아이를 해칠 수 있다는 공포와 불신 속에서 백신 반대운동이 유럽과 미국을 중심으로 급격히 퍼져 나갑니다. 영국 역시 미국과 마찬가지로 1996년 92%였던 MMR 백신 접종율이 2002년 84%로 떨어지게 됩니다.[11] 백신 접종을 받지 않는 어린이의 비율이 8%에서 16%로 2배 증가한 것이지요. 그리고 이에 따라 홍역 환자의 숫자 역시 급격히 증가합니다. 1998년 한 해 동안 영국의 홍역 환자는 56명에 불과했지만, 2006년 첫 5개월 동안 홍역 환자가 449명이나 발생했습니다.[12] 웨이크필드 박사 연구팀의 논문은 비과학적인 이유로 백신 접종을 거부하는 사람들의 근거 없는 믿음에 '근거'로서 역할을 합니다.

웨이크필드의 논문은 여러 문제가 있었습니다. 백신 제조업체를 상대로 소송을 하고 있던 변호사 리처드 바Richard Barr로부터 연구지원금을 받았지만, 논문에 그 내용을 명시하지 않은 것은 물론이고 공저자들에게도 알리지 않았습니다.[13] 그리고 연구 자체도 문제점이 있었습니다. 자폐증상의 어린이 12명만을 대상으로 대조군 없이 연구를 수행한 것이지요. 연구 대상자의 숫자가 적고 대조군이 없는 것도 문제였지만, 이 내용은 논문 투고 당시 밝혔던 내용이기에 논문 심사를 한 학술지 《랜싯》의 책임도 있을 것입니다. 가장 치명적인 문제점은 웨이크필드가 자신이 원하는 결과를 만들기 위해 환자의 의무기록을 수차례 조작했고 연구에 포함된 12명 모두의 의학적 상태가 논문에 묘사된 바와 달랐던 점입니다. 데이터가 조작된 것입니다.[14] 영국의 《종합의료협회General Medical Council》는 웨이크필드에게 충분한 시간을 주고서 1998년 논문의 결과를 다른 데이터를 이용해 재현할 것을 요구하지만 웨이크필드는 이 요구에 응하지 않습니다. 결국 2010년 《랜싯》은 이 논문을 철회하기로 결정합니다.[15] 같은 해, 그는 연구 수행 과정에서 의사로서 자신의 지위를 남용했고, 비윤리적이고 무책임한 연구를 수행했다는 이유로 의사면허를 박탈당하고 종합의료협회에서 제명됩니다.

백신과 자폐증상 사이의 연관성에 대한 가정은 2014년 시드니대학의 루크 테일러Luke E. Taylor 박사 연구팀의 연구로 그 논의가 온전히 종결됩니다. 연구팀은 그동안 수행된 5개의 코호트 연구에 포함된 125만 6,407명의 어린이에 대한 데이터를 분석한 결과, MMR 백신과 자폐증상 발생 사이에는 아무런 연관성이 없다는 결론을 내립니다.[16] 오늘날 웨이크필드 박사의 연구는 백신과 자폐증상의 연관성에 대한 연구가 아니라, 조작된 데이터로 진행된 연구가 사회에 얼마나 큰 해악을 끼칠 수 있는가를 보여주는 대표적인 사례로 남았습니다.

그럼에도 아직도 각종 SNS나 온라인 사이트에는 백신 접종을 반대하는 정보가 널리 퍼져 있습니다. 2007년 《미국의사협회지》에 출판된 한 논문은 백신에 대한 내용을 다룬 유투브 영상을 분석해 그 결과를 보여줍니다. 그중 32%가 백신을 반대하는 영상들이었는데, 그것들의 조회수나 평점은 백신을 권장하는 영상들보다 월등히 높았습니다.[17] 불신은 이토록 쉽게 전염됩니다.

경험에 근거한 치료법을 데이터로 검증하기
: 에밀리 로자의 기 치료 검증 실험

개인 경험을 통해 효과가 있다고 알려진 치료법이 실험 연구를 통해 근거가 없다고 밝혀진 대표적인 사례로, 에밀리 로자Emily Rosa의 기 치료 검증 실험이 있습니다.

1996년 초등학교 4학년이던 에밀리 로자는 학교의 과학축제에 제출할 프로젝트를 고민하고 있었습니다. 에밀리는 기 치료Therapeutic touch를 진행하는 사람들이 주장하는 '인간 에너지장Human energy field'에 대한 프로젝트를 기획합니다.

당시 에밀리가 프로젝트를 기획했던 기 치료는 1970년 뉴욕간호대 교수인 돌로레스 크리거Dolores Krieger가 생각해낸 치료기법이었습니다. 인간이 건강하려면 인간과 환경의 에너지가 조화를 이루어야 하는데, 그 에너지의 균형에 문제가 있을 때 질병이 발생한다는 가정에서 출발한 치료였지요.

치료는 3단계로 이루어집니다. 일단 치료자는 명상을 통해 환자를 돕겠다는 마음을 다집니다. 그리고, 두 손바닥을 누워 있는 환자의 몸에서 5~10cm 정도 위에 올려놓고 머리부터 발끝까지 지나가면서 환자의 몸 상태를 진단합니다. 그 과정을 통해 에너지가 뭉쳐 있는 곳이 발견되면 그 흐름이 원활해지 도록 도와 에너지를 재편성해주는 것이지요. 그런 과정을 통해 환자의 몸이 에너지 균형을 회복하면 염증과 통증이 줄고, 상 처회복 속도가 높아지고, 치매증상이 완화되는 효과가 있다는 주장이었습니다. 당시 미국과 캐나다의 80여 개 병원에서 그 치료를 시행하고 있었습니다.

에밀리는 이러한 기 치료가 실제로 효과가 있기 위해서는 치료자들이 '인간 에너지 장'을 느껴야만 한다고 생각했습니다. 그 점을 측정하기 위해 간단한 실험을 디자인합니다. 책상을 두고 마주 앉은 치료자와 실험자 사이에 서로를 볼 수 없도록 칸막이를 설치합니다. 치료자는 두 손을 칸막이에 있는 구멍으 로 내밀어 손바닥을 하늘로 향합니다. 실험자는 동전을 던져서 앞면이 나오면 왼손을, 뒷면이 나오면 오른손을 골라 그 치료 자의 손 5cm 위에 자신의 손을 올려놓습니다. 그리고 치료자는 왼손과 오른손 중 어느 쪽 위에 실험자의 손이 있는지를 말합 니다. 치료자의 주장대로라면 인간 에너지 장을 느끼는 그들은 정답을 맞힐 수 있어야 하니까요. 에밀리는 그 과정을 10번 반 복하고, 그중 몇 번 치료자가 정답을 말했는지를 기록합니다.

실험은 두 차례 진행되었는데 1996년 15명, 1997년에는 13 명의 기 치료사가 연구에 응했고, 총 280번의 실험이 진행되었습니다. 〈그림19〉는 그 결과를 정리한 그래프입니다. 10번을 질문했을 때, 3번 정답을 맞힌 치료자가 8명이었고, 6번 정답을 맞힌 사람은 2명이었습니다. 치료자는 평균 4.4번 정답을 맞혔습니다. 이는 치료자가 무작위로 답을 말했을 때 평균 10번 중 5번을 맞힐 거라고 가정하면, 치료자의 응답은 통계적으로 유의한 예측력은 없었다는 결과입니다.

이 연구 내용은 1998년 《미국의사협회지Journal of American Medical Association》에 「기 치료에 대한 연구A Close Look at Therapeutic Touch」라는 제목으로 출판되었습니다.[18] 실험을 기획하고 진행했던 에밀리는 제2저자로 이름을 올리고, 이로 인해 그녀는 가

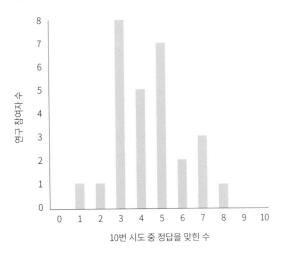

그림19 '인간 에너지 장'을 느끼는지 여부를 확인하기 위한 무작위 실험 결과[18]

장 어린 나이에 논문을 출판한 기네스 기록을 갖게 됩니다. 이 논문은 거대한 파장을 몰고 왔습니다. 기 치료가 과학적 근거를 가지고 있지 못하다는 인식이 확산되었고, 기 치료는 점차 미국에서 설 자리를 잃었습니다.

"근거가 무엇인가요?"를 일생 동안 물었던 학자, 코크란

실제로 치료 효과가 있는지를 판단하기 위해서는 치료자의 직관이나 경험이 아니라 엄밀하게 수집된 데이터를 분석하는 일이 필수적입니다. 오늘날 의학과 보건학에서 그러한 데이터 분석은 필수 요소이지만, 불과 100년 전만 하더라도 그것은 상식이 아니었습니다. 그 변화는 편견과 싸운 수많은 사람의 노력으로 인해 가능했지요.

케임브리지대학에 입학한 아치 코크란Archie Cochrane에게는 큰 고민이 하나 있었습니다. 코크란은 운동을 즐기는 건장한 청년이었지만 성관계 시 어려움이 있었습니다. 영국에서 여러 의료인을 만났지만, 자신의 어려움에 공감해주지 않을 뿐 아니라 도움이 되지도 않았습니다. 이에 실망한 코크란은 베를린으로 찾아가 당시 새로운 학문으로 권위를 쌓아가고 있던 정신분석 치료를 받기로 결정합니다.

베를린에서 코크란을 치료했던 정신분석가는 프로이트의 수제자인 테오도르 라이크Theodor Reik입니다. 라이크는 2년이 넘는 시간 동안 코크란의 정신분석을 진행합니다. 라이크는 코크란의 아버지가 전쟁터에서 일찍 사망한 것이나 그 이후 형이 사망한 사실 때문에 증상이 생겨난 것이라는 가설을 제시하고 치료를 진행합니다. 하지만 코크란의 증상은 조금도 나아지지 않았습니다. 치료 과정에서 코크란은 수차례 라이크에게 질문합니다. "지금 진행하는 치료의 근거는 무엇인가요?" 라이크는 자신의 경험과 직관에 따라 치료를 진행하는 사람이었고, 코크란은 만족스러운 답을 얻지 못합니다.[19]

타당한 근거가 있는지를 묻는 코크란의 태도는 이후 의과대학에서 공부를 하는 과정에서도 계속됩니다. 그는 교수에게 "지금 말씀하시는 치료법의 근거는 무엇인가요?"라고 질문을 계속합니다. 그때마다 교수는 "내가 환자를 치료해본 경험에 따르면"으로 시작하는 대답을 했습니다. 어느 날 코크란은 2명의 의사가 같은 증상에 대해 전혀 다른 치료법을 말하는 것을 목격하기도 합니다. 충분한 근거 없이 치료를 말하는 의학에 대한 코크란의 불만은 점점 커져갔습니다.

제2차 세계대전이 터지고 코크란은 참전 중 독일군에 포로로 잡힙니다. 독일어가 유창했던 코크란은 교도소 의무과 담당 의사로 일하게 됩니다. 그는 교도소에서 발목이 붓는 발목 부종ankle oedema을 앓는 환자 수가 증가하고 있다는 사실을 알게 됩니다. 매일 20명이 넘는 새로운 환자가 발생하고 있었지요. 그는 재소자 중 요리사로 일하는 사람은 발목 부종이 발생하지 않는 점에 착안해, 영양 섭취가 원인일 수 있다고 가정합니다. 가장 먼저 떠올린 건 비타민 B1이 결핍되어 생겨나는 각기병Wet beriberi이었습니다. 이 가설을 어떻게 확인할 수 있을지 고민하던 코크란은 그가 존경하는 의사인 제임스 린드James Lind가 18세기에 진행했던 비타민 C와 괴혈병에 대한 실험을 떠올립니다.

18세기 신선한 과일과 야채를 보관할 수 있는 냉장고가 없던 시절, 오랜 시간 항해를 하던 선원들은 괴혈병scurvy에 시달리다 죽는 경우가 많았습니다. 괴혈병은 비타민 C가 결핍되어 생겨나는 병으로 처음에는 피곤하고 온 몸이 아프다가, 이 상태가 지속되면 어느 순간부터는 상처가 나도 치료가 되지 않습니다. 잇몸에서 계속해서 피가 나고, 결국 출혈이나 감염으로 인해 사망하는 병입니다. 당시 영국의 선원들은 이 괴혈병에 속수무책이었고 전쟁보다도 이 병으로 인해 사망하는 경우가 더 많았다고 합니다.[20]

1747년 영국 해군함대 소속 군의관이었던 제임스 린드는 괴혈병의 원인이 바다의 습한 공기와 영양 문제일 거라고 가정합니다. 그중 영양 문제에 대한 가설을 확인하기 위해, 괴혈병에 걸린 12명의 선원을 6개 그룹으로 나눕니다. 한 그룹에만 오렌지와 레몬을 먹게 하고, 나머지 그룹은 사이다나 바닷물을 먹게 한 것입니다. 그리고 이 오렌지와 레몬을 먹은 두 사람만 괴혈병 증상이 급격히 좋아지는 것이 확인됩니다. 당시에는 비타민 C의 존재를 알지는 못했지만, 선원들의 괴혈병을 예방하는 방법을 찾아냈던 것이지요.

독일군 포로로 잡힌 채 의사로 일하던 코크란은 이 실험의 아이디어를 교도소로 가지고 옵니다. 그는 20대 초반의 환자 20명을 골랐습니다. 재소자인 그들은 몸이 허약한 상황이었고 무릎 위쪽에 부종이 있었습니다. 코크란은 이들을 10명씩 두 그룹으로 나누었습니다. 한 그룹에는 비타민 B가 들어 있는 효모yeast를 하루 세 번 보충제로 먹도록 처방했고, 다른 그룹에는 비타민 C를 매일 한 알씩 먹게 했습니다. 코크란이 진행한 실험은 효모 섭취가 효과가 있는지를 검증하기 위한 것이었고, 비타민 C를 먹은 사람은 그 효과를 비교하기 위한 대조군이었습니다. 실험이 진행되고 3일이 지나면서 변화가 나타납니다. 효모를 먹었던 사람 10명 중 8명의 증상이 개선되었는데, 비타민 C를 먹은 사람 중에서는 증상이 개선된 사람이 없었던 것이지요.[21]

코크란은 이 결과를 독일 군인에게 말합니다. 이대로 방치하면 어떤 재앙이 올지 모른다고요. 놀랍게도 그 자리에 있는 독일인 의사가 이 이야기에 반응을 합니다. 그 역시 제임스 린드의 역사적인 실험을 알고 있었기 때문이지요. 코크란은 효모가 대규모로 필요하다고 말하며 영양 상태를 개선하기 위한 식단 변화를 요구했습니다. 독일인 의사는 최선을 다하겠다고 답했지만, 포로 신분이었던 코크란은 무엇도 지켜질 거라 기대하지 않았지요. 그런데 다음 날 아침, 거짓말처럼 거대한 양의 효모가 도착했고, 하루 500칼로리에서 800칼로리를 먹을 수 있도록 식단이 개선됩니다. 그리고 환자들의 부종은 가라앉습니다. 발목 부종 유병률은 확연히 감소됩니다.

코크란은 훗날 이 실험을 두고, 가장 부끄러우면서 동시에 가장 성공적인 실험이었다고 말합니다. 부끄러운 이유는 연구가 허술했기 때문이지요. 실험 대상 숫자도 20명으로 너무 적었고, 무작위로 배정되지도 않았고, 결과를 측정하는 부종이 나아졌는지도 당사자에게 물어보는 방식으로 측정했기 때문이지요. 실험도 4일밖에 지속하지 않았고요. 돌아보건대, 교도소 재소자들이 몸이 부었던 이유는 저단백증hypoproteinemia으로 인한 것이었습니다. 연구 가설도 실은 틀렸던 거지요. 혈중 단백질이 비정상적으로 낮아지면, 혈관 안쪽의 삼투압이 떨어져서 간질조직interstitial tissue으로 체액이 이동하고 그로 인해 몸이 붓게 되니까요. 그러나 이 실험으로 인해 재소자들의 몸이 조금이라도 나아질 수 있었지요. 코크란이 스스로도 가장 성공적인 실험이라고 부르는 이유입니다.

코크란은 환자의 입장에서 근거가 부족한 정신분석학 치료는 효과가 없다는 사실을 깨달았고, 독일군 전쟁포로가 되어 교도소 의사로 일하며 실험을 통한 치료 근거 확보의 중요성을 배워갔습니다. 둘 모두 그의 인생에서 상징적인 사건입니다. 항상 최선의 근거가 무엇인지를 묻던 코크란은 1972년 『효과성

과 효능: 의료서비스에 대한 무작위적 고찰Effectiveness & Efficacy: Random Reflection on Health Services』이라는 책을 출판합니다. 그는 이 책에서 근거가 없이 진행되는 여러 치료들을 신랄하게 비판하고, 무작위 대조 연구를 통해 수집된 임상 데이터의 중요성을 역설합니다.

최선의 근거를 만드는 일에 관하여

코크란은 왜 무작위 대조 연구를 그토록 강조할까요? 예를 들어, '종합비타민 섭취가 사망률을 감소시키는가?'라는 질문을 생각해보지요. 가장 쉬운 방법은 종합비타민을 먹는 사람과 먹지 않는 사람을 장기간 추적·관찰해서 사망률을 비교하는 것입니다. 이러한 연구 결과, 비타민을 먹는 사람들이 그렇지 않은 사람들에 비해 사망률이 50%가량 낮게 나왔다고 가정해보지요.

이 결과를 해석하는 일은 쉽지 않습니다. 왜냐하면 종합비타민을 섭취하는 사람은 상대적으로 경제적 여유가 있고, 자신의 건강에 관심이 많아 흡연이나 음주를 하지 않고, 운동을 더 자주하는 사람일 수 있으니까요. 이 모든 요소는 사망률을 감소시킬 수 있습니다. 즉, 사망률 감소는 비타민 때문이 아니라, 비타민을 섭취하는 사람들의 특성 때문일 수 있는 것이지요. 이런 요소들을 측정해서 통계적으로 통제하는 여러 방법이 있지만, 그런 요인들을 모두 확인하는 것은 쉽지 않습니다.

 그런데 무작위 대조 연구에서는 누가 비타민을 먹을지를 실험을 진행하는 사람이 무작위로 결정합니다. 예를 들어, 환자를 만날 때마다 동전을 던져 앞면이 나오는 경우에 비타민을 처방할 수도 있겠지요. 이러한 과정을 거치면 학력, 소득, 직업 등의 여러 면에서 비타민을 섭취하는 사람과 그렇지 않은 사람의 특성이 비슷해집니다. 그렇게 진행된 실험에서 사망률 차이가 있다면, 그건 비타민 섭취가 원인일 가능성이 높은 것이지요.

 무작위 대조 연구가 질병의 원인을 찾는 과정에서 큰 힘을 발휘한 사례는 여럿 있습니다. 그 대표적인 사례 중 하나는 폐경기 여성의 호르몬 치료에 관한 연구입니다. '폐경기 여성에게 장기간 호르몬 치료를 권하는 게 맞는가?'에 대한 질문입니다. 1996년 하버드대학 연구팀은 《뉴잉글랜드의학저널》에 호르몬 치료가 심장병 감소를 포함해 여러 질병을 예방하는 효과가 있다고 발표했습니다.[22] 5만 9,000여 명의 폐경 후 여성의 데이터를 분석한 이 논문이 출판되자, 의학계에서는 호르몬제 처방이 확고한 근거를 갖춘 치료법으로 여겼습니다. 폐경으로 인해 몸에서 부족해진 호르몬을 채워주는 치료는 직관적으로도 이해가 되는 이야기였던 거지요. 더 나아가 심장병을 예방하는 효과가 있다고 연구는 보고했던 것입니다.

 그러나 채 몇 년 지나지 않아 그 결론과 반대되는 무작위 대조 연구 결과가 출판되고,[23] 그러한 연구들이 쌓여 2003년

우리 몸이 세계라면

에는 1996년 논문과는 부분적으로 반대되는 결론에 도달합니다.[24] 호르몬제 치료로 인해 예상하지 못했던 부작용들이 나타나기도 했고, 어떤 사람들에게는 심장병 발생과 같은 부작용이 호르몬 사용으로 인한 이득보다 더 클 수 있음을 알게 된 것이지요. 오늘날 모든 폐경기 여성에게 호르몬 치료를 권하지는 않습니다.[25]

이러한 과정은 우리에게 어떤 치료가 효과가 있다고 주장하는 것이 얼마나 어려운 일인지, 그러니까 얼마나 많은 요소를 동시에 고려하고 면밀히 분석해야 하는 일인지를 알려줍니다. 코크란의 고민과 닿아 있지요.

코크란은 1988년 사망하지만 그로부터 5년 뒤인 1993년 '신뢰할 만한 근거, 충분한 정보에 따른 결정, 더 나은 건강'을 기치로 내건 인터넷 커뮤니티인 '코크란 도서관Cochrane Library'이 문을 엽니다. 비영리·비정부 조직으로, 현재 전 세계 130개국에서 3만 7,000명의 연구자들이 참여하고 있습니다. 코크란 도서관은 보건의료의 치료나 정책의 근거를 과학적으로 검토하고 현재 우리가 알 수 있는 최선의 근거가 무엇인지를 발표합니다.

예를 들어, 2017년 1월 코크란 도서관에서 활동하는 한 그룹은 앞서 논쟁이 되었던 폐경 후 여성에게 장기간 호르몬 치료를 하는 것은 어떠한 효과가 있는지를 검토한 체계적 문헌고찰 연구를 출판합니다.[26] 코크란 그룹은 2016년 9월까지 출판된 22개의 무작위 대조 실험 연구를 모두 모아 4만 3,637명의 데이터를 분석합니다. 당시까지 학자들이 이 주제에 대해 연구했던 결과를 정리해서 발표하지요. 장기간의 호르몬 치료는 골절 사고의 위험을 감소시키지만, 심장병, 뇌졸중, 유방암, 폐암으로 인한 사망위험은 높인다는 결과였습니다. 그러나 이러한 결과는 50세 이전에 폐경을 경험한 여성의 경우에는 데이터가 충분치 않아 아직 적용할 수 없다는 점도 함께 밝혔습니다.

당대에 가능한 최선의 연구 결과를 모두 모아서 원칙에 따라 검토해 그 결과를 공개하고, 그렇게 모은 데이터로도 확실히 말할 수 없는 것에 대해서는 아직 결론을 내기 어렵다고 말하는 것, 저는 이런 과정이 과학적이라고 생각합니다.

효과 있는 치료법이란 무엇인가

얼마 전 어깨가 아파 병원을 찾아간 적이 있습니다. 그 병원 벽에는 '노화를 방지하는' 효과가 있다며 약을 홍보하는 전단지가 붙어 있었습니다. 마늘주사, 태반주사, 백옥주사로 불리는 이 주사들이 실제 노화를 방지하는지를 검토한 연구는 없습니다. 근거가 없는 치료법이지만, 병원에서는 버젓이 치료가 행해지고 있었습니다.

저는 자연주의 치료법, 기 치료, 마늘주사 모두 다음의 질문에 답할 수 있는 충분한 근거가 있다면 병원에서 치료로 사용할 수 있다고 생각합니다. 그것은 '치료자가 주장하는 그 효과가 진짜로 있는가?'입니다. 어느 지역에서 어떤 사람들이 개발한 것인가와 상관없이 그 치료법이 효과가 있어서 사람들이 건강하게 살아가는 데 도움이 된다면 그것을 사용해야 하겠지요. 설사 오늘날 생리학적·생화학적 지식으로 온전히 그 효과를 이해할 수 없다 할지라도, 부작용이 적고 효과가 확실히 있다면 그 치료를 사용하지 않을 이유가 없습니다.

그런데 그 질문은 몇몇 개인의 경험으로는 답할 수 없습니다. 충분한 수의 환자들을 대상으로 데이터를 수집하고 정리하고 그 결과를 투명하게 공개하고 그 결과에 대한 여러 비판에 대응하는 과정을 거쳐야 합니다. 그런 과정을 거칠 때, 비로소 우리는 어떤 치료법이 과연 효과가 있는지에 대해 신뢰할 수 있는 답을 얻을 수 있습니다. 이 글에서 언급한 여러 사례들은 치료자의 직관과 경험이 치료 효과를 말하는 근거가 될 수 없다는 점을 잘 보여주고 있습니다.

간혹 모든 치료 효과에 대한 통계적 검증을 이야기할 때, 이러한 접근을 동양 과학을 비롯한 다양한 학제에 대한 서양 과학의 폭력이라고 말하는 분도 있습니다. 저는 이 말에 동의하지 않습니다. 그것은 제한된 지식 속에서 최대한 세상을 합리적으로 이해하고자 노력했던 동양의 과학자들을 모독하는 일이니까요. 또 다른 한편으로는 20세기 제국주의가 들어오면서 퍼트린 서양의 합리와 구분되는, 동양의 신비를 강조한 오리엔

탈리즘과 닿아 있는 이야기라 생각합니다. 저는 허준이나 정약용이 21세기에 살고 있다면 당연히 동양의학의 여러 치료법에 대한 투명한 역학적 검증에 찬성했을 것이라고 생각합니다. 왜냐하면, 그것이 환자를 위하는 길이니까요.

'상식'과 싸우는 과학
: 당위에 질문하는 과학의 역사

> 우리 중 누구도 우리가 그토록 많은 사람을
> 죽이고 있었다는 걸 알지 못했다.
> ―이그나츠 제멜바이스, 「산욕열의 원인, 개념, 그리고 예방」

갈레노스라는 '상식'과 싸우는 일

1608년 인간의 눈으로는 볼 수 없는 먼 거리의 물체를 보기 위한 도구가 발명됩니다. 네덜란드의 한스 리페르헤이Hans Lipperhey가 발명한 망원경이지요. 당시 이탈리아 파도바대학에서 일하던 수학자 갈릴레오Galileo Galilei는 그 소식을 듣고, 직접 망원경을 제작합니다. 그리고 그 렌즈는 하늘을 향합니다. 하늘에는 달과 목성이 있었지요.

갈릴레오가 관찰한 우주에서 달은 거대한 산과 분화구를 가지고 있었고, 목성은 위성을 가지고 있었습니다. 당시 사람들의 상식과는 어긋나는 관찰이었습니다. 좀 더 정확히 말하자면, 갈릴레오가 본 우주는 중세 과학을 지배한 아리스토텔레스의 우주에 대한 설명과 달랐습니다. 아리스토텔레스의 세계관에서 천상계는 지상계와 달리 변화하지 않는 영원하고 완전한 세계였습니다. 달은 완벽한 구 형태여야 하고, 태양과 지구만이 위성을 가지고 있어야 했지요. 코페르니쿠스가 주장한 지동설이나 티코 브라헤가 발견한 초신성과 함께 고대 그리스인들이 생각했던 우주의 질서가 잘못되었다는 관찰과 증거가 쌓여갑니다.

그러나 사람들은 자신의 생각을 쉽사리 바꾸지 않았습니다. 당시 유럽을 지배하던 종교인들은 아리스토텔레스의 세계관에 기초해 우주를 바라보고 있었고, 갈릴레오의 생각을 위험하고 잘못된 것으로 취급했습니다. 갈릴레오는 수차례 종교재판을 받아야 했고, 공개석상에서 참회하고, 죽을 때까지 가택연금 상태로 지내야 했습니다. 모두가 아는 것처럼 역사는 갈릴레오의 손을 들어주지요. 하지만 그 과정은 잘못된 상식을 과거의 것으로 밀어내고 새로운 내용을 채운다는 게 얼마나 험난한 일인지 보여줍니다.

중세의 하늘을 설명하는 권위를 아리스토텔레스가 가지고 있었다면, 중세 인간의 몸과 질병을 설명하는 권위는 갈레노스 Aelius Galenus가 가지고 있었습니다.[1] 로마의 마르쿠스 아우렐리우스 황제의 주치의였던 갈레노스는 500편 가량의 의학 논문을 쓴 것으로 알려져 있습니다. 그중 83편이 오늘날까지 전해지기도 하고요. 해부학과 생리학을 비롯해 의학의 모든 영역에서 그가 남긴 방대한 저술은 중세 서양의 의사들에게 감히 의심할 수 없는 절대적 권위로 작용합니다. 그래서 근대 과학의 탄생이 아리스토텔레스와의 싸움이었다면, 근대 의학의 탄생은 갈레노스와의 투쟁이었지요.

안드레아 베살리우스
: 1543년, 우리가 알던 우주와 인간이 모두 뒤바뀐 해

1543년에 출판된 코페르니쿠스의 『천구의 회전에 관하여De revolutionibus orbium coelestium』 이후, 더 이상 지구는 우주의 중심이 되지 못합니다. 인간이 우주를 바라보는 시각이 비가역적으로 변화한 것이지요. 그리고 같은 해 인간이 인간의 몸을 바라보는 눈 역시 돌이킬 수 없는 변화를 겪습니다. 그것은 같은 해 베살리우스의 『인체의 구조에 대하여De humani corporis fabrica』가 출판되었기 때문입니다.

중세 서양의학의 최고 권위자였던 갈레노스는 해부학에 있어 방대한 저술을 남겼습니다. 문제는 인체 해부가 금지되었던 시대에, 그의 저술이 원숭이와 돼지를 해부한 지식으로 인간의 몸을 추론한 것이었다는 점입니다. 여러 오류가 있었습니다.

하지만 그 이후 1,000년이 넘는 시간 동안 갈레노스의 해부학에 문제 제기를 하는 이는 없었습니다. 그것은 갈레노스라는

절대적 권위에 대한 숭배와 중세 말기까지 인체 해부를 허용하지 않던 상황 때문이기도 했지만, 그와 동시에 해부학을 중요하게 여기지 않던 당대의 의학 때문이기도 합니다. 인간이 병드는 이유를 해부병리학적 관점이 아니라 인체를 구성하는 4체액의 균형이 무너지는 것으로 이해하던 시절이었으니까요.[2]

이러한 침묵을 깨고 근대 해부학의 장을 연 인물은 베살리우스Andrea Vesalius였습니다. 저명한 의사 집안에서 태어난 베살리우스는 집안의 전통에 따라 의사가 되기 위해 1533년 당시 최고의 의학 기관으로 알려진 파리 의과대학에 진학합니다. 그러나 당시 파리 의과대학은 매우 보수적인 학문 풍토를 가지고 있었고, 해부학을 중요하게 여기지 않았습니다. 인체 해부는 진행되지 않았고, 드물게 진행되는 해부조차 중세부터 내려오는 전통에 따라 의식처럼 진행되는 형식적인 행사였습니다. 어린 시절부터 동물 해부에 관심이 많았던 베살리우스에게 그런 문화가 달가울 리 없었지요. 이에 베살리우스는 공동묘지의 시신을 훔치거나 사형수들의 시신을 구해 해부를 하기도 했습니다.[3] 오늘날은 물론이고 당시 기준으로도 윤리적으로 올바른 일이 아니었고, 이러한 기행은 훗날 베살리우스의 어두운 역사로 평가되기도 합니다.

1536년 프랑스에서 일어난 전쟁으로, 그는 파리를 떠나 벨기에 루뱅대학을 거쳐 1537년부터는 이탈리아 파도바대학에서 해부학을 가르칩니다. 1543년, 마침내 베살리우스는 의학의

우리 몸이 세계라면

역사를 획기적으로 바꾸어놓은 해부학 책인 『인체의 구조에 대하여』를 출판합니다. 이 책에 실린 인체 해부도 몇 장면을 함께 보도록 해요.

오늘날 볼 수 있는 해부학 그림과 매우 유사합니다. 베살리우스는 해부 그림을 위해서 당대 최고의 화가였던 티치아노 베첼리오Tiziano Vecellio를 찾아갔다고 합니다. 그의 제자인 요하네스 스테파노Johannes Stefanos의 도움을 받아 해부도를 그렸다고 알려져 있지요. 책을 출간하기 몇 해 전인 1538년, 베살리우스는 6개의 인체 해부도 인쇄본을 출간해 판매했는데 이 그림 중 3개는 요하네스 스테파노가 그린 것이라고 합니다. 1543년

『인체의 구조에 대하여』도 그의 도움을 많이 받은 것으로 추정됩니다. 당대 르네상스 화가들의 인체에 대한 탐구와 묘사가 이 책에도 담겨 있는 것입니다.[4]

베살리우스의 책을 역사가 기억하는 이유는 실제 인체 해부를 기초로 한 이 책에서 갈레노스의 해부학이 가지고 있던 여러 오류가 수정됐기 때문입니다. 예를 들어 동물 해부를 근거로 간이 5개의 덩어리lobe(엽)로 이루어졌다고 말한 갈레노스의 설명을, 인간의 간은 좌우 2개의 덩어리로 이루어져 있다고 수정하는 식이었습니다. 인간의 아래턱뼈인 하악골을 갈레노스는 개 해부를 근거로 2개로 이루어져 있다고 말했지만, 베살리우스는 하나의 뼈로 되어 있다고 설명합니다. 갈레노스의 해부학은 더 이상 무조건 믿을 수 있는 내용이 아닌 게 됩니다.

오늘날의 눈으로 바라보면 베살리우스의 발견이 놀랍지 않을 수도 있습니다. 직접 관찰한 것을 눈에 보이는 대로 이야기한 것이니까요. 그러나 당시 갈레노스는 의학 분야에서 절대적인 권위를 지니고 있었습니다. 자신들이 살아가는 시대의 의학이 갈레노스 시대의 의학보다 열등한 것이라고 생각했지요.[5] 갈레노스의 해부학이 가진 오류를 29세의 젊은이가 지적하고 수정한다는 것은 당시로서는 상상하기 어려운 일이었습니다.

그런 상황에서 베살리우스의 발견이 자연스럽게 수용될 리 없습니다. 많은 반대가 있었고, 그 핵심에는 파리 의과대학에서

우리 몸이 세계라면

베살리우스에게 해부학을 가르쳤던 실비우스Jacobus Sylvius 교수가 있었습니다. 실비우스는 처음에는 베살리우스의 발견을 부정하다가 실제 인체 해부 결과 그의 주장이 맞다는 사실을 확인하게 됩니다. 그는 갈레노스의 해부학이 틀린 게 아니라 지난 1,500년간 인간의 몸이 바뀌거나 퇴화한 것이라고 말합니다. 그리고 실비우스의 이 이야기는 여러 사람들의 호응을 얻습니다.

베살리우스에 대해 이야기할 때마다, 새로운 변화를 받아들이지 못한 과거의 인물로 실비우스가 인용되곤 합니다. 하지만 기억해야 할 점이 있습니다. 실비우스는 당대 최고의 해부학자였습니다. 그가 이름 붙인 이두근biceps, 삼두근triceps을 비롯해 여러 해부학 용어를 오늘날까지도 사용하고 있지요.[6] 그는 해부학 교수로서 학생들에게 직접 눈으로 바라보는 관찰의 중요성을 항상 강조했습니다. 실비우스는 자신이 발간한 교과서 『해부학 매뉴얼Manual of Anatomy』의 서문에서 다음과 같이 말합니다.

나는 여러분들이 직접 해부를 할 때나 여러분보다 경험이 많은 누군가가 하는 해부를 관찰할 때, 직접 눈으로 보면서 주의 깊게 관찰하고 인지하기 바란다. 읽고 듣기보다는 직접 만지고 눈으로 보며 해부를 배워야 한다고 나는 생각한다. 책을 읽는 것만으로는 누구도 배를 타고 항해하는 법이나 군대를 이끄는 법을 배울 수 없고, 의학도 그렇다. 의

학은 자신의 눈과 손으로 배우는 것이다.[7]

　이 내용대로라면 베살리우스는 누구보다도 실비우스의 관점에 충실한 제자였던 것입니다. 다만, 실비우스에게는 '자신의 눈과 손'보다도 갈레노스라는 거대한 존재가 더 우위에 있었기에, 갈레노스의 오류를 지적하는 자신의 제자를 받아들일 수 없었던 것이지요. 오늘날 많은 사람들이 인간의 몸이 바뀐 것이라는 실비우스의 궤변을 두고서 그의 어리석음에 대해 말합니다. 하지만 이 장면을 두고 그를 비난하기보다는 한 시대의 상식을 바꾸는 게 얼마나 험난한 일인지 보여주는 일화로 기억했으면 합니다.

　베살리우스의 발견은 불가역적 변화를 만들어냅니다. 그가 직접 시신을 부검하며 확인한 갈레노스의 오류는 이후 수많은 시신 부검에서 동일하게 드러났으니까요. 이렇게 된 이상 그 이전으로 돌아갈 수는 없습니다. 베살리우스는 새로운 사실을 발견했을 뿐 아니라, 해부를 배우는 방법도 바꾸어놓았습니다. 사람들은 더 이상 갈레노스의 책을 맹신하지 않고, 직접 자신의 손으로 해부를 하고 자신의 눈으로 확인하기 시작합니다.

　서양화가인 렘브란트의 작품 중에는 〈툴프 박사의 해부학 교실〉이라는 그림이 있습니다. 『인체의 구조에 대하여』가 출판되고 100여 년이 지난 1632년에 완성된 작품입니다. 렘브란트의 여느 작품처럼 빛과 어둠의 절묘한 대비를 통해 사람의 표

정을 포착해내는 이 아름다운 그림에서, 해부학을 지도하는 선생님 뒤에서 책을 들고 있는 한 학생이 보입니다. 무슨 책일까요? 바로 베살리우스의 『인체의 구조에 대하여』입니다.[8] 절대적 권위였던 갈레노스의 해부학을 과거의 상식으로 밀어내고 그 빈자리를 누가 채웠는지를 명확히 보여주는 장면입니다.

윌리엄 하비
: 갈레노스의 생리학이 수학적 추론으로 무너지는 순간

오늘날 우리는 피가 순환한다는 사실을 모두 알고 있습니다. 심장의 박동으로 동맥의 피가 움직이고 모세혈관을 거치면서 산소를 신체 구석구석으로 보냅니다. 그리고 간, 신장 등을 거쳐 다시 심장으로 돌아오는 순환이지요. 손목에서 잡히는 맥박은 심장이 수축할 때마다 밀어내는 혈액의 움직임입니다.

그런데 2,000년 전에 피가 순환한다는 사실을 알 수 있었을까요? 인체 해부가 허용되지 않던 시절이었습니다. 인간 대신 죽은 동물을 해부할 수는 있었지만 실제 혈액이 움직이는 모습을 관찰할 수는 없었고, 또한 현미경이 없던 시절 동맥과 정맥을 잇는 모세혈관은 너무 작아 눈으로 확인할 수 없었습니다.

근대 의학이 시작되기 전까지, 갈레노스의 저서는 생리학의 영역에서도 절대적 권위를 가지고 있었습니다. 하지만 그의 혈액에 대한 설명은 오늘날 밝혀진 내용과 많은 면에서 어긋납니다. 예를 들어, 갈레노스는 우리가 음식을 먹으면 간이 그 음식을 피로 바꾸어 신체 구석구석으로 보내고, 그 피는 퇴화하는 조직을 다시 만드는 역할을 한다고 설명했습니다. 동맥과 정맥은 기본적으로 별개의 시스템이고, 정맥의 혈액 중 일부분이 심장의 작은 구멍을 통해 이동해, 좌심실에서 공기와 생기vital spirits를 만나 동맥의 혈액을 만든다고 여겼던 것입니다. 혈액은 순환하는 것이 아니라 동맥과 정맥을 통해 신체 조직 곳곳으로 이동해 자신의 역할을 하고 사라진다고 갈레노스는 설명했습니다. 혈액에 존재하는 여러 체액들은 천천히 조수처럼 오고 가며 필요한 조직으로 이동해 간다고 생각했던 거지요. 갈레노스의 설명에 따르면 인간의 질병은 이러한 움직임이 잘못

되었거나 체액 간의 균형이 무너져서 발생하는 것이었고, 따라서 정맥을 바늘로 찔러 피를 빼내는 사혈은 그 균형을 회복하는 합리적이고 타당한 치료였지요. 그리고 갈레노스는, 우리가 손목에서 느낄 수 있는 맥박은 심장 박동으로 인한 것이 아니라 혈액을 운반하기 위한 혈관 자체의 움직임으로 인한 것이라고 말합니다. 즉, 혈액이 많이 지나가기 때문에 혈관이 확장되는 것이 아니라, 혈관이 확장되어 혈액이 많이 지나간다는 설명입니다.[9]

갈레노스의 설명은 이후 1,000년이 넘는 시간 동안 의학 상식으로 여겨졌습니다. 여기에 도전한 사람은 파도바대학의 윌리엄 하비입니다. 파도바대학은 당시 유럽 인체해부학의 중심지였습니다. 그곳은 갈레노스의 해부학을 무너뜨린 베살리우스가 일했던 곳이고, 베살리우스가 대학을 떠난 이후에도 그의 동료인 팔로피우스Gabriele Fallopius와 그 제자인 파브리키우스Hieronymus Fabricius가 해부를 통해 인간의 몸을 직접 관찰하고 기록하는 전통을 이어가고 있었습니다.[10]

윌리엄 하비는 파브리키우스의 제자였습니다. 파브리키우스는 1603년 『정맥의 판막에 대하여De venarum ostiolis』라는 책을 통해 판막의 존재를 최초로 보고했는데, 하비에게 이 판막의 존재는 갈레노스의 생리학을 뒤집는 단서가 되어줍니다. 판막은 혈액이 정해진 방향으로 흐르지 않을 경우 혈관을 막아 역류를 방지하는 조직입니다. 그런데 인체 해부를 통해 발견된 바에 따르면 판막이 놓인 방향이 갈레노스의 혈액운동과는 어긋난다는 것이지요. 갈레노스의 말처럼 간에서 혈액이 만들어져 온 몸으로 이동해 나간다면, 판막은 오히려 그 흐름을 막는 역할을 하도록 되어 있었습니다. 무엇인가 이상했지요.

하비는 혈액의 흐름과 심장의 역할에 대한 갈레노스의 설명을 의심하기 시작합니다. 보수적이고 신중한 학자였던 하비는 자신이 생각하는 새로운 가설을 위해 관찰과 실험을 통해 증거를 쌓아갑니다. 예를 들어 살아 있는 동물을 해부해서 심실의 수축·이완 운동을 확인하고, 그 운동에 따라 동맥이 움직인다는 점을 알아냅니다. 즉, 맥박은 혈관 자체의 움직임이 아니라, 심장이 밀어내는 힘에 따라 혈관이 수동적으로 이완·수축되는 현상이라는 것을 관찰을 통해 알게 된 것이지요.

하비의 연구 중 제가 가장 감탄하는 장면은 혈액 양에 대한 수학적 계산입니다. 혈액을 전신으로 내보내는 좌심실은 약 50ml의 혈액을 수용할 수 있습니다. 하비는 심장 수축으로 내보내는 혈액의 양이 최소 8분의 1이고, 심장이 1분에 33회 뛴다고 가정했습니다. 보통 건강한 성인의 심박동 수는 1분에 60~100회이지만, 여기서는 하비가 가정했던 1분당 33회라는 심박동 수를 사용해 계산해보겠습니다. 그럼 24시간 동안 심장에서 나가는 혈액의 양은 297kg(=50ml/회×1/8×33회/분×60분/시간×24시간)이라는 계산이 나옵니다. 갈레노스의 설명대로라면 음식을 통해 간에서 피가 생산되는 것인데 어떤 대식가라 하더라도 매일 297kg의 혈액을 만들 수는 없습니다. 동맥과 정맥을 통해 흐르는 혈액이 신체 기관으로 흘러가 흡수되고 사라진다는 가설로는 이 계산을 설명할 수 없었던 것입니다.

이러한 연구 결과를 모아 하비는 1628년 『심장과 혈액의 운동에 관하여De Motu Cordis』라는 책을 출판합니다. 여기에서 혈액이 신체를 순환할 수 있다는 가설을 주장합니다. 아래 내용은 이 책 8장의 일부입니다.

> 나는 매우 자주 그리고 오랜 기간 동안 이 문제를 아주 심각하게 생각해왔다. 어떻게 그토록 많은 혈액이 존재할 수 있을까, 그러니까 그토록 많은 양의 혈액이 그토록 짧은 시간에 어떻게 전달될 수 있을까. 혹시 혈액이 다른 운동을 하는 것은 아닐까, 내심 그런 생각이 들기 시작했다. 말하자면 순환 같은 것 말이다.[11]

하비가 갈레노스의 생각이 틀렸다는 점을 말하는 과정에서 얼마나 조심스러워했는지를 보여주는 대목입니다. 하비가 파도바대학에서 배운 의학의 기본은 여전히 갈레노스였고, 갈레노스의 의학은 여전히 당대의 상식이었으니까요. 앞서 보여준 것처럼 확고한 근거를 가지고 있었음에도, 갈레노스가 틀렸다는 말을 하는 일은 여전히 두려운 일이었던 거지요.

하비의 걱정대로 당대의 학자들은 하비의 주장을 받아들이지 않았습니다. 당시 하비의 의견에 가장 치열하게 문제 제기를 했던 왕립의과대학의 제임스 프림로즈James Primrose는 이렇게 말합니다.

> 이게 제대로 밝혀지려면, 무엇을 밝혀야 하는지는 명확하다. … 모든 혈액이 동맥으로 들어간다면, 그 혈액들이 동맥에 머물러 있어야 하는데 그건 우리의 관찰과 어긋난다. 그게 아니면 정맥으로 돌아와야만 한다.[12]

프림로즈의 이야기는 절반은 맞고 절반은 틀린 이야기입니다. 혈액이 순환한다면, 동맥으로 간 피가 정맥으로 돌아오고 정맥을 거친 피가 동맥으로 가야 합니다. 문제는 현미경이 없던 시절, 우리의 몸 구석구석과 폐에서 동맥과 정맥을 잇는 모세혈관을 볼 수 없었던 것입니다.

책이 출판되고 33년 뒤인 1661년 마르첼로 말피기Marcello Malpighi가 현미경을 이용해서 모세혈관과 피 속의 적혈구를 발견합니다. 절반이 틀린 이유는 무엇일까요? 프림로즈는 하비의 새로운 설명이 온전하지 못하다는 이유로 치명적인 약점이 발견된 갈레노스의 설명을 계속 옹호했으니까요.[13] 하비의 연구가 갈레노스의 설명을 밀어내고 새로운 상식이 되기까지는 이후 수십 년의 세월이 걸립니다.

제멜바이스, "우리 중 누구도 우리가 그토록
많은 사람을 죽이고 있었다는 걸 알지 못했다"

의과대학 학생 시절, 실습생으로 처음 수술실에 들어갔을 때 가장 먼저 배운 것은 소독약으로 손을 씻는 법이었습니다. 손에 묻어 있는 균을 환자에게 옮기지 않기 위해서 였습니다. 그러나 불과 150년 전만 하더라도 의사들은 수술실에 들어가기 전 손을 씻어야 한다는 사실을 몰랐습니다. 그 변화의 시작에는 헝가리 출신의 의사 제멜바이스Ignaz Semmelweis의 실험이 있었습니다.

의과대학을 졸업하고 2년이 지난 1846년, 28세의 제멜바이스는 빈 종합병원에서 산부인과 과장인 요한 클라인Johann Klein 교수의 조교로 일합니다. 일을 시작하고 얼마 지나지 않아, 수많은 여성들이 출산 후 산욕열로 죽어가는 모습을 보게 되지요. 당시 병원의 산부인과에는 2개 병동이 있었는데, 제1분만병동에서는 의사가, 제2분만병동에서는 의과대학을 졸업하지 않은 산파가 아이를 받았습니다.

그런데 〈표13〉에서 알 수 있듯이 제1분만병동에서 출산한 산모의 사망률이 제2분만병동에 비해 압도적으로 높았고, 제멜바이스가 일을 시작한 1846년에는 5배 가까이 차이가 났습니다. 1841년부터 1846년까지 자료를 정리했을 때, 제1분만병동에서는 산모 100명 중 9.9명이 죽었고, 제2분만병동에서는 3.4명이 죽었습니다. 2016년 한국의 산모 사망률이 10만 명당 8.4

표13 빈 종합병원의 두 분만병동에서 분만한 산모 수와 그중 사망한 산모의 비율
(1841~1846)[14]

년도	제1분만병동(의사 진료)			제2분만병동(산파 진료)		
	분만(명)	사망(명)	사망비	분만(명)	사망(명)	사망비
1841	3,036	237	7.7	2,442	86	3.5
1842	3,287	518	15.8	2,659	202	7.5
1843	3,060	274	8.9	2,739	164	5.9
1844	3,157	260	8.2	2,956	68	2.3
1845	3,492	241	6.8	3,241	66	2.03
1846	4,010	459	11.4	3,754	105	2.7
전체	20,042	1,989	9.92	17,791	691	3.38

명인 점을 고려하면, 두 병동 모두 산모 사망률이 한국보다 100
배 이상 높은 수치가 나온 것입니다. 하지만 당대의 산모들에게
이 두 병동의 차이는 거대한 것이었습니다. 제2분만병동에 가
면 살고, 제1분만병동에 가면 죽게 되는 상황이었으니까요.

이처럼 이유를 알 수 없는 비극적인 상황이 발생했을 때, 가
장 손쉬운 해결책은 피해자에게 그 책임을 돌리는 것이지요.
지금 생각하면 당황스러운 주장이지만, 당시 일부 의사들은 산
모들의 감정적인 문제가 그 사망의 원인이라고 주장했습니다.
그러나 제멜바이스에게 그것은 합리적이지 못한 추론이었습니
다. 왜냐하면 당시 두 병동 중 어디에 입원할지는 산모의 상태
와 무관하게 결정되었으니까요. 월요일 오후 4시부터 화요일

오후 4시까지 병원에 온 산모는 제1분만병동에, 화요일 오후 4시부터 수요일 오후 4시까지 온 산모는 제2분만병동에 입원하는 식이었습니다. 그런 상황에서, 정신건강은 물론이고 신체적인 면에서도 월요일 밤에 입원한 산모가 화요일 밤에 입원한 산모보다 상태가 나쁘다는 것은 합당치 않았습니다.[15]

두 번째는 중세 서양의학을 지배했던 갈레노스의 이론인 미아즈마에 의한 설명이었습니다. 제1분만병동에 미아즈마, 즉 나쁜 공기가 많아 환자들을 죽게 만든다는 주장이었습니다. 그러나 제멜바이스에게 이것도 합리적인 주장이 될 수 없었습니다. 왜냐하면 두 병동은 동일한 구조를 가지고 있었고, 사이에 놓인 공동 대기실 하나로 분리되어 있을 뿐 서로 가까이 붙어 있었습니다. 제1분만병동에만 나쁜 공기가 있다는 설명은 합당치 않았습니다.

'그렇다면 두 병동의 어떤 차이가 산모 사망률의 차이를 가져온 것일까?' 제멜바이스는 고민합니다. 제멜바이스는 각 병동에서 진료하는 사람, 즉 의사와 산파의 차이 때문이 아닐까 생각합니다. 그즈음, 병리학자였던 콜레치카Jakob Kolletschka가 죽습니다. 콜레치카는 시신 부검을 감독하다가 학생이 시신을 부검하는 데 사용하던 수술용 칼에 찔린 후, 고열에 시달리다 사망합니다. 제멜바이스는 그 증상이 산욕열과 비슷하다는 점을 알고 가설을 세우지요. 산욕열의 원인이 손에 묻어 있는 '시체 물질cadaverous particles'인 것은 아닐까 하는 가설입니다. 왜냐하면 당시에 제1분만병동에서 일하는 의사와 의대생들은 실습실에서 시신 부검을 하다가 출산이 임박한 산모가 입원하면 손을 씻지 않은 채로 달려가 진료를 했으니까요.

오늘날 우리는 산욕열의 원인이 박테리아에 의한 감염 때문이라는 것을 알고 있습니다. 그러나 1847년 당시에는 미아즈마 이론이 지배적이었고 전염병을 세균에 의한 증상으로 설명하지 못하던 때입니다. 박테리아를 질병의 원인으로 최초로 확인한 것은 1876년 코흐가 탄저균을 발견하면서부터였으니까요. 그리고 그로부터 3년 뒤인 1879년, 파스퇴르는 산욕열에 걸린 환자의 피를 연구해 제멜바이스가 '시체 물질'이라고 불렀던 물질이, 실은 화농성연쇄상구균Streptococcus pyogenes이라는 박테리아일 수 있음을 밝혀냅니다.

세균의 존재를 모르던 시대적 한계 속에서, 1847년 5월 제멜바이스는 자신의 가설을 확인하기 위해 한 걸음 더 내딛습니다. 제1분만병동에 출입하는 모든 사람들은 병실 입구에 있는 염화석회Chlorinated lime 소독약을 이용해 자신이 정한 규칙에 따라 손을 씻어야 한다는 것이었습니다. 규칙을 온전히 따르려면 손을 씻는 데만 5분 가까이 걸리는 일이었기에, 많은 의사들은 이를 달가워하지 않았습니다.

그런데 손 씻기가 시작된 이후 제1분만병동의 산모 사망률이 급격히 줄어듭니다. 1847년 4월에는 산모 사망률이 18.3%(산모 100명 중 18.3명 사망)이었지만, 같은 해 5월 손 씻기가 시행된 이후 6월에는 2.4%, 7월에는 1.2%로 산모 사망률이 줄어든 것이지요. 그 결과 1846년 11.4%였던 제1분만병동의 산모 사망률이 1847년 6월부터 12월까지 7개월 동안 3.0%로 떨어지고, 1848년에는 1.3%로 감소합니다.

획기적인 성과입니다. 이러한 변화를 당시 의사들은 어떻게 받아들였을까요? 그들에게 이 성과는 불편한 진실이었습니다. 미아즈마도, 우울증도 아닌 의사 바로 자신이 산모 죽음의 원인이었다고 말해주는 결과였으니까요. 당시 제멜바이스의 상사였던 산부인과 과장 요한 클라인 교수는 이 설명을 받아들이지 않습니다. 환자 진료 경험도 많지 않은 29세 의사가 '의학의 황제'인 갈레노스의 이론을 비롯해 당대의 지배적인 생각이 틀렸다고 말하는 주장을 받아들이기란 쉽지 않았을 겁니다. 게다가 클라인 교수는 1823년 교수로 일하면서부터 의대생들이 시신 부검에 참여하도록 만든 장본인이었고, 그때를 기점으로 산욕열로 인한 사망률은 증가했으니까요.[16] 그는 병원에 새로 설치한 환기시설로 인해서 나쁜 공기가 제1분만병동에 들어오지 않게 되면서 산모들의 사망이 줄어들었다고 주장했습니다. 미아즈마 이론에 기초한 것이지요.[17]

제멜바이스는 1849년 재계약에 실패하고 빈 종합병원을 떠나게 됩니다. 제멜바이스에게 적대적이었고 그의 산모 사망에 대한 설명도 받아들이지 않았던 의사 칼 브라운Carl Braun이 그 자리를 대신 차지합니다. 그리고 칼 브라운은 이후 승승장구하

며 클라인 교수의 뒤를 이어 빈대학의 산과 교수가 됩니다.[18]

그러나 칼 브라운과 달리 이후 제멜바이스의 삶은 그리 화려하지 못했습니다. 그는 고향으로 돌아와 작은 대학의 교수가 되고, 자신의 주장을 뒷받침하는 책『산욕열의 원인, 개념, 그리고 예방The Etiology, Concept, and Prophylaxis of Childbed Fever』을 1861년 출판합니다. 1847년의 실험을 14년이 지나서 처음 학술논문의 형태로 출판한 것입니다. 이 글에서 제멜바이스는 "우리 중 누구도 우리가 그토록 많은 사람을 죽이고 있었다는 걸 알지 못했다"라고 말하며, 손 씻기를 거부하는 당대 산부인과 의사들의 행동을 강력하게 비판합니다. 하지만 사람들은 이 논문의 내용을 받아들이지 않고 제멜바이스를 오히려 무시하고 조롱합니다. 그러한 상황에서 제멜바이스는 "교수, 당신도 이 학살의 주범 중 한 명이었소"라는 식의 독설로 대응합니다.[19] 그 과정에서 제멜바이스는 심각한 우울증을 겪다 1865년 정신병원에 입원하고 불과 2주가 지나지 않아 47세의 나이로 사망합니다.

당대에는 환영받지 못한 채 비참한 죽음을 맞이했지만, 제멜바이스의 실험은 역사상 가장 많은 사람을 살린 의학 발견 중 하나로 기록되었습니다. '수술실 소독법'이 그로 인해 시작된 것이지요. 몇 년 지나지 않아, 미생물학자인 파스퇴르가 세균이 산욕열의 원인이라는 점을 명확하게 보여주고 영국의 외과 의사인 조지프 리스터가 수술실 소독의 중요성에 대한 연구를 발표하면서, 제멜바이스의 생각이 옳았다는 사실이 확고해지게 됩니다. 요한 클라인 교수가 말했던 수술실의 나쁜 공기가 사람을 죽인다는 미아즈마 이론은 설 자리를 잃게 됩니다.

과학 하기, 우리의 상식과 직관을 의심하는 일

오늘날 갈레노스의 해부학, 생리학, 미아즈마 이론을 신봉하는 전문가는 없습니다. 그러나 서양에서 1,000년이 넘게 절대적 권위를 가지고 있던 갈레노스의 의학을 과거의 상식으로 밀어내는 일은 쉽지 않았습니다. 갈레노스의 설명을 신봉하던 구세대의 힘은 거대하고 또 집요했으니까요. 베살리우스는 인간의 몸이 그사이 변했다는 실비우스 교수와 싸워야 했고, 하비는 동맥과 정맥을 잇는 혈관을 아직 발견하지 못했으니 과거의 설명이 옳다는 프림로즈와 싸워야 했습니다. 제멜바이스는 환기시설을 바꿔 산모 사망률이 줄었다고 주장하던 클라인 교수와 싸워야 했지요.

이 모든 사례에서, 연구 결과가 발표될 당시에는 갈레노스의 신봉자들이 승리하는 듯 보였습니다. 하지만 오늘날 우리가 기억하는 인물들은 그 신봉자들이 아닌, 베살리우스와 하비와 제멜바이스입니다. 그들이 관찰과 실험을 통해 주장했던 인간의 몸과 질병에 대한 가설이 더 합리적이라는 걸 이제는 모두가 인정하기 때문입니다.

사회가 공유하는 상식이나 우리가 몸으로 경험해 얻은 직관이 틀릴 수 있다는 점을 기억하는 일은 중요합니다. 그것이 과학의 출발점이지요. 과거 지구를 중심으로 태양을 포함한 하늘이 돌고 있다는 천동설은 당대의 상식인 동시에 사람들의 경험에 부합하는 설명이었습니다. 하루 종일 한자리에 가만히 있어도, 태양이 동쪽에서 떠서 서쪽으로 지는 걸 관찰하는 사람들에게 천동설은 직관적이고 이해하기 쉬운 설명이었습니다. 그에 반해, 태양을 중심으로 지구가 계속 돌고 있다는 지동설은 천동설보다 훨씬 더 복잡한 설명을 필요로 합니다. 지구에서 발을 딛고 사는 사람들에게 직관적이지도 않지요. 하지만 천동설보다는 지동설이 훨씬 더 합리적이고 정확한 설명입니다.

　　지동설만이 아닙니다. 우주의 역사와 운동을 설명하는 과학의 발견 중 인간의 감각으로는 받아들이기 쉽지 않은 과학의 발견은 많습니다. 우리의 직관은 지구라는 별에서 호모 사피엔스로 살아온 시간에 의해 만들어진 것이니까요. 우주가 138억 년 전 빅뱅을 통해 생겨났다는 사실을 받아들이는 일은 직관적이지 않습니다. 지금 이 순간에도 우주가 팽창하고 있다는 이야기나 블랙홀로 인해 공간이 휘어진다는 이야기도 우리의 경험으로 상상하기는 어렵습니다.

　　그래서 더욱, 오늘날 우리가 상식이라고 생각하는 이론이나 직접 경험했다는 이유로 확신하는 사실들 역시 우리 시대의 천동설일 가능성을 마음 한구석에 품고 있어야 합니다. 지금 내

　　　　　　　　　　　　　　　　우리 몸이 세계라면

생각이 틀린 것일 수 있다는 비판적 사고는 인류가 과거의 상식과 맞서 싸우며 이 세상과 인간에 대한 더 나은 설명을 제공할 수 있었던 거대한 원동력이었습니다.

누가 뭐라고 해도, 지금 이 순간 지구는 돌고 있으니까요.

우리에게 필요한 지식을 만드는 일

한국의 연구가 모국어로 출판되지 않는 이유

2018년 11월, 대학 본부로부터 이메일을 받았습니다. 영국의 한 기관이 매년 진행하는 아시아 대학평가에서 제가 일하는 대학이 좋은 성적을 거두었다는 소식이었습니다. 본 대학이 지난 5년간 대학평가순위에서 꾸준한 상승세를 보였고, 지난해보다 4단계 상승했다는 내용이 담겨 있었습니다.

지난 6년 동안 한국에서 대학교수로 일하면서, 대학이 외부기관에서 매기는 순위에 민감하게 반응한다는 사실을 여러 차례 느꼈습니다. 순위가 떨어지면 노심초사하고, 순위가 올라가면 자랑스러워합니다. 매년 반복되는 이 평가는 대학의 교육과 연구 시스템에 큰 영향을 미칩니다. 대학 본부는 각종 대학평가에서 순위가 떨어지지 않게 하기 위해 그 평가 기준에 맞춰 자원을 배분하고 교수의 업적을 평가하니까요.

사회학자인 한준, 김수한 교수는 2017년에 출판한 논문 「평가 지표는 대학의 연구와 교육을 어떻게 바꾸는가: 사회학을 중심으로」에서 국내 대학 순위를 발표하는 5개 평가 지표를 수집해 분석하고, 그러한 평가가 대학의 지식 생태계에 미치는 영향을 검토했습니다.[1] 5개 지표 중 가장 오래된 것은 1994년부터 매년 진행된 '중앙일보 대학평가'입니다. 연구팀은 1994년부터 2014년까지 총 21번 진행된 대학평가 중 연구업적 평가의 세부항목 비중이 어떻게 변화했는지 정리했습니다. 결과는 〈그림20〉과 같습니다.

1994년 연구업적을 평가하는 세부항목에는 연구비 액수

그림20 중앙일보 대학평가에서 연구업적 세부 반영비율 변화(1994~2014)[1]

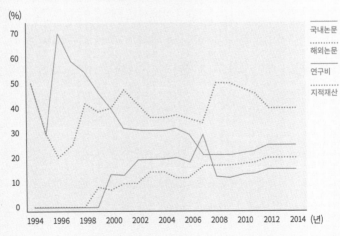

와 해외 학술지 논문을 출판했는지가 각각 50%씩 반영되는 것으로 나타났고, 국내 학술지 논문 출판은 전혀 업적으로 고려되지 않았습니다. 1990년대 후반에는 연구비가 연구업적 평가에서 가장 중요한 지표로 사용되면서 그 비중이 1996년에는 70%까지 증가합니다. 그러나 2000년 이후 가장 중요한 요소는 해외 학술지 논문 출판입니다. 가장 최근 자료인 2014년 평가를 기준으로 할 때, 연구업적 평가에서 해외 학술지 논문 출판(해외논문 40%)이 압도적으로 가장 높은 비율을 차지합니다. 그다음으로 대학에 가져온 연구비가 얼마인지(연구비 25%), 기술 개발로 특허 등록을 얼마나 받았는지(지식재산권 20%), 국내 학술지 논문을 출판했는지(국내논문 15%) 순서로 평가가 이루어집니다. 한국어로 연구 논문을 출판하는 것은 오늘날 대학 연구업적 평가에서 가장 낮은 비중을 차지하고 있습니다. 한국어가 모국어인 나라에서 한국어로 쓰인 논문이 가장 낮은 평가를 받는 것입니다. 이러한 상황에서 한국어 학술지는 영어 학술지라는 '메이저리그'에 밀린 '마이너리그'가 됩니다. 강정인 교수의 말입니다.

정부와 학교가 영어 논문을 강조하면서 인문·사회과학 공동체가 무너지고 있다. 학과나 학회에 나오기보다는 해외 학술지에 투고하는 데 바쁘다. 국내에 있으면서도 두뇌가 유출된다.[2]

우리 몸이 세계라면

물론 수학이나 물리학 같은 순수과학은 비슷한 주제를 연구하는 사람들 사이에서 논문이 읽히는 것만으로 충분히 가치 있고 그 분야 학자들이 한국어가 아닌 영어로 논문을 출판하는 일은 합리적인 선택이라고 생각합니다.

그러나 오늘날 대다수의 학자는 한국사회의 문제를 다루는 연구까지도 해외 학술지에 발표하는 것을 목표로 하고 있습니다. 한국사회에 대한 심층적인 연구 결과를 영어로 작성해 발표하고 외국 학자들이 그 문제에 관심을 갖게 되는 것은 권장할 만한 일이지요. 하지만 그 내용이 한국사회에서 공유되지 않아 가장 필요로 하는 사람들이 읽을 수 없게 되고, 그래서 검토하고 논쟁하고 또 활용할 수 없다면 그것을 바람직한 일이라고 할 수 있을까요? 현재 영어로 출판한 논문의 내용을 한국어로 유통하는 작업을 지원하는 학계 시스템은 존재하지 않습니다.

한국의 연구가 한국사회를 고민하지 않는 이유

연구자가 살아가는 세상에도 당연히 권력과 정치가 존재합니다. 그리고 그 한가운데에는 미국의 학회를 중심으로, 영어로 쓰이고 유통되는 지식 시장이 있습니다.[3] 미국과 영국을 중심으로 하는 영어권 국가가 학계에서 거대한 영향력을 행사하고 있고 전 세계적으로 인정받는 거의 모든 학술지는 영어로 논문을 출판하고 있습니다.

그러다 보니, 학술 연구의 '본국'에 해당하는 미국 유학이 권장됩니다. 《경향신문》 기자들이 한국의 지식 생태계를 조사한 책 『지식인의 죽음』은 이러한 현상을 두고서 "한국 지식인을 생산하는 최대 공장은 미국"이라고 단언합니다. 이 주장은 사실입니다. 1948~2007년까지 해외 박사학위 논문을 신고한 한국인 2만 4,691명 중 미국에서 학위를 받은 사람의 수는 그 절반이 넘는 1만 3,782명(55.8%)이었습니다. 2008년 미국 국립과학재단이 발표한 자료에서는 한국의 미국 박사 편중 현상을 더 명확히 볼 수 있습니다. 1997~2006년까지 미국 대학에서 박사학위를 받은 사람의 학부 대학을 조사했을 때, 1위는 미국 캘리포니아에 있는 UC 버클리대학이었고, 2위가 한국의 서울대학교였습니다.[4] 최근 들어 미국 유학을 떠나는 학생 수가 줄어들고 있지만 2017~2018년 기준으로 미국에서 공부하는 한국인 학생은 총 5만 4,555명으로, 중국(36만 3,341명)과 인도(19만 6,271명)에 이어 3위를 차지합니다.[5] 여전히 한국은 미국 유학을 가장 많이 가는 나라 중 하나이고, 2008년에 한국을 떠났던 저 역시 수많은 미국 유학생 중 한 명이었습니다.

어느 국가에서 교육을 받았는지는 연구자의 사고방식에 지대한 영향을 미칩니다. "한국 지식인을 생산하는 최대 공장은 미국"인 현실은 영어로 출판하는 해외 학술지 논문에 높은 가중치를 부여하는 한국 대학 연구업적 평가와 함께 국내 학계에

우리 몸이 세계라면

심각한 문제를 초래하고 있습니다. 한국에서 연구하는 학자들이 연구 주제를 선정하면서, 세계적으로 인정받는 저명 학술지의 관심 연구 주제를 먼저 생각하게 되는 것이지요. 강정인 교수는 다음과 같이 말합니다.

> 외국과 한국의 화두가 같다면 좋겠지만, 다르다면 따로 갈 수밖에 없다. … 이명박 정부 때 정의 문제가 큰 이슈였다. 우리 같은 민주주의 신생국에서 정의는 과거사 청산 문제와 반드시 연결된다. 그러나 롤스나 샌델의 정의론을 봐도 과거사 청산 문제는 나오지 않는다.[6]

한국 트랜스젠더 건강 연구

사회역학자로 처음 발을 내딛던 때입니다. 박사학위 논문은 한국의 비정규직 노동과 차별이 건강에 미치는 영향에 대한 연구였습니다. 이 주제로 논문을 쓰면서 '내 연구가 현실 문제를 해결하는 데 조금이라도 도움이 되지 않을까' 하는 막연한 기대를 품었습니다. 이후로도 비정규직 노동과 차별에 대한 연구를 계속했고, 해외 학술지에 여러 논문을 출판했습니다.[7·8·9·10·11·12]

그러다 깨닫게 된 것이 있습니다. 소수의 같은 분야 학자들을 제외하면, 제가 하고 있는 연구를 누구도 알지 못한다는 사실이었습니다. 의과대학을 졸업하고 임상 의사가 아닌 보건학자가 되기로 했던 것은 이 학문이 더 많은 사람을 살릴 수 있을 것이라는 믿음 때문이었습니다. 그런데 현실에서 제 연구의 결과물은 실제로 그 내용을 필요로 하는 곳에 가닿지 못하고 있었습니다.

트랜스젠더 건강에 대한 연구를 하면서도, 어떻게 해야 한국사회에 필요한 연구를 하고 그 결과를 필요로 하는 사람들과 나눌 수 있을지에 대한 고민은 계속되었습니다. 한국에는 최소 15만 명의 트랜스젠더가 살고 있는 것으로 추정되지만, 2013년 연구를 처음 시작할 때 한국 학계에서 그들의 건강에 관한 연구는 찾을 수 없었습니다.[13] 한국에서 트랜스젠더는 태어날 때 지정받은 성별과 스스로 인지하는 성별이 달라 공공기관이나 직장을 비롯한 여러 곳에서 차별을 경험하고 있는데, 그 내용을 연구한 논문은 없었습니다.

미국이나 캐나다에서 트랜스젠더가 경험하는 사회적 차별에 대해 진행한 연구가 여럿 출판되었지만, 그 연구 결과로 한국 상황을 이해하기는 어렵습니다. 예를 들어, 한국에서 법적인 성별이 남성인 사람이라면 국방의 의무를 수행해야 합니다. 스스로를 여성이라고 생각하는 트랜스젠더가 아직 법적인 성별을 바꾸지 못해 신분 서류상에는 여전히 남성으로 표기되어 있는 경우, 법에 규정된 의무를 완수하기 위해 군에서 복무해야 합니다. 이들이 군대에서 보낸 시간은 고문과도 같았습니다. 여성이라고 스스로 생각하는 사람이 남성들과 함께 공용 샤워 시

우리 몸이 세계라면

설을 이용해야 하고, 일상적으로 자행되는 성희롱과 성폭행에 대한 두려움을 느끼고 있었습니다. 특히, 자신의 의사와 무관하게 부대 내에서 트랜스젠더라는 것이 알려지고 '관심사병'으로 분류되는 일은 군대에서의 시간을 더욱 힘들게 만들었습니다. 그러나 모병제로 군대를 운영하는 외국에서는 상황이 전혀 달랐습니다. 적어도 당사자가 군인으로 복무할지 여부를 선택할 수 있으니까요.

그뿐이 아니었습니다. 트랜스젠더에 대한 차별이 심각하고 사회적 지원이 부족한 한국사회에서 트랜스젠더가 성전환을 위한 의료서비스를 받는 시기도 외국과 달랐습니다. 주로 10대 후반에 성전환을 위한 의료적 조치를 시작하는 외국과 달리, 한국에서는 가족의 반대로 인해 가족으로부터 독립한 20대가 되어서야 비로소 성전환을 적극적으로 알아보는 경우가 많았으니까요. 특히 성전환을 위한 의료적 조치가 건강보험으로 지원되지 않는 상황에서 트랜스젠더는 호르몬 투여나 성전환 수술 비용을 마련하기 위해 여러 노동을 전전하다가 성전환이 더 늦어지는 경우도 많았습니다. 한국만의 특수한 상황이 있는 것이지요.

관련한 연구를 진행하기 위해 정부에 연구계획서를 제출했지만, 정부 기관은 이 주제에 관심이 많지 않았습니다. 연구지원을 받는 데 몇 차례 실패한 후 크라우드 펀딩으로 시민들의 후원을 받아 연구비를 마련했고, 2017년에는 한국 성인 트랜스젠더 282명에 대한 설문 조사를 진행했습니다.[14] 그렇게 모은 데이터를 분석해 군대와 병원과 직장과 학교에서 트랜스젠더가 겪는 차별을 담은 논문을 쓰기 시작했을 때, 학생들과 저는 어느 학술지에 어떤 언어로 출판할지 고민했습니다.

트랜스젠더 건강에 관심을 가진 국내 연구자의 수는 매우 적습니다. 논문을 영어로 쓰면 외국 연구자들도 읽을 수 있어 학계에서는 더 많은 영향력을 가질 게 분명했습니다. 하지만 그렇게 되면 정작 연구 결과를 필요로 하는 한국사회에서 그 결과를 나누기 더 어려워집니다. 정부 기관이나 사회단체에서 참고자료로 활용하거나 트랜스젠더의 인권 침해나 법적 성별정정을 비롯한 여러 소송에서 이 연구가 근거 자료로 쓰이기 위해서는 한국어로 쓰일 필요가 있었습니다.

연구 결과를 영어와 한국어로 모두 공유할 수 있는 길을 찾기 위해 두 가지 작업을 진행했습니다. 먼저 영어로 출판하지만 원할 경우 부록으로 한국어판을 함께 출판해주는 《한국역학회지》에 논문을 출판했습니다.[15] 한국어판으로 논문 심사를 받고 출판이 확정된 이후, 영어 초벌 번역을 학술지에서 도와주었지만, 저희 연구팀은 모든 영어 문장을 수정해야 했습니다. 만만치 않은 작업이었지만, 연구 실적은 한 편으로만 계산됩니다. 또 하나는 트랜스젠더 건강 연구를 진행하며 배우고 고민했던 내용을 묶어, 연구실에서 함께 공부하는 학생들과 『오롯한 당신』이라는 제목의 단행본으로 출판한 것입니다. 기존의

우리 몸이 세계라면

출판 논문을 모은 게 아니라 글을 새로 써서 책을 출판하는 작업이었기에 논문을 쓰는 일보다 몇 배의 노력이 들어갈 수밖에 없었습니다.[16] 하지만 이러한 단행본 작업은 대학 순위 평가에 항목조차 존재하지 않습니다.

대학이 지금과 같은 지식 생태계를 가지게 된 데에는 나름의 이유가 있을 것입니다. 하지만 현 시스템으로 인해 어떤 연구자와 어떤 연구가 배제당하고 있는지는 고민이 필요합니다. 한국사회의 고유한 문제를 한국어로 고민하고 쓰는 연구자들이 오늘날 대학에서는 가장 살아남기 어렵습니다. 이러한 어려움은 특히 한국사회의 사회적 약자에 관해 연구하는 경우 더욱 도드라집니다. 전 세계 지식 시장에서 한국이 '변방'이기에 생겨나는 지식 생산과 유통의 문제점이 한국사회 내부에서도 발생합니다. 한국에서 권력과 자본에 소외된 이들의 삶을 연구할 때에도 비슷한 문제점이 반복되어 나타나기 때문입니다.

박사과정 학생 때, 학위를 받고 나면 어떤 주제를 연구할지 미국인 친구들과 이야기를 나눈 적이 있었습니다. 어떤 친구는 HIV 감염을 다루는 전문가가 되겠다고, 또 다른 친구는 인종차별과 건강에 대해 계속 연구해보고 싶다고 말했습니다. 제 차례가 되었을 때, 한참을 머뭇거렸습니다. 제게 그 질문은 '당신은 어떤 연구자가 되고 싶은가?'라고 묻는 것처럼 들렸습니다. 망설임 끝에 "한국에서 사회적 약자의 건강을 연구하는 사람의 수는 적고, 필요한 연구는 너무나 많다. 이곳에서 배운 방법론으로 한국사회의 절박하고 중요한 문제를 연구하는 사람이 되고 싶다"라고 답했던 기억이 납니다.

한국에 돌아와 대학에서 일하며, 어떤 연구를 어떻게 할지 매 순간 선택해야 했습니다. 연구주제를 정하고 논문을 쓰고 그 지식을 공유하는 과정에서 무엇이 가장 나은 선택인지 판단하는 일이 제게는 항상 어렵습니다. 단기적인 성과만을 주목하는 오늘날 대학에서 오랜 시간을 필요로 하는 사회적 약자의 몸과 질병에 대한 연구는 그다지 환영받지 못하는 일이기도 하니까요.

하지만 부조리한 사회로 상처받은 사람들의 고통을 과학의 언어로 세상에 내놓는 것은 중요하고 필요한 일이라고 생각합니다. 계속해보겠습니다.

우리 몸이 세계라면

1

이름을 알 수 없는 지식에 대하여

1. Schulman, K.A., et al., "The effect of race and sex on physicians' recommendations for cardiac catheterization", *N Engl J Med*, 1999. 340(8): p.618-626.

2. McSweeney, J.C., et al., "Women's early warning symptoms of acute myocardial infarction", *Circulation*, 2003. 108(21): p.2619-2623.

3. Crilly, M., et al., "Gender differences in the clinical management of patients with angina pectoris: a cross-sectional survey in primary care", *BMC Health Services Research*, 2007. 7: p.142.

4. Colón, I., et al., "Identification of phthalate esters in the serum of young Puerto Rican girls with premature breast development", *Environmental health perspectives*, 2000. 108(9): p.895-900.

5. Welshons, W.V., et al., "Large effects from small exposures. I. Mechanisms for endocrine-disrupting chemicals with estrogenic activity", *Environmental health perspectives*, 2003. 111(8): p.994-1006.

6. Messing, K., D. Mergler, "Introduction: women's occupational and environmental health", *Environ Res*, 2006. 101(2): p.147-148.

7. Beshir, M.Y., J.D. Ramsey, "Comparison between male and female subjective estimates of thermal effects and sensations", *Appl Ergon*, 1981. 12(1): p.29-33.

8. Karjalainen, S., "Gender differences in thermal comfort and use of thermostats in everyday thermal environments", *Building and Environment*, 2007. 42(4): p.1594-1603.

9. Byrne, N.M., et al., "Metabolic equivalent: one size does not fit all", *J Appl Physiol*, 2005. 99(3): p.1112-1119.

10. Kingma, B., W. van Marken Lichtenbelt, "Energy consumption in buildings and female thermal demand", *Nature Climate Change*, 2015. 5: p.1054.

11. Farkas, R.H., E.F. Unger, R. Temple, "Zolpidem and Driving Impairment — Identifying Persons at Risk", *New England Journal of Medicine*, 2013. 369(8): p.689-691.

12. "Drug Safety: Most Drugs Withdrawn in Recent Years Had Greater Health Risks for Women", *U.S.G.A. Office, Editor*, Wahington, DC 20548. 2001. https://www.gao.gov/new.items/d01286r.pdf

13. McGregor, A.J., "The Effects of Sex and Gender on Pharmacologic Toxicity: Implications for Clinical Therapy", *Clin Ther*, 2017. 39(1): p.8-9.

14. McGregor, A.J., "The Impact Sex Differences Research Can Have on Women's Health", *Clin Ther*, 2016. 38(2): p.238-239.

15. Kim, S.S., et al., "Association between change in employment status and new-onset depressive symptoms in South Korea-a gender analysis" *Scand J Work Environ Health*, 2012. 38(6): p.537-545.

16. Frankenhaeuser, M., et al., "Stress on and off the job as related to sex and occupational status in white-collar workers", *Journal of Organizational Behavior*, 1989. 10(4): p.321-346.

17. Kim, S.S., et al., "Association between work-family conflict and musculoskeletal pain among hospital patient care workers", *Am J Ind Med*, 2013. 56(4): p.488-495.

18. 박진욱, 한윤정, 김승섭, 「고용형태의 변화에 따른 건강불평등」, 《예방의학회지》, 2007. 40(5): p.388-396.

19. 김향수, 배은경, 「자녀의 질환에 대한 모성 비난과 '아토피 엄마'의 경험」, 2013.

20. Tapias, M., "'Always Ready and Always Clean'?: Competing Discourses of Breast-feeding, Infant Illness and the Politics of Mother-blame in Bolivia", *Body & Society*, 2006. 12(2): p.83-108.

21. Sousa, A.C., "From Refrigerator Mothers to Warrior-Heroes: The Cultural Identity Transformation of Mothers Raising Children with Intellectual Disabilities", *Symbolic Interaction*, 2011. 34(2): p.220-243.

22. Scheper-Hughes, N., *Death without weeping*, 1992, Berkeley: University of California Press.

23. Scheper-Hughes, N., "Death Without Weeping", *Natural History*, 1989.

죽음을 파는 회사의 마케팅 전략

1. Truth Tobacco Industry Documents http://legacy.library.ucsf.edu/tid/pvt37b00 (Accessed at 8 Nov 2018)

2. Truth Tobacco Industry Documents http://legacy.library.ucsf.edu/tid/kgp22d00 (Accessed at 8 Nov 2018)

3. Truth Tobacco Industry Documents-Industry Documents Library https://www.industrydocumentslibrary.ucsf.edu/tobacco.

4. Glantz, S.A., et al., "Looking through a keyhole at the tobacco industry. The Brown and Williamson documents", *JAMA*, 1995. 274(3): p.219-224.

5. 이성규, 김재형, 김일순, 「담배소송과 다국적 담배회사 내부문건 속 국산담배 성분 분석」, 《보건사회연구》, 2012. 32(3): p.461-484.

6. Hanby TC: Basic Data Free World. 22 March 1979. British American Tobacco. Bates No. 104751554-1559. 〈Lee, K., et al., "The strategic targeting of females by transnational tobacco companies in South Korea following trade liberalization", *Global Health*, 2009. 5: p.2.〉에서 재인용.

7. Lee, K., et al., "The strategic targeting of females by transnational tobacco companies in South Korea following trade liberalization", *Global Health*, 2009. 5: p.2.

8. Brown-Johnson, C.G., et al., "Tobacco industry marketing to low socioeconomic status women in the U.S.A.", *Tob Control*, 2014. 23(e2): p.e139-146.

9. Truth Tobacco Industry Documents-Industry Documents Library http://legacy.library.ucsf.edu/tid/sqp76b00 (Accessed at 16 Nov 2018)

10. Brown-Johnson, C.G., et al., "Tobacco industry marketing to low socioeconomic status women in the U.S.A.", *Tob Control*, 2014. 23(e2): p.e139-146.

11. Centers for Disease Control and Prevention. Vital signs: Current cigarette smoking among adults aged ≥18 years—United States, 2009 Health and

Human Services, 2010.

12. Truth Tobacco Industry Documents http://legacy.library.ucsf.edu/tid/eyn18c00 (Accessed at 8 Nov 2018)

13. van der Eijk, Y., S.A. Bialous, S. Glantz, "The Tobacco Industry and Children's Rights", *Pediatrics*, 2018.

14. Ling, P.M., S.A. Glantz, "Why and how the tobacco industry sells cigarettes to young adults: evidence from industry documents", *Am J Public Health*, 2002. 92(6): p.908-916.

15. Harden RJ. A perspective on appealing to younger adult smokers. R. J. Reynolds Tobacco Company. February 2, 1984. Bates No. 502034940 -4943. Available at: www.library.ucsf.edu/tobacco/mangini 〈Sepe, E., S.A. Glantz, "Bar and club tobacco promotions in the alternative press: targeting young adults", *Am J Public Health*, 2002. 92(1): p.75-78.〉에서 재인용.

16. Sepe, E., S.A. Glantz, "Bar and club tobacco promotions in the alternative press: targeting young adults", *Am J Public Health*, 2002. 92(1): p.75-78.

17. Lee, S., S.A. Glantz, "South Korea: 'KT&G Sangsang Univ.' employs education for marketing", *Tob Control*, 2012. 21(4): p.445-446.

자본은 지식을 어떻게 섭외하는가

1. Petticrew, M.P., K. Lee, "The "father of stress" meets "big tobacco": Hans Selye and the tobacco industry", *Am J Public Health*, 2011. 101(3): p.411-418.

2. Petticrew, M.P., K. Lee, "The "father of stress" meets "big tobacco": Hans Selye

and the tobacco industry", *Am J Public Health*, 2011. 101(3): p.411-418.

3. "National Cancer Institute-Psychological Stress and Cancer" https://www.cancer.gov/about-cancer/coping/feelings/stress-fact-sheet.

4. Yach, D., S.A. Bialous, "Junking Science to Promote Tobacco", *American Journal of Public Health*, 2001. 91(11): p.1745-1748.

5. Yach, D., "Foundation for a smoke-free world", *The Lancet*, 2017. 390(10104): p.1807-1810.

6. Glantz, S.A., "PMI's own in vivo clinical data on biomarkers of potential harm in Americans show that IQOS is not detectably different from conventional cigarettes", *Tob Control*, 2018.

7. Hirschhorn, N., "Another perspective on the Foundation for a Smoke-Free World", *The Lancet*, 2018. 391(10115): p.25.

8. WHO Fact Sheets-Tobacco http://www.who.int/news-room/fact-sheets/detail/tobacco (Accessed at 9 Nov 2018)

9. The, L., "Progress towards a tobacco-free world", *The Lancet*, 2018. 392(10141): p.1.

10. 김상기, 〈"덜 해로운 담배 선택권 보장" 어느 담배회사의 뻔뻔한 연구 후원 제안〉, 《라포르시안》, 2016. 08. 30.

11. 박상표, 최규진, 조홍준, 「담배회사 내부 문건 속 한국인 과학자 분석」, 《대한금연학회지》, 2014. 5(1): p.1-9.

12. 김성환, 〈'컨설턴트' 언급된 과학자 해명〉, 《한겨레21》 제990호, 2013.

13. Barnes, D.E., L.A. Bero, "Why review articles on the health effects of passive smoking reach different conclusions",

JAMA, 1998. 279(19): p.1566-1570.

14. U.S. Department of Health and Human Services. "The Health Consequences of Smoking—50 Years of Progress: A Report of the Surgeon General", Atlanta: U.S. Department of Health and Human Services, Centers for Disease Control and Prevention, National Center for Chronic Disease Prevention and Health Promotion, Office on Smoking and Health, 2014.

15. WHO Fact Sheets-Tobacco http://www.who.int/news-room/fact-sheets/detail/tobacco (Accessed at 9 Nov 2018)

16. Jha, P., et al., "21st-century hazards of smoking and benefits of cessation in the United States", *N Engl J Med*, 2013. 368(4): p.341-350.

왜 어떤 지식은 생산되지 않는가

1. Taylor, H.R., et al., "Disability weights for vision disorders in Global Burden of Disease study", *The Lancet*, 2013. 381(9860): p.23.

2. 오인환, 윤석준, 김은정, 「한국인의 질병부담」, 《대한의사협회지》, 2011. 54(6): p.646-652.

3. Trouiller, P., et al., "Drug development for neglected diseases: a deficient market and a public-health policy failure", *The Lancet*, 2002. 359(9324): p.2188-2194.

4. Mullan, F., "The metrics of the physician brain drain", *N Engl J Med*, 2005. 353(17): p.1810-1818.

5. Ioannidis, J.P., "Global estimates of high-level brain drain and deficit", *FASEB J*, 2004. 18(9): p. 936-939.

2

누가 전시하고, 누가 전시되는가

1. 박경수, 「近代 鐵道를 통해 본 '식민지 조선' 만들기」, 《일본어문학》, 2012. 53: p.253-271.

2. 정인경, 「뉴턴의 무정한 세계」, 돌베개, 2014.

3. 마쓰다 교코, 「세기 전환기 식민지 표상과 인간 전시-제국 '일본'의 박람회를 중심으로」, 《역사와 문화》, 2013. 26(-): p.184-219.

4. 서홍관, 신좌섭, 「일본인종론과 조선인」, 《醫史學》, 1999. 8(1): p.69-79.

5. 淸野謙次, 日本人種論變遷史, 小山書店, 1944. 〈서홍관, 신좌섭, 「일본인종론과 조선인」, 《醫史學》, 1999. 8(1): p.69-79.〉에서 재인용.

6. 久保武, "解剖學的に見たる日鮮人の比較硏究", 朝鮮及滿洲 大正 7年 10月號. 〈서홍관, 신좌섭, 「일본인종론과 조선인」, 《醫史學》, 1999. 8(1): p.69-79.〉에서 재인용.

7. 박순영, 「일제 식민주의와 조선인의 몸에 대한 "인류학적" 시선」, 《비교문화연구》, 2006. 12(2): p.57-92.

8. 정인혁, et al., 「한국인의 체질인류학적 특성 및 형태에 대한 문헌 목록」, 《대한체질인류학회지》, 1989. 2(2): p.159-170.

9. 여인석, 박형우, 정인혁, 「한국인의 체질인류학적 특성 및 형태에 대한 문헌 목록」, 《대한체질인류학회지》, 1990. 3(2): p.157-167.

10. 박형우, 여인석, 정인혁, 「한국인의 체질인류학적 특성 및 형태에 대한 문헌 목록」, 《대한체질인류학회지》, 1991. 4(1): p.63-73.

11. Hirschfeld, L., H. Hirschfeld, "SEROLOGICAL DIFFERENCES BETWEEN THE BLOOD OF DIFFERENT RACES", *The Lancet*, 1919. 194(5016): p.675-679.

12. 정준영, 「피의 인종주의와 식민지의학」, 《醫史學》, 2012. 21(3): p.513-549.

13. 정준영, 「피의 인종주의와 식민지의학」, 《醫史學》, 2012. 21(3): p.513-549.

14. 1927년 7월 21일 자 《동아일보》. 〈「피의 인종주의와 식민지의학」, 《醫史學》, 2012. 21(3): p.513-549.〉에서 재인용.

15. 신지영, 「외부에서 온 과학, 내부에서 솟아난 '소문과 반응'들」, 《한국문학연구》, 2012. 42(-): p.95-144.

16. Walraven, Boudewijn, "The natives next-door: ethnology in colonial Korea", In van Bremen, Jan and Akitoshi Shimizu (editor), *AnthropoJogy and CoJonialism in Asia and Oceania*, Curzon Press, 1999. p.219-214. 〈박순영, 「일제 식민주의와 조선인의 몸에 대한 "인류학적" 시선」, 《비교문화연구》, 2006. 12(2): p.57-92.〉에서 재인용.

일제강점기 동안 조선인은 더 건강해졌는가

1. 최규진, 「종두정책을 통해 본 일제의 식민통치」, 서울대학교 대학원, 2014.

2. 김옥주, 「조선 말기 두창의 유행과 민간의 대응」, 《醫史學》, 1993. 2(1): p.38-58.

3. Avison OR, 에비슨기념사업회 편, 『구한말비록』, 대구대학교출판부, 1940(1984). p.466. 〈김옥주, 「조.말.두.유.민.대.醫.」, 1993. 2(1): p.38-58.〉에서 재인용.

4. 최규진, 「종두정책을 통해 본 일제의 식민통치」, 서울대학교 대학원, 2014.

5. 신용하, 「지석영의 개화사상과 개화활동」, 《한국학보》, 2004. 30(2): p.89-112.

6. 송철의, 「지석영과 주시경의 표기법」, 《관악어문연구》, 2013. 38(0): p.35-62.

7. 신용하, 「지석영의 개화사상과 개화활동」, 《한국학보》, 2004. 30(2): p.89-112.

8. 황상익, 〈성난 조선 군인은 왜 지석영을 공격했나?-[근대 의료의 풍경 • 41] 지석영과 우두〉, 《프레시안》, 2010. 07. 19.

9. 신용하, 「지석영의 개화사상과 개화활동」, 《한국학보》, 2004. 30(2): p.89-112.

10. 박윤재, 「대한제국기 종두의양성소의 설립과 활동」, 《정신문화연구》, 2009. 32(4): p.29-54.

11. 이꽃메, 「한국의 우두법 도입과 실시에 관한 연구-1876년에서 1910년까지를 중심으로」, 《한국과학사학회지》, 1993. 15(2): p.256-260.

12. 황상익, 「역사 속의 학부(學部) "의학교", 1899-1907」, 《한국과학사학회지》, 2000. 22(2): p.170-191.

13. 이꽃메, 「한국의 우두법 도입과 실시에 관한 연구-1876년에서 1910년까지를 중심으로」, 《한국과학사학회지》, 1993. 15(2): p.256-260.

14. 신동원, 「한국 우두법의 정치학-계몽된 근대인가, '근대'의 '계몽'인가」, 《한국과학사학회지》, 2000. 22(2): p.149-169.

15. 重村義一, "朝鮮의 精神的科學者池錫永先生", 《朝鮮同胞의 光》, 1934, p124-126. 〈신동원, 「한국 우두법의 정치학-계몽된 근대인가, '근대'의 '계몽'인가」, 《한국과학사학회지》, 2000. 22(2): p.149-169.〉에서 재인용.

16. 신동원, 「한국 우두법의 정치학-계몽된 근대인가, '근대'의 '계몽'인가」, 《한국과학사학회지》, 2000. 22(2): p.149-169.

17. 신동원, 「한국 우두법의 정치학-계몽된 근대인가, '근대'의 '계몽'인가」, 《한국과학사학회지》, 2000. 22(2): p.149-169.

18. Duol, K., P. Ki-Joo, "COLONIALISM AND INDUSTRIALISATION: FACTORY LABOUR PRODUCTIVITY OF COLONIAL KOREA, 1913–1937", *Australian Economic History Review*, 2008. 48(1): p.26-46.

19. 허수열, 『개발 없는 개발』, 은행나무, 2011.

20. 황상익, 「보건의료를 통해 본 일제강점기 조선민중들의 삶-식민지 근대화론의 허와 실-」, 《국제고려학》, 2014. 15.

21. 황상익,「보건의료를 통해 본 일제강점기 조선민중들의 삶-식민지 근대화론의 허와 실-」,《국제고려학》, 2014. 15.

22. Hebert, P.R., et al., "Height and incidence of cardiovascular disease in male physicians", *Circulation*, 1993. 88(4 Pt 1): p.1437-1443.

23. 조영준,「식민지 초기 조선인의 신장 변화 재검토-"일제감시대상 인물카드"를 중심으로-」, 제58회 전국역사학대회, 서울대학교, 2015.

24. 조영준,「일제감시대상 인물카드 를 활용한 신장(身長)연구의 재검토-자료의 비판적 이해와 가공 문제를 중심으로-」,《經濟史學》, 2016. 60(-): p.75-97.

25. 황상익,「보건의료를 통해 본 일제강점기 조선민중들의 삶-식민지 근대화론의 허와 실」,《국제고려학》, 2014. 15.

26. 황상익,「보건의료를 통해 본 일제강점기 조선민중들의 삶-식민지 근대화론의 허와 실」,《국제고려학》, 2014. 15.

27. 황상익,「보건의료를 통해 본 일제강점기 조선민중들의 삶-식민지 근대화론의 허와 실」,《국제고려학》, 2014. 15.

28. 이경록,「『향약집성방』의 편찬과 중국 의료의 조선화」,《醫史學》, 2011. 20(2): p.225-262.

이 땅에 필요한 지식을 묻다

1. 황상익,〈수명이야기(1)〉, 다산포럼, 2013. http://www.edasan.org/sub03/board02_list.html?bid=b33&page=28&ptype=view&idx=1512 (Accessed at 18 Nov 2018)

2. 이성낙,「朝鮮時代 肖像畵에 나타난 皮膚病變 연구」, 명지대학교 대학원, 2014.

3. 김옥주,「조선 말기 두창의 유행과 민간의 대응」,《醫史學》, 1993. 2(1): p.38-58.

4. 『숙종실록』 14권, 숙종 9년 12월 15일. 上患痘時, 巫女莫禮挾術入禁中, 行祈禳法, 請大妃每日沐浴寒泉.

5. 『중종실록』 51권, 중종 19년 7월 24일. 義州及鐵山等處死者, 如此其多, 當卽馳聞, 而待監司移文然後, 始報焉, 是則守令, 不以人死動念也。 義州, 關防重地, 其人民死亡之事, 若卽啓聞, 則朝廷當豫議其入居之事, 而不卽啓聞, 義州牧使申玉衡、鐵山郡守(鄭環)〔鄭瓛〕 其皆罷黜

6. 이경록,「조선 중종 19~20년의 전염병 창궐과 그 대응」,《중앙사론》, 2014. 39(-): p.5-40.

7. 이경록,「조선 중종 19~20년의 전염병 창궐과 그 대응」,《중앙사론》, 2014. 39(-): p.5-40.

8. 『중종실록』 53권, 중종 20년 2월 4일. 平安道病氣愈熾, 病死書狀今日亦入來。 祈祭之事不無擧行, 不可復爲也。 若過數朔, 而猶如此, 則恐一道幾空矣。 不知何以處之, 無乃有可爲之事乎?

9. 이경록,「조선 중종 19~20년의 전염병 창궐과 그 대응」,《중앙사론》, 2014. 39(-): p.5-40.

10. 『중종실록』 52권, 중종 20년 1월 16일. 如見觀察使, 須以朝廷上下憂慮之意, 言之, 如有闔家死亡者, 則官爲葬埋, 勿令暴露。 病餘生存者, 多般救恤, 勿令飢餓。 軍士避病, 移于他道者, 撫恤安居, 勿使流離事, 竝言之。 使人民, 知朝廷上下憂慮之意.

11. 이경록,「조선 중종 19~20년의 전염병 창궐과 그 대응」,《중앙사론》, 2014. 39(-): p.5-40.

12. 이경록,「조선 중종 19~20년의 전염병 창궐과 그 대응」,《중앙사론》, 2014. 39(-): p.5-40.

13. 제임스 E. 매클렐란 3세, 해럴드 도른 저, 전대호 역,「과학과 기술로 본 세계사 강의」, 모티브북, 2006.

14. 박성래,〈〈수시력〉수용과 〈칠정산〉완성:

335

중국 원형의 한국적 변형」,《한국과학사학회지》, 2002. 24(2): p.166-199.

15. 이정모,「달력과 권력」, 부키, 2001.

16.『세종실록』60권, 세종 15년 6월 11일. 但自古醫學疎廢, 採取不時, 忽其近而求之遠, 人病則必索中國難得之藥, 是奚啻如七年之病, 求三年之艾而已哉! 於是藥不能得, 而疾已不可爲也.

17. 이경록,「『향약집성방』의 편찬과 중국 의료의 조선화」,《醫史學》, 2011. 20(2): p.225-262.

18. 이경록,「『향약집성방』의 편찬과 중국 의료의 조선화」,《醫史學》, 2011. 20(2): p.225-262.

19. 이경록,「『향약집성방』의 편찬과 중국 의료의 조선화」,《醫史學》, 2011. 20(2): p.225-262.

20.『세종실록』113권, 세종 28년 9월 29일. 國之語音, 異乎中國, 與文字不相流通, 故愚民有所欲言, 而終不得伸其情者多矣. 予爲此憫然, 新制二十八字, 欲使人(易) 〔易〕 習, 便於日用耳.

21. 문중양,「세종대 과학기술의 "자주성", 다시 보기」,《역사학보》, 2006. 189(0): p.39-72.

22. 백두현,「작업 단계로 본 훈민정음의 제자 과정과 원리」,《한글》, 2013(301): p.83-142.

23.『세종실록』103권, 세종 26년 2월 20일. 儻曰諺文皆本古字, 非新字也, 則字形雖倣古之篆文, 用音合字, 盡反於古, 實無所據. 若流中國, 或有非議之者, 豈不有愧於事大慕華?

24. 김영수,「세종대의 문화정체성 논쟁: 훈민정음 창제를 둘러싼 논쟁을 중심으로」,《한국동양정치사상사연구》, 2016. 15(1): p.31-66.

25. 김영수,「세종대의 문화정체성 논쟁: 훈민정음 창제를 둘러싼 논쟁을 중심으로」,《한국동양정치사상사연구》, 2016. 15(1): p.31-66.

26.『세종실록』113권, 세종 28년 9월 29일.

無所用而不備無所往而不達, 雖風聲鶴唳雞鳴狗吠, 皆可得而書矣。

3

불평등이 기록된 몸

1. Tsevat, J., et al., "Expected gains in life expectancy from various coronary heart disease risk factor modifications". *Circulation*, 1991. 83(4): p.1194-1201.

2. 강영호, et al.,〈건강보험 빅데이터를 활용한 HP2020 평가지표 생산 및 모니터링 지원 방안 마련〉, 국민건강보험공단, 서울대학교 산학협력단, 2016.

3. Hanson, J.L., et al., "Family poverty affects the rate of human infant brain growth", *PLoS One*, 2013. 8(12): p.e80954.

4. Hanson, J.L., et al., "Association between Income and the Hippocampus", *PLoS One*, 2011. 6(5): p.e18712.

5. Mani, A., et al., "Poverty impedes cognitive function", *Science*, 2013. 341(6149): p.976-980.

6. Katsnelson, A., "News Feature: The neuroscience of poverty", *Proceedings of the National Academy of Sciences*, 2015. 112(51): p.15530-15532.

7. Farah, M.J., "Socioeconomic status and the brain: prospects for neuroscience-informed policy", *Nature Reviews Neuroscience*, 2018. 19(7): p.428-438.

8. Jung-Choi, K., Y.H. Khang, "Contribution of different causes of death to socioeconomic mortality inequality in Korean children aged 1-9: findings from a national mortality follow-

up study", *J Epidemiol Community Health*, 2011. 65(2): p.124-129.

9. 김기태, 『대한민국 건강 불평등 보고서』, 나눔의집, 2012.

10. Shin, S.D., et al., "Epidemiologic characteristics of death by burn injury from 1991 to 2001 in Korea", *Burns*, 2004. 30(8): p.820-828.

11. 김윤, et al., 〈한국형 권역 외상센터 설립 타당성 및 운영모델 연구〉, 보건복지부, 서울대학교의과대학, 2010.

12. Dabla-Norris, E., K. Kochhar, F. Ricka, N. Suphaphiphat, and E. Tsounta, "Causes and Consequences of Income Inequality: A Global Perspective", *International Monetary Fund*, 2015.

13. Bahk, J., J.W. Lynch, Y.H. Khang, "Forty years of economic growth and plummeting mortality: the mortality experience of the poorly educated in South Korea", *J Epidemiol Community Health*, 2017. 71(3): p.282-288.

14. Leon, D.A., D. Vagero, P.O. Olausson, "Social class differences in infant mortality in Sweden: comparison with England and Wales", *BMJ*, 1992. 305(6855): p.687-691.

15. Banks, J., et al., "Disease and disadvantage in the United States and in England", *JAMA*, 2006. 295(17): p.2037-2045.

16. 통계청 〈가계동향조사〉 및 〈가계금융복지조사〉 http://www.index.go.kr/potal/stts/idxMain/selectPoSttsIdxSearch.do?idx_cd=4012&stts_cd=401201 (Accessed at 21 Nov 2018)

17. 홍민기, 『2015년까지의 최상위 소득 비중』, 《노동리뷰》, 2017. p.81-83.

18. 정준호, 〈소득집중도 역대 최대… 상위

10%가 48.5% 차지〉, 《한국일보》, 2017. 02. 05. http://www.hankookilbo.com/News/Read/201702052089998038 (Accessed at 21 Nov 2018)

19. Layte, R., C.T. Whelan, "Who Feels Inferior? A Test of the Status Anxiety Hypothesis of Social Inequalities in Health", *European Sociological Review*, 2014. 30(4): p.525-535.

20. 김찬호, 『모멸감』, 문학과지성사, 2014.

21. Wilkinson, R.G., K.E. Pickett, "The enemy between us: The psychological and social costs of inequality", *European Journal of Social Psychology*, 2017. 47(1): p.11-24.

22. Elgar, F.J., N. Aitken, "Income inequality, trust and homicide in 33 countries", *Eur J Public Health*, 2011. 21(2): p.241-246.

23. Elgar, F.J., et al., "School bullying, homicide and income inequality: a cross-national pooled time series analysis", *Int J Public Health*, 2013. 58(2): p.237-245.

24. Elgar, F.J., et al., "School bullying, homicide and income inequality: a cross-national pooled time series analysis", *Int J Public Health*, 2013. 58(2): p.237-245.

25. Hall, W., "Social class and survival on the S S Titanic", *Soc Sci Med*, 1986. 22(6): p.687-690.

차별이 투영된 몸

1. JAYNES, G., "SOUT ON RACE RECALLS LINES DRAWN UNDER SLAVERY", *The New York Times*, 1982.

2. "Pew Research Center Social & Demographic Trends" http://www.pewsocialtrends.org/interactives/

multiracial-timeline/ (Accessed at 8 Nov 2018)

3. DEAN, C., "Nobel Winner Issues Apology for Comments About Blacks", *The New York Times*, 2007.

4. Rosenberg, N.A., et al., "Genetic structure of human populations", *Science*, 2002. 298(5602): p.2381-2385.

5. Yudell, M., et al., "Taking race out of human genetics", *Science*, 2016. 351(6273): p.564-565.

6. Collins, F.S., "What we do and don't know about 'race', 'ethnicity', genetics and health at the dawn of the genome era", *Nat Genet*, 2004. 36(11 Suppl): p.S13-15.

7. 박상조, 박승관, 「외국인 범죄에 대한 언론 보도가 외국인 우범자 인식의 형성에 미치는 영향」, 《韓國 言論學報》, 2016. 60(3): p.145-177.

8. Jones, C.P., "Levels of racism: a theoretic framework and a gardener's tale", *Am J Public Health*, 2000. 90(8): p.1212-1215.

9. Brunkard, J., G. Namulanda, R. Ratard, "Hurricane Katrina deaths, Louisiana, 2005", *Disaster Med Public Health Prep*, 2008. 2(4): p.215-223.

10. Yankauer, A., "The Relationship of Fetal and Infant Mortality to Residential Segregation: An Inquiry Into Social Epidemiology", *American Sociological Review*, 1950. 15(5): p.644-648.

11. Kramer, M.R., C.R. Hogue, "Is segregation bad for your health?", *Epidemiol Rev*, 2009. 31: p.178-194.

12. White, K., J.S. Haas, D.R. Williams, "Elucidating the role of place in health care disparities: the example of racial/
ethnic residential segregation", *Health Serv Res*, 2012. 47(3 Pt 2): p.1278-1299.

13. Vinikoor, L.C., et al., "Effects of racial density and income incongruity on pregnancy outcomes in less segregated communities", *Soc Sci Med*, 2008. 66(2): p.255-259.

14. Chang, V.W., "Racial residential segregation and weight status among US adults", *Soc Sci Med*, 2006. 63(5): p.1289-1303.

15. Subramanian, S.V., D. Acevedo-Garcia, T.L. Osypuk, "Racial residential segregation and geographic heterogeneity in black/white disparity in poor self-rated health in the US: a multilevel statistical analysis", *Soc Sci Med*, 2005. 60(8): p.1667-1679.

16. Mehra, R., L.M. Boyd, J.R. Ickovics, "Racial residential segregation and adverse birth outcomes: A systematic review and meta-analysis", *Soc Sci Med*, 2017. 191: p.237-250.

17. 김현경, 「사람, 장소, 환대」, 문학과지성사, 2015.

18. Devah Pager, "The Mark of a Criminal Record", *American Journal of Sociology*, 2003. 108(5): p.937-975.

19. McEwen, B.S., "Protective and damaging effects of stress mediators", *New England Journal of Medicine*, 1998. 338(3): p.171-179.

20. Fuller-Rowell, T.E., S.N. Doan, J.S. Eccles, "Differential effects of perceived discrimination on the diurnal cortisol rhythm of African Americans and Whites", *Psychoneuroendocrinology*, 2012. 37(1): p.107-118.

21. Lewis, T.T., et al., "Chronic exposure

to everyday discrimination and coronary artery calcification in African-American women: the SWAN Heart Study", *Psychosomatic Medicine*, 2006. 68(3): p.362-368.

22. Lewis, T.T., et al., "Self-reported experiences of everyday discrimination are associated with elevated C-reactive protein levels in older African-American adults", *Brain, behavior, and immunity*, 2010. 24(3): p.438-443.

23. Kim, Y., et al., "Don't ask for fair treatment? A gender analysis of ethnic discrimination, response to discrimination, and self-rated health among marriage migrants in South Korea", *Int J Equity Health*, 2016. 15(1): p.112.

24. 김유균, 손인서, 김승섭, 「결혼이민자의 차별경험과 주관적 건강수준 간의 연관성: 출신지역과 성별 차이를 중심으로」, 《보건사회연구》, 2015. 35(3): p.421-452.

25. 조너선 마크스 저, 고현석 역, 『인종주의에 물든 과학』, 이음, 2017.

4

가장 많은 이를 죽음에 이르게 하는 병

1. Lichtenstein, P., et al., "Environmental and heritable factors in the causation of cancer--analyses of cohorts of twins from Sweden, Denmark, and Finland", *N Engl J Med*, 2000. 343(2): p.78-85.

2. Lichtenstein, P., et al., "Environmental and heritable factors in the causation of cancer--analyses of cohorts of twins from Sweden, Denmark, and Finland", *N Engl J Med*, 2000. 343(2): p.78-85.

3. Tomasetti, C., B. Vogelstein, "Variation in cancer risk among tissues can be explained by the number of stem cell divisions", *Science*, 2015. 347(6217): p.78-81.

4. "Bad Luck of Random Mutations Plays Predominant Role in Cancer, Study Shows", 2015. https://www.hopkinsmedicine.org/news/media/releases/bad_luck_of_random_mutations_plays_predominant_role_in_cancer_study_shows (Accessed at 19 Nov 2018)

5. "Most types of cancer not due to "bad luck". IARC responds to scientific article claiming that environmental and lifestyle factors account for less than one third of cancers", WHO International Agency for Research on Cancer, 2015. http://www.iarc.fr/en/media-centre/pr/2015/pdfs/pr231_E.pdf (Accessed at 20 Nov 2018)

6. 방영주, 〈암 예방하려면 이 5가지를 당장 실천하라!〉, 《프리미엄 조선》, 2014. 03. 06. http://premium.chosun.com/site/data/html_dir/2014/03/12/2014031200993.html (Accessed at 19 Nov 2018)

7. Danaei, G., et al., "The Preventable Causes of Death in the United States: Comparative Risk Assessment of Dietary, Lifestyle, and Metabolic Risk Factors", *PLoS Medicine*, 2009. 6(4): p.e1000058.

8. Warren, G.W., et al., The 2014 Surgeon General's report:"The Health Consequences of Smoking--50 Years of Progress": a paradigm shift in cancer care. Cancer, 2014. 120(13): p. 1914-1916.

9. Galea, S., et al., "Estimated deaths attributable to social factors in the United States," *Am J Public Health*, 2011.

101(8): p.1456-1465.

10. Vogt, F., S. Hall, T.M. Marteau, "General practitioners' and family physicians' negative beliefs and attitudes towards discussing smoking cessation with patients: a systematic review", *Addiction*, 2005. 100(10): p.1423-1431.

11. Graham, H., "Smoking prevalence among women in the European community 1950–1990", *Social science & medicine*, 1996. 43(2): p.243-254.

12. Graham, H., et al., "Pathways of disadvantage and smoking careers: evidence and policy implications", *J Epidemiol Community Health*, 2006. 60 Suppl 2: p.7-12.

13. Lorenc, T., et al., "What types of interventions generate inequalities? Evidence from systematic reviews", *Journal of Epidemiology and Community Health*, 2013. 67(2): p.190-193.

14. 김관욱, 〈삶도 금단증세를 유발한다〉, 《인물과 사상》, 2018. (237): p.156-179.

15. Poland, B., et al., "The social context of smoking: the next frontier in tobacco control?", *Tobacco Control*, 2006. 15(1): p.59-63.

16. Krieger, N., et al., "Breast Cancer Estrogen Receptor by Biological Generation: US Black & White Women, Born 1915-1979", *Am J Epidemiol*, 2018. 187(5): p. 960-970.

17. Krieger, N., et al., "Breast Cancer Estrogen Receptor by Biological Generation: US Black & White Women, Born 1915-1979", *Am J Epidemiol*, 2018. 187(5): p. 960-970.

18. Krieger, N., et al., "Breast Cancer

Estrogen Receptor by Biological Generation: US Black & White Women, Born 1915-1979", *Am J Epidemiol*, 2018. 187(5): p. 960-970.

19. Krieger, N., "History, biology, and health inequities: Emergent embodied phenotypes and the illustrative case of the breast cancer estrogen receptor", *American Journal of Public Health*, 2013. 103(1): p.22-27.

20. Bahk, J., S.M. Jang, K. Jung-Choi, "Increased breast cancer mortality only in the lower education group: age-period-cohort effect in breast cancer mortality by educational level in South Korea, 1983-2012", *Int J Equity Health*, 2017. 16(1): p.56.

21. Bahk, J., S.M. Jang, K. Jung-Choi, "Increased breast cancer mortality only in the lower education group: age-period-cohort effect in breast cancer mortality by educational level in South Korea, 1983-2012", *Int J Equity Health*, 2017. 16(1): p.56.

22. 김동진, et al., 〈국민의 건강수준 제고를 위한 건강형평성 모니터링 및 사업 개발-통계로 본 건강불평등〉, 《한국보건사회연구원》, 2017.

23. Jung, H.M., et al., "The Effect of National Cancer Screening on Disparity Reduction in Cancer Stage at Diagnosis by Income Level", PLoS One, 2015, 10(8): e0136036.

24. 김동진, et al., 〈국민의 건강수준 제고를 위한 건강형평성 모니터링 및 사업 개발-통계로 본 건강불평등〉, 《한국보건사회연구원》, 2017.

25. Kim, C.W., S.Y. Lee, and O.R. Moon, "Inequalities in cancer incidence and mortality across income groups and policy implications in South Korea", Public Health, 2008, 122(3): p. 229-236.

원인을 알 수 없는 병에 과학적으로 대응하기 위하여

1. 조반니 보카치오 저, 박상진 역,『데카메론 1』, 민음사, 2012.
2. Cohn, S.K., Jr., "The Black Death: end of a paradigm", *Am Hist Rev*, 2002. 107(3): p.703-738.
3. 수잔 스콧, 크리스토퍼 던컨 저, 황정연 역, 『흑사병의 귀환』, 황소자리, 2005.
4. Haensch, S., et al., "Distinct clones of Yersinia pestis caused the black death", *PLoS Pathog*, 2010. 6(10): p.e1001134.
5. Aberth, J., *The Black Death: the great mortality of 1348-1350, a brief history with documents*, Boston, MA: Bedford/St. Martin's, 2005.
6. 朴興植,「흑사병 논고」,《역사교육》, 2008. 106: p.183-210.
7. Morabia, A., P. C. A. "Louis and the birth of clinical epidemiology", J Clin Epidemiol, 1996, 49(12): p. 1327-1333.
8. Morabia, A., "Pierre-Charles-Alexandre Louis and the evaluation of bloodletting", *J R Soc Med*, 2006. 99(3): p.158-160.
9. 朴興植,「흑사병 논고」,《역사교육》, 2008. 106: p.183-210.
10. 박흥식,「흑사병에 대한 도시들의 대응」, 《西洋中世史硏究》, 2010. -(25): p.190-214.
11. R., C.D., R. Joris, "The sex-selective impact of the Black Death and recurring plagues in the Southern Netherlands, 1349–1450", *American Journal of Physical Anthropology*, 2017. 164(2): p.246-259.
12. DeWitte, S.N., J.W. Wood, "Selectivity of black death mortality with respect to preexisting health", *Proc Natl Acad Sci U S A*, 2008. 105(5): p.1436-1441.
13. 필립 지글러 저, 한은경 역,『흑사병』, 한길사, 2003.
14. 필립 지글러 저, 한은경 역,『흑사병』, 한길사, 2003.
15. Cohn, J.S.K., "The Black Death and the Burning of Jews", *Past & Present*, 2007. 196(1): p.3-36.
16. 필립 지글러 저, 한은경 역,『흑사병』, 한길사, 2003.
17. Cohn, J.S.K., "The Black Death and the Burning of Jews", *Past & Present*, 2007. 196(1): p.3-36.
18. 박흥식,「흑사병에 대한 도시들의 대응」, 《西洋中世史硏究》, 2010. -(25): p.190-214.
19. 박흥식,「흑사병에 대한 도시들의 대응」, 《西洋中世史硏究》, 2010. -(25): p.190-214.
20. Deeks, S.G., S.R. Lewin, D.V. Havlir, "The end of AIDS: HIV infection as a chronic disease", *The Lancet*, 2013. 382(9903): p.1525-1533.
21. Samji, H., et al., "Closing the gap: increases in life expectancy among treated HIV-positive individuals in the United States and Canada", *PLoS One*, 2013. 8(12): p.e81355.
22. McCray, E., J.H. Mermin, "Dear Colleague: September 27, 2017", *Center for Disease and Control and Prevention*, https://www.cdc.gov/hiv/library/dcl/dcl/092717.html
23. 이훈재,『HIV 감염인 및 AIDS 환자 인권 상황 실태조사』, 국가인권위원회, 2005.

병원에서 죽는다는 것

1. 야마자키 후미오 저, 김대환 역,『병원에서 죽는다는 것』, 잇북, 2011.

2. 필립 아리에스 저, 고선일 역,『죽음 앞의 인간』, 새물결, 2004.

3. 필립 아리에스 저, 고선일 역,『죽음 앞의 인간』, 새물결, 2004.

4. 필립 아리에스 저, 고선일 역,『죽음 앞의 인간』, 새물결, 2004.

5. 김형숙,『도시에서 죽는다는 것』, 뜨인돌, 2017.

6. 권수현,「생물학적 죽음에서 인간적 죽음으로」,《사회와 철학》, 2015(30): p.199-224.

7. 권수현,「생물학적 죽음에서 인간적 죽음으로」,《사회와 철학》, 2015(30): p.199-224.

8. 이반 일리치 저, 박홍규 역,『병원이 병을 만든다』, 미토, 2004.

9. 아서 프랭크 저, 메이 역,『아픈 몸을 살다』, 봄날의책, 2017.

10. 아서 프랭크 저, 메이 역,『아픈 몸을 살다』, 봄날의책, 2017.

11. 이반 일리치 저, 박홍규 역,『병원이 병을 만든다』, 미토, 2004.

12. Illich, I., "MEDICAL NEMESIS", *The Lancet*, 1974. 303(7863): p.918-921.

13. BROWN, J., "The Life of Ivan Illich", *The New York Times*, 2002. https://www.nytimes.com/2002/12/11/opinion/l-the-life-of-ivan-illich-317276.html

3. 제임스 E. 매클렐란 3세, 해럴드 도른 저, 전대호 역,『과학과 기술로 본 세계사 강의』, 모티브북, 2006.

4. 제임스 E. 매클렐란 3세, 해럴드 도른 저, 전대호 역,『과학과 기술로 본 세계사 강의』, 모티브북, 2006.

5. 제임스 E. 매클렐란 3세, 해럴드 도른 저, 전대호 역,『과학과 기술로 본 세계사 강의』, 모티브북, 2006.

6. 클리퍼드 코너 저, 김명진, 안성우, 최형섭 역,『과학의 민중사』, 사이언스북스, 2014.

7. 히포크라테스 저, 여인석, 이기백 역,『히포크라테스 선집』, 나남출판, 2011.

8. 성영곤,「아스클레피오스 신전의술과 히포크라테스 의학」,《서양고대사연구》, 2016. 46(-): p.95-136.

9. 히포크라테스 저, 여인석, 이기백 역,『히포크라테스 선집』, 나남출판, 2011.

10. 이기백,「히포크라테스 의학에서 엠페도클레스의 영향」,《醫史學》, 2013. 22(3): p.879-913.

11. 이기백,「고대 그리스 의학에서 수사술의 쓰임새」,《의철학연구》, 2015. 19(-): p.31-64.

12. 여인석,「인간, 건강 그리고 환경-〈공기, 물, 장소에 관하여〉의 현대적 의의」,《의철학연구》, 2008. 6: p.81-100.

13. Morabia, A., "P. C. A. Louis and the birth of clinical epidemiology", *J Clin Epidemiol*, 1996. 49(12): p.1327-1333.

5

'쓸모없는' 질문에서 시작된 과학

1. 황상익,『콜럼버스의 교환』, 을유문화사, 2014.

2. 제임스 E. 매클렐란 3세, 해럴드 도른 저, 전대호 역,『과학과 기술로 본 세계사 강의』, 모티브북, 2006.

질문하지 않은 과학이 남긴 것

1. R. A. Vonderlehr, Taliaferro Clark, O.C. Wenger, "UNTREATED SYPHILIS IN THE MALE NEGRO: A COMPARATIVE STUDY OF TREATED AND UNTREATED CASES", *JAMA*, 1936. 107(11): p.856-860.

2. "U.S. Public Health Service Syphilis Study at Tuskegee Timeline", *Center for*

Disease Control and Prevention, https://www.cdc.gov/tuskegee/timeline.htm (Accessed at 22 Nov 2012)

3. 박진빈, 「터스키기 실험 사건의 역사적 기원」, 《醫史學》, 2017. 26(3): p.545-578.

4. 김옥주, 「터스키기의 진실: 터스키기 매독 연구에 관한 재조명」, 범양사, 2001. p.260-270.

5. Rivers, E., et al., "Twenty years of followup experience in a long-range medical study", *Public Health Reports*, 1953. 68(4): p.391-395.

6. Harriet Martineau, *Retrospect of Western Travel, vol. 1* (London: Saunders & Ottley; New York: Harpers and Brothers; 1838), 140, quoted in Humphrey, "Dissection and Discrimination," 819. 〈Gamble, V.N., "Under the shadow of Tuskegee: African Americans and health care", *Am J Public Health*, 1997. 87(11): p.1773-1778.〉에서 재인용.

7. Gamble, V.N., "Under the shadow of Tuskegee: African Americans and health care", *Am J Public Health*, 1997. 87(11): p.1773-1778.

8. Rivers, E., et al., "Twenty years of followup experience in a long-range medical study", *Public Health Reports*, 1953. 68(4): p.391-395.

9. Jones, J.H., I. Tuskegee, *Bad blood*, New York: Free Press, 1981. 〈박진빈, 「터스키기 실험 사건의 역사적 기원」, 《醫史學》, 2017. 26(3): p.545-578.〉에서 재인용.

10. MARRIOTT, M., "First, Do No Harm: a Nurse And the Deceived Subjects Of the Tuskegee Study", *The New York Times*, 1997.

11. Smith, S.L., "Neither Victim nor Villain: Nurse Eunice Rivers, the Tuskegee Syphilis Experiment, and Public Health Work", *Journal of Women's History*, 1996. 8(1): p.95-113.

12. Smith, S.L., "Neither Victim nor Villain: Nurse Eunice Rivers, the Tuskegee Syphilis Experiment, and Public Health Work", *Journal of Women's History*, 1996. 8(1): p.95-113.

13. http://www.examiningtuskegee.com/gallery_doctors.html

14. 박진빈, 「터스키기 실험 사건의 역사적 기원」, 《醫史學》, 2017. 26(3): p.545-578.

15. Rivers, E., et al., "Twenty years of followup experience in a long-range medical study", *Public Health Reports*, 1953. 68(4): p.391-395.

16. Brandt, A.M., "Racism and Research: The Case of the Tuskegee Syphilis Study", *The Hastings Center Report*, 1978. 8(6): p.21-29.

17. Brandt, A.M., "Racism and Research: The Case of the Tuskegee Syphilis Study", *The Hastings Center Report*, 1978. 8(6): p.21-29.

18. Freimuth, V.S., et al., "African Americans' views on research and the Tuskegee Syphilis Study", *Soc Sci Med*, 2001. 52(5): p.797-808.

19. Thomas, S.B., S.C. Quinn, "The Tuskegee Syphilis Study, 1932 to 1972: implications for HIV education and AIDS risk education programs in the black community", *Am J Public Health*, 1991. 81(11): p.1498-1505.

20. Justice, B.K., "AIDS: is it genocide?", *Essence*, 1990. 〈Thomas, S.B., S.C. Quinn, "The Tuskegee Syphilis Study, 1932 to 1972: implications for HIV education

and AIDS risk education programs in the black community", *Am J Public Health*, 1991. 81(11): p.1498-1505.)에서 재인용.

21. Richardson, L., "Experiment Leaves Legacy of Distrust Of New AIDS Drugs", *The New York Times*, 1997.

22. Gamble, V.N., "A legacy of distrust: African Americans and medical research", *Am J Prev Med*, 1993. 9(6 Suppl): p.35-38.

23. Gamble, V.N., "Under the shadow of Tuskegee: African Americans and health care", *Am J Public Health*, 1997. 87(11): p.1773-1778.

6

자신의 경험을 믿지 않는 일

1. Gilbert, R., et al., "Infant sleeping position and the sudden infant death syndrome: systematic review of observational studies and historical review of recommendations from 1940 to 2002", *Int J Epidemiol*, 2005. 34(4): p.874-887.

2. Fleming, P.J., et al., "Interaction between bedding and sleeping position in the sudden infant death syndrome: a population based case-control study", *BMJ: British Medical Journal*, 1990. 301(6743): p.85-89.

3. Gilbert, R., et al., "Infant sleeping position and the sudden infant death syndrome: systematic review of observational studies and historical review of recommendations from 1940 to 2002", *Int J Epidemiol*, 2005, 34(4): p.874-887.

4. Gilbert, R., et al., "Infant sleeping position and the sudden infant death syndrome: systematic review of observational studies and historical review of recommendations from 1940 to 2002", *Int J Epidemiol*, 2005. 34(4): p.874-887.

5. 이민영, 〈"전국민 수두파티하고 싶다"..' 안아키' 김효진 한의사〉, 《중앙일보》, 2017. https://news.joins.com/article/21609395 (Accessed at 27 Nov 2018)

6. 권대익, 〈약 안 쓰는 육아 '안아키'… 의사협·한의협 모두 "황당"〉, 《한국일보》, 2017. http://www.hankookilbo.com/News/Read/201705292021809188 (Accessed at 27 Nov 2018)

7. Zipprich, J., et al., "Measles outbreak-California, December 2014-February 2015", *MMWR: Morb Mortal Wkly Rep*, 2015. 64(6): p.153-154.

8. SOUMYA KARLAMANGLA, R.-G.L. II, "Vaccination rate jumps in California after tougher inoculation law", *Los Angeles Times*, 2017. https://www.latimes.com/local/lanow/la-me-ln-california-vaccination-20170412-story.html (Accessed at 27 Nov 2018)

9. Wakefield, A.J., et al., "Ileal-lymphoid-nodular hyperplasia, non-specific colitis, and pervasive developmental disorder in children", *The Lancet*, 1998. 351(9103): p.637-641.

10. SOUMYA KARLAMANGLA, R.-G.L. II, "Vaccination rate jumps in California after tougher inoculation law", *Los Angeles Times*, 2017. https://www.latimes.com/local/lanow/la-me-ln-california-vaccination-20170412-story.html (Accessed at 27 Nov 2018)

우리 몸이 세계라면

11. Murch, S., "Separating inflammation from speculation in autism", *The Lancet*, 2003. 362(9394): p.1498-1499.

12. Asaria, P., E. MacMahon, "Measles in the United Kingdom: can we eradicate it by 2010?", *BMJ: British Medical Journal*, 2006. 333(7574): p.890-895.

13. Deer, B., "Secrets of the MMR scare. How the vaccine crisis was meant to make money", *BMJ: British Medical Journal*, 2011. 342: p.c5258.

14. Godlee, F., J. Smith, H. Marcovitch, "Wakefield's article linking MMR vaccine and autism was fraudulent", *BMJ: British Medical Journal*, 2011. 342.

15. "Retraction--Ileal-lymphoid-nodular hyperplasia, non-specific colitis, and pervasive developmental disorder in children", *The Lancet*, 2010. 375(9713): p.445.

16. Taylor, L.E., A.L. Swerdfeger, G.D. Eslick, "Vaccines are not associated with autism: an evidence-based meta-analysis of case-control and cohort studies", *Vaccine*, 2014. 32(29): p.3623-3629.

17. Keelan, J., et al., "YouTube as a source of information on immunization: a content analysis", *Jama*, 2007. 298(21): p.2482-2484.

18. Rosa, L., et al., "A close look at therapeutic touch", *Jama*, 1998. 279(13): p.1005-1010.

19. A. Cochrane, M. Blythe, "One Man's Medicine: An autobiography of Professor Archie Cochrane", *The Memoir Club*, 1989.

20. Lamb, J. "BBC History: Captain Cook and the Scourge of Scurvy", *BBC*, 2011.

21. Cochrane, A.L., "Sickness in Salonica: my first, worst, and most successful clinical trial", *Br Med J(Clin Res Ed)*, 1984. 289(6460): p.1726-1727.

22. Grodstein, F., et al., "Postmenopausal estrogen and progestin use and the risk of cardiovascular disease", *N Engl J Med*, 1996. 335(7): p.453-461.

23. Hulley, S., et al., "Randomized trial of estrogen plus progestin for secondary prevention of coronary heart disease in postmenopausal women", *Jama*, 1998. 280(7): p.605-613.

24. Manson, J.E., et al., "Estrogen plus progestin and the risk of coronary heart disease", *N Engl J Med*, 2003. 349(6): p.523-534.

25. Moyer, V.A., "Menopausal hormone therapy for the primary prevention of chronic conditions: U.S. Preventive Services Task Force recommendation statement", *Ann Intern Med*, 2013. 158(1): p.47-54.

26. Marjoribanks, J., et al., "Long-term hormone therapy for perimenopausal and postmenopausal women", *Cochrane Database Syst Rev*, 2017. 1: p.Cd004143.

'상식'과 싸우는 과학

1. "CLARISSIMUS GALEN(130-200)", *Jama*, 1964. 188: p.604-606.

2. 제임스 E. 매클렐란 3세, 해럴드 도른 저, 전대호 역, 『과학과 기술로 본 세계사 강의』, 모티브북, 2006.

3. Vesalius, A., J.B.d.C.M. Saunders, C.D. O'Malley, "The illustrations from the works of Andreas Vesalius of Brussels", *New York: Dover Publications*, 2013.

4. 정은진, 「해부학이 미술을 만날 때」, 《미술

사학보》, 2012. 38: p.184-211.

5. Vesalius, A., J.B.d.C.M. Saunders, C.D. O'Malley, "The illustrations from the works of Andreas Vesalius of Brussels", *New York: Dover Publications*, 2013.

6. Bakkum, B.W., "A historical lesson from Franciscus Sylvius and Jacobus Sylvius", *J Chiropr Humanit*, 2011. 18(1): p.94-98.

7. Bakkum, B.W., "A historical lesson from Franciscus Sylvius and Jacobus Sylvius", *J Chiropr Humanit*, 2011. 18(1): p.94-98.

8. 정은진, 「해부학이 미술을 만날 때」, 《미술사학보》, 2012. 38: p.184-211.

9. Aird, W.C., "Discovery of the cardiovascular system: from Galen to William Harvey", *J Thromb Haemost*, 2011. 9 Suppl 1: p.118-129.

10. Dunn, P.M., "Andreas Vesalius(1514–1564), Padua, and the fetal "shunts"", *Archives of Disease in Childhood-Fetal and Neonatal Edition*, 2003. 88(2): p.F157-F159.

11. Ribatti, D., "William Harvey and the discovery of the circulation of the blood", *Journal of angiogenesis research*, 2009. 1(1): p.1.

12. Bates, D., "Closing the Circle: How Harvey and His Contemporaries Played the Game of Truth, Part 1", *History of Science*, 1998. 36(2): p.213-232.

13. Bates, D., "Closing the Circle: How Harvey and His Contemporaries Played the Game of Truth, Part 1", *History of Science*, 1998. 36(2): p.213-232.

14. Semmelweis, I., *Etiology, Concept, and Prophylaxis of Childbed Fever, ed. K. Carter. 1861*, Madison: The University of Wisconsin Press. 1983.

15. Stewardson, A., D. Pittet, "Ignac Semmelweis-celebrating a flawed pioneer of patient safety", *The Lancet*, 2011. 378(9785): p.22-23.

16. Stewardson, A., D. Pittet, "Ignac Semmelweis-celebrating a flawed pioneer of patient safety", *The Lancet*, 2011. 378(9785): p.22-23.

17. Best, M., D. Neuhauser, "Ignaz Semmelweis and the birth of infection control", *Quality and Safety in Health Care*, 2004. 13(3): p.233.

18. Semmelweis, I., *Etiology, Concept, and Prophylaxis of Childbed Fever, ed. K. Carter. 1861*, Madison: The University of Wisconsin Press. 1983.

19. Best, M., D. Neuhauser, "Ignaz Semmelweis and the birth of infection control", *Quality and Safety in Health Care*, 2004. 13(3): p.233.

우리에게 필요한 지식을 만드는 일

1. 한준, 김수한, 「평가 지표는 대학의 연구와 교육을 어떻게 바꾸는가」, 《한국사회학》, 2017. 51(1): p.1-37.

2. 백승찬, 〈한국 사회과학의 서구중심주의 논쟁… 서강대 김경만 교수 VS 강정인 교수〉, 《경향신문》, 2015. 06. 07.

3. 김종영, 「미국대학의 글로벌 헤게모니의 일상적 체화」, 《경제와사회》, 2010. p.237-264.

4. 경향신문 특별취재팀, 『민주화 20년, 지식인의 죽음』, 후마니타스, 2008.

5. https://www.iie.org/Research-and-Insights/Open-Doors/Data/International-Students/Places-of-Origin (Accessed at 17 Nov 2018)

6. 백승찬, 〈한국 사회과학의 서구중심주의

논쟁… 서강대 김경만 교수 VS 강정인 교수〉, 《경향신문》, 2015. 06. 07.

7. Kim, S.S., et al., "Association between change in employment status and new-onset depressive symptoms in South Korea-a gender analysis", *Scand J Work Environ Health*, 2012. 38(6): p.537-545.

8. Yoon, S., et al., "Loss of permanent employment and its association with suicidal ideation: a cohort study in South Korea", *Scandinavian Journal of Work, Environment & Health*, 2017.

9. Kim, J.Y., et al., "Who is working while sick? Nonstandard employment and its association with absenteeism and presenteeism in South Korea", *Int Arch Occup Environ Health*, 2016.

10. Lee, H., et al., "Lookism hurts: appearance discrimination and self-rated health in South Korea", *International Journal for Equity in Health*, 2017. 16(1): p.204.

11. Lee, N., et al., "Perceived discrimination and low back pain among 28,532 workers in South Korea: Effect modification by labor union status", *Social Science & Medicine*, 2017. 177: p.198-204.

12. Kim, S.-S., D.R. Williams, "Perceived Discrimination and Self-Rated Health in South Korea: A Nationally Representative Survey", *PLoS One*, 2012. 7(1): p.e30501.

13. 이혜민, 박주영, 김승섭, 「한국 성소수자 건강 연구: 체계적 문헌고찰」, 《보건과 사회과학》, 2014. 36: p.43-76.

14. 변지민, 〈'트랜스젠더 건강 연구' 크라우드펀딩으로 시도한다〉, 《동아사이언스》, 2017. http://dongascience.donga.com/news.php?idx=16161 (Accessed at 21 Nov 2018)

15. Lee, H., et al., "Experiences of and barriers to transition-related healthcare among Korean transgender adults: focus on gender identity disorder diagnosis, hormone therapy, and sex reassignment surgery", *Epidemiol Health*, 2018. 40(0): p.e2018005-0.

16. 김승섭, 박주영, 이혜민, 이호림, 최보경, 레인보우 커넥션 프로젝트, 「오롯한 당신」, 숨쉬는책공장, 2018.

우리 몸이 세계라면

분투하고 경합하며 전복되는 우리 몸을 둘러싼 지식의 사회사

© 김승섭, 2018, Printed in Seoul, Korea

초판 1쇄 펴낸날	2018년 12월 7일
초판 12쇄 펴낸날	2024년 9월 1일
지은이	김승섭
펴낸이	한성봉
편집	최창문·이종석·오시경·권지연·이동현·김선형·전유경
디자인	최세정
마케팅	박신용·오주형·박민지·이예지
경영지원	국지연·송인경
펴낸곳	도서출판 동아시아
등록	1998년 3월 5일 제1998-000243호
주소	서울시 중구 필동로8길 73 [예장동 1-42] 동아시아빌딩
페이스북	www.facebook.com/dongasiabooks
인스타그램	www.instargram.com/dongasiabook
전자우편	dongasiabook@naver.com
블로그	blog.naver.com/dongasiabook
전화	02) 757-9724, 5
팩스	02) 757-9726

ISBN   978-89-6262-256-0 03330

이 도서의 국립중앙도서관 출판예정도서목록(CIP)은
서지정보유통지원시스템 홈페이지(http://seoji.nl.go.kr)와
국가자료공동목록시스템(http://www.nl.go.kr/kolisnet)에서
이용하실 수 있습니다.(CIP제어번호: CIP2018038845)

※ 잘못된 책은 구입하신 서점에서 바꿔드립니다.

만든 사람들

책임편집	조유나
크로스교열	안상준
디자인	전혜진